FACULTÉ DE DROIT DE PARIS

DES

ACQUISITIONS DE BIENS

PAR LES ÉTABLISSEMENTS

DE LA RELIGION CHRÉTIENNE

EN DROIT ROMAIN

ET DANS

L'ANCIEN DROIT FRANÇAIS

THÈSE POUR LE DOCTORAT

PAR

Gaston COULONDRE

Avocat

PARIS

ARTHUR ROUSSEAU, ÉDITEUR

14, RUE SOUFFLOT ET RUE TOULLIER, 13

1886

THÈSE

POUR LE DOCTORAT

DES
ACQUISITIONS DE BIENS

PAR LES ÉTABLISSEMENTS

DE LA RELIGION CHRÉTIENNE

EN DROIT ROMAIN

ET DANS

L'ANCIEN DROIT FRANÇAIS

THÈSE POUR LE DOCTORAT

L'ACTE PUBLIC SUR LES MATIÈRES CI-APRÈS SERA SOUTENU
LE JEUDI 21 JANVIER 1886 A MIDI

PAR

GASTON COULONDRE

AVOCAT

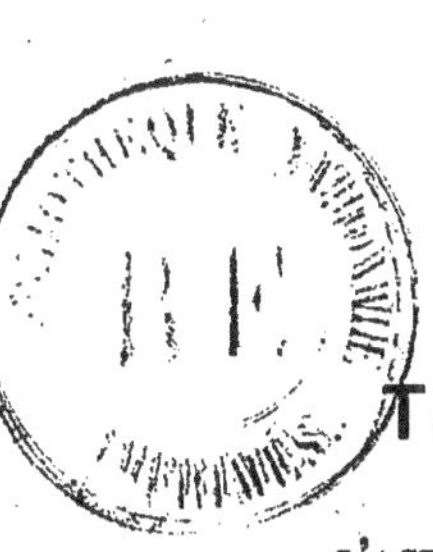

PRÉSIDENT : M. CAUWÈS

SUFFRAGANTS :
MM. VUATRIN, professeur.
« ESMEIN,
« JOBBÉ DUVAL, } agrégés

PARIS
ARTHUR ROUSSEAU, ÉDITEUR
14, RUE SOUFFLOT ET RUE TOULLIER, 13

1886

INTRODUCTION

Nous traitons des acquisitions de biens par les établissements de la religion chrétienne : associations églises, établissements de bienfaisance, monastères. Nous nous proposons de montrer comment ces établissements religieux, par la suite des temps, devinrent possesseurs et propriétaires, à bien des titres divers, d'un patrimoine dont nul n'ignore l'étendue et l'immense richesse sous le Bas-Empire et dans notre Ancien Droit. Enoncer les principes, développer et commenter les lois et les constitutions qui régissent la matière, indiquer les extensions ou les restrictions apportées à la faculté d'acquérir, tel est notre but.

En premier lieu, nous devons dissiper toute équivoque sur l'esprit dans lequel ce travail est conçu. Nous constaterons en effet, au cours de cette étude, l'intervention presque constante du pouvoir public dans la vie des établissements religieux, dans les libéralités si nombreuses qui ont fait leur grandeur et leur puissance matérielles ; nous verrons les énergiques efforts tentés par ces établissements pour la conquête de l'indépendance absolue de la religion et de la pleine capacité d'acquérir : n'est-ce pas dire combien, sur ce terrain semé de luttes sans cesse renouvelées, la pente est rapide pour passer du domaine purement juridique dans le domaine politique ou religieux. La seule question de la liberté des congrégations religieuses n'a-t-elle pas amoncelé des orages dont le retentissement se fait encore sentir de nos jours dans les tribunes de nos assemblées législatives, dans l'ordre politique et social! L'écueil est grand, nous avons la ferme pensée de l'avoir évité. Dégageant notre esprit des préjugés trop nombreux qui pouvaient l'assaillir, bannisant la haine comme la sympathie, nous avons écarté toute opinion qui aurait l'apparence d'une opinion politique, ou qui serait le reflet de nos convictions religieuses. Il nous appartenait d'étudier la législation, et, par le commentaire des textes, de la révéler telle qu'elle est, et non pas telle que l'esprit pourrait la souhaiter, nous l'avons fait et nous avons laissé à d'autres plus compétents la mission difficile et délicate d'apprécier et de juger. Le point de vue juridique et le point de vue historique, en tant que l'histoire sert à jeter de la clarté sur une législation, nous occuperont seuls ; Montesquieu, dans l'*Esprit des lois*, nous dit en abordant la matière des religions : « Je ne suis point théologien, mais écrivain politique » (1). Modifions quelque peu et disons : nous sommes jurisconsulte, et nullement théologien ou politique. Telle est la devise à laquelle nous nous sommes fidèlement attaché dès les premiers pas dans cette étude.

Dans tout traité des acquisitions de biens, il importe de distinguer les acquisitions à titre onéreux des acquisitions à titre gratuit. Outre de nombreuses différences, ces deux classes d'acquisitions de biens n'offrent pas, au point de vue de notre travail, le même intérêt. Du

____

(1) Livre XXIV, ch. I.

jour où la personnalité juridique est concédée à un établissement religieux, les acquisitions à titre onéreux par lui réalisées sont soumises aux mêmes règles que celles faites par une personne ordinaire.

Il en est autrement des acquisitions à titre gratuit. Bien que la faculté de disposer à ce titre soit une conséquence naturelle et directe du droit de propriété, le législateur de tous les temps intervient pour la contenir en de sages limites. Les considérations, qui l'ont toujours déterminé à restreindre les libéralités envers les personnes ordinaires, sont plus nombreuses et plus graves quand il s'agit de personnes morales et particulièrement d'établissements religieux. Des intérêts majeurs sont en jeu et peuvent être compromis : intérêts du disposant, des familles, de l'état, du fisc et des établissements eux-mêmes. De là, bien souvent, des restrictions encore plus considérables à la faculté de disposer à titre gratuit. Tout autre, il est vrai, fut la législation des empereurs romains. Ils accordèrent à l'église une situation privilégiée entre toutes ; mais l'abus des libéralités, dictées par un zèle religieux inconsidéré, ne tarda pas à se faire sentir, et la suite des temps consacra d'importantes prohibitions en la matière.

Dans une première étude, destinée à donner quelques notions indispensables pour la clarté des développements qui vont suivre, nous traiterons sommairement des personnes et de la personnalité juridique. Nous aborderons ensuite successivement l'étude du Droit romain, et de l'ancien Droit français. Nous aurons, pour chacune de ces deux législations, à répondre aux questions suivantes :

Quels sont les établissements religieux doués de la personnalité juridique ?

Quelle est leur capacité d'acquérir soit à titre onéreux soit à titre gratuit ?

Quels sont les privilèges et les tempéraments ou restrictions attachés à cette capacité ?

Quels sont les résultats et conséquences des dispositions législatives édictées en la matière ?.

DES PERSONNES

·PERSONNALITÉ JURIDIQUE

Toute étude juridique nécessite, comme point de départ, la distinction fondamentale entre les *personnes* et les *choses*, entre le *sujet* actif ou passif et l'*objet* d'un droit.

Les personnes sont tous les êtres susceptibles d'avoir des droits et des devoirs. Elles se divisent en deux catégories bien distinctes : les personnes *naturelles* ou *physiques* et les personnes *civiles, morales* ou *juridi· ques*.

On entend par personnes naturelles, celles qui sont douées de la vie physique : ce sont les individus. Elles ont une existence antérieure à la loi et indépendante de toute création arbitraire du législateur auquel elles s'imposent, et qu'il doit étudier avec un soin minutieux. Selon l'expression si juste de Savigny, elles proclament, par le seul fait de leur naissance, « leur titre à la capacité du droit ». Les individus ont des droits personnels, comme la liberté, qui découlent de leur nature même, et que la loi ne crée pas plus qu'elle n'a créés ceux qui les invoquent. Certes le législateur, tout en les reconnaissant, peut les enfermer dans de sages limites pour les rendre compatibles avec les droits d'autrui, les entourer d'une protection toute puissante et leur permettre de s'exercer avec pleine efficacité, mais c'est là toute son œuvre.

Bien que l'expression de personnes civiles éveille, dans l'esprit des hommes mêmes qui ne s'occupent pas de la science du Droit, des idées d'une précision et d'une exactitude suffisantes, on ne peut, au point de vue vraiment juridique, les comprendre et avoir sur elles des notions complètes, aussi facilement que pour la classe des personnes naturelles. Les personnes civiles sont dénuées de toute vie physique. Ce seul fait nous étonne et combien nous sommes loin déjà de l'idée première qu'on se fait d'une personne ! Ce sont des êtres purement abstraits, moraux, fictifs, « des individualités idéales résumant en elles plusieurs intérêts particuliers, identiques, ou personnifiant un intérêt d'une nature générale et permanente » (1). Pour ces êtres, la toute puissance du législateur se révèle ; il leur donne l'existence légale, la vie de tous les instants par une fiction sans cesse renouvelée, la capacité entière ou restreinte, suivant les cas. C'est de la loi que tout leur vient, c'est à la loi qu'ils doivent tout : existence, durée, situation et droits. Seul le législateur, guidé par les avantages qu'ils présentent, peut les élever à l'état de personnes, c'est-à-dire, leur accorder la faculté d'être propriétaires, débiteurs, créanciers, en un mot, de posséder un patrimoine et de devenir le sujet des droits et obligations relatifs aux biens. (2)

Indiquons sommairement deux règles générales importantes, qui caractérisent les personnes juridiques

(1) Piébourg, Th. Doct., Paris, 1875.
(2) Aubry et Rau, t. I, p. 185, 4ᵉ édit.

et que les jurisconsultes romains ont fort bien résumé en ces quelques mots : *Universitas distat a singulis*.

I. — L'être moral a une existence et une capacité distinctes, indépendantes des membres qui vivent dans son sein, lesquels ne constituent point une fraction de la personnalité. Il peut avoir un patrimoine, avons-nous dit ; ce patrimoine ne se confond pas avec celui de l'un des membres. Un acte est-il fait par un associé ? Il n'engage pas la personne juridique. Les intérêts sont distincts, quelquefois même opposés et les rapports de créanciers à débiteurs peuvent exister entre eux.

II. — Le corps moral est aussi distinct de l'ensemble de la réunion de tous ses membres, qu'il ne l'est d'un membre pris isolément. Un acte fait, même avec l'assentiment unanime des associés, n'équivaut nullement à l'acte fait par la personne juridique elle-même. Cette seconde règle se déduit de la première. Si l'acte accompli par un seul associé qui, nous le savons, ne représente pas une fraction de l'être abstrait est de nul effet, à l'égard de ce dernier, l'acte accompli par tous ne peut évidemment avoir une valeur ; on n'arrivera jamais à l'unité.

Il importe peu, nous dit Ulpien, que tous les membres subsistent, ou une partie seulement, ou même que tous aient changé ou cessé d'exister, la personnalité juridique n'en est pas altérée (D. III, 4, 7). Quand bien même tous les moines disparaîtraient par la mort ou la désertion, tous les malades viendraient à faire défaut, l'administration à changer, le fondateur à mourir, le monastère et l'hôpital, personnes civiles, n'en existeraient pas moins comme dans le passé. Enfin, tous les membres fussent-ils d'un avis unanime pour conclure à l'extinction de la personne juridique, ils ne pourraient la supprimer. Telles sont les conséquences du principe posé : tant il est vrai que l'existence de l'être moral est au-dessus de celle de ses membres.

Les personnes civiles religieuses se divisent en deux classes :

Communautés ou corporations et fondations.

Supposons que plusieurs personnes, rapprochées par les liens d'une croyance commune, ont cherché à individualiser certains droits et certaines charges, pour en arriver à l'unité des intérêts tant matériels que religieux et à la concentration des forces ; supposons en outre qu'ils ont obtenu l'autorisation nécessaire; nous avons une communauté, c'est-à-dire une personne qui demeure immuable et identique et que ne peuvent atteindre les changements et renouvellements des membres qui la composent. La corporation implique donc l'idée d'une réunion de personnes physiques qu'elle représente.

Les collèges de prêtres, les associations religieuses et les monastères font partie de cette première classe.

Mais la personnalité civile n'est point inséparable de l'idée d'association. Il est des êtres juridiques qui ont une base immatérielle et qu'on ne saurait rattacher à une agrégation d'individus. Ils personnifient l'idée, le sentiment, l'intention d'une ou plusieurs personnes qui veulent réaliser un but déterminé, par exemple, un but religieux. Telles sont les fondations qui offrent le véritable type de cet être abstrait qu'on nomme une personne civile. Il est bien certain que ce sont des hommes qui profiteront de l'institution, c'est la réalisation même du but proposé : ainsi les malades soignés dans un hôpital, les individus recueillis par un établissement de bienfaisance. Mais ces fondations, en tant que personnes civiles, ont une existence qui plane au-dessus des choses qui les entourent, et se suffisent amplement a elles-mêmes. On peut dire qu'elles continuent la personne de ceux qui les ont créées : *Personam defuncti sustinent.* « Le sujet de droit dans une fondation est une abstraction personnifiée. » (1)

Cette seconde classe comprend les temples et églises, les hôpitaux et établissements de bienfaisance.

———

(1) Savigny, *Traité de Droit romain,* liv. II, ch. 2, § 86, note 6.

DROIT ROMAIN

———

Notre étude en Droit romain se divise en deux périodes.

Dans la première période, qui commence avec l'ère chrétienne et se termine en 321, nous traiterons :

1° De la situation juridique des établissements de la religion chrétienne jusqu'au jour ou Constantin leur concèda la personnalité civile ;

2° Des revenus et ressources de ces établissements ;

3° De l'édit de Milan, de l'origine et de la fondation des églises, établissements de bienfaisance et monastères.

Dans la seconde période nous étudierons :

1° Une constitution célèbre de Constantin qui érigea en personnes civiles les établissements religieux de la chrétienté ;

2° La capacité de ces établissements d'acquérir à titre onéreux et à titre gratuit ;

3° Les conséquences de cette capacité.

———

PREMIÈRE PÉRIODE

DES ÉTABLISSEMENTS DE LA RELIGION CHRÉTIENNE DE L'AN 1 A L'AN 321

CHAPITRE I

SITUATION JURIDIQUE

Pendant les trois premiers siècles, les établissements de la religion chrétienne n'obtinrent pas la personnalité juridique et par suite la faculté d'acquérir. C'est à Constantin que devait revenir l'honneur de la leur concéder en l'an 321. Les premiers chrétiens ne la demandèrent même pas ; ils la désirèrent peut-être pour l'avenir, pour le jour ou le triomphe de la foi chrétienne mettrait fin à leurs souffrances et à leurs angoisses ; mais de tels désirs n'avaient que la consistance d'un rêve bien loin encore de se réaliser. Leurs prétentions ne s'élevaient pas aussi haut ; ils avaient à conquérir le droit de vivre dans l'Empire et de se réunir pour célébrer leur culte, en un mot, la liberté. Conquête lente et pénible que favorisa, il est vrai, l'état de la société romaine et de la religion païenne, mais qui nécessita toute l'ardeur d'une foi jeune et profonde et exigea des dévouements héroïques ; conquête, dont les progrès furent compromis par de terribles répressions qui donnèrent souvent le lugubre et sinistre spectacle du sang des martyrs répandu dans l'arène.

En l'an 64, après le fameux incendie de Rome, l'ère des persécutions contre les fidèles fut inaugurée par Néron avec un raffinement de cruauté. Nous n'avons pas à faire cette histoire qui eut des pages si glorieuses pour la chrétienté, mais nous devons indiquer que le but poursuivi par certains empereurs ne se réalisa pas. Le nombre des chrétiens alla sans cesse grandissant; leurs associations se multiplièrent pour la défense de leurs convictions religieuses, et au IIIe siècle, elles couvraient la surface de l'empire romain. La religion chrétienne, en effet, par ses dogmes et ses vertus inconnus dans cette race romaine dégénérée et efféminée, par la foi si courageuse de ses adeptes, la simplicité de leurs mœurs, leur sublime résignation en présence de la mort et leur abnégation des choses d'ici-bas, qui contrastaient si étrangement avec l'ostentation et l'égoïsme païens, enfin par l'affection spontanée qui s'attache à ceux que frappe la persécution et qui savent tomber en héros, la religion chrétienne se développait et se propageait tous les jours. Si, pendant un long temps, les empereurs ne lui prêtèrent pas leur concours par des rescrits ou des constitutions, tout au moins, par une large tolérance, en aidèrent-ils souvent le progrès. Certes ce n'était point encore, au IIIe siècle, la liberté du culte à la grande lumière, avec le décorum d'une religion reconnue dont les fidèles ont élevé des temples pour adorer leur Dieu, cette tache était réservée à d'autres empereurs ; mais on pressent déjà dans le nombre toujours croissant des chrétiens, dans l'attitude des païens et leur acharnement contre le christianisme, né depuis deux siècles à peine, la grandeur future de la religion nouvelle. Sous le règne de Néron,

l'Église comptait à peine deux ou trois milliers d'adhérents. En 313, les chrétiens formaient un douzième ou
un vingtième environ de la population totale de l'empire,
comme l'indiquent les calculs de La Bastie, c'est-à-
dire, environ la proportion où se trouvent les protes-
tants en France (1). C'est que les fidèles ne furent pas
en butte à de constantes poursuites. Les persécutions
générales n'étaient que de douloureux accidents dans
leur existence. Sous les princes qui se montrèrent tolé-
rants à leur égard, entre deux persécutions, l'Église se
relevait bien vite et marchait dans la voie de l'extension.
Les temples détruits étaient relevés, de nouveaux édifices étaient construits. Ainsi, de Néron à Domitien,
pendant près de trente ans, de Caracalla à Dèce, pendant trente-neuf ans, les chrétiens jouirent d'une paix
profonde. Si on avait toujours appliqué les lois draco-
niennes dont était armé contre eux le paganisme, il
n'est pas douteux que l'édit de Milan, qui consacra en
313 la liberté des cultes, eût été pour longtemps ajourné.

Quelle était donc, au point de vue juridique, la situation des Églises chrétiennes dans l'Empire ? La législation romaine sur le droit d'association donne la
solution de la question.

Sous la République, les associations religieuses,
appelées *collegia* ou *sodalitates*, peuvent se former
sans autorisation préalable. La loi des *XII Tables* les
déclare libres : « On nomme *sodales*, dit Gaïus dans un
fragment du commentaire de cette loi, ceux qui font
partie du même collège. Collège est ce que les grecs
appellent ἑταιρία. La loi leur concède le pouvoir de
faire leur règlement comme ils le désirent, pourvu
qu'ils ne portent pas atteinte à l'ordre public : cette

____

(1) Bimard de la Bastie, *Mémoire sur le souverain pontificat des empereurs romains*, p. 77.

loi paraît avoir été empruntée à celle de Solon » (D. XLVII, 22, 4.). Cette liberté d'association ne fut pas toujours respectée. Un sénatus-consulte rendu en 566 de R. prononça la dissolution d'une congrégation dite des Bacchanales (1). Les désordres et les excès de certaines sociétés qui, sous des dehors religieux, cachaient des desseins politiques, amenèrent au vii⁰ siècle de nombreuses mesures répressives. Aux derniers jours de la République, les collèges furent alternativement supprimés et rétablis par les différents partis politiques (2).

Dès le premier empereur, la législation se fixe. Auguste, nous dit Suétone, abolit les collèges à l'exception des plus anciens : « *Igitur collegia practer légitima et antiqua dissolvit* » (3). La puissance de certaines sodalités si redoutées à Rome pendant la République était un souvenir encore tout vivant; aussi les empereurs se gardèrent-ils, en confisquant les libertés publiques, de faire grâce à la liberté d'association. Désormais les corporations ne peuvent se former et obtenir la personnalité juridique sans une autorisation préalable et expresse donnée par le Sénat ou par le prince. Cette autorisation n'était accordée que dans un nombre très restreint de cas. Deux textes formulent nettement le principe nouveau, qui fit toujours partie du Droit public de l'Empire. « *Neque societas*, dit Gaïus, *ne que collegium, neque hujus modi corpus passim omnibus habere conceditur : nam et legibus, et senatusconsultis, et principalibus constitutionibus ea res coercetur paucis ad-*

(1) Tit.-Liv., XXXIX, 8 à 18.
(2) Salluste, *Catilina*, 37, 38, 50. — Asconius, *In Pisonianam*, édit. Orelli, p. 7. — Cicéron, *Ad Quintum fratrem*, II. 3 ; III, 1.
(3) Sueton., Augustus, 32.

modum in causis concessa sunt hujus modi corpora. » (1).

A défaut d'autorisation, la corporation constituait un *collegium illicitum.* La dissolution en était prononcée (D. XLVII, 22, 3 pr.). Les membres encouraient les châtiments les plus sévères. Le fondateur d'un collège illicite était puni de la même peine que celui qui avait occupé à main armée un lieu public ou un temple, ou qui était convaincu du crime de lèse-majesté (2) « *His antea,* dit Paul, *in perpetuum aqua et igni interdicebatur : nunc vero humiliores bestiis objiciuntur, vel vivi exuruntur ; honestiores capite puniuntur : ...... Et ideo cum de eo quæritur, nulla dignitas a tormentis excipitur* » (Paul. Sentent., V. 29, § 1 et 2).

Le collège illicite était frappé de l'incapacité d'acquérir. Il est vrai que, sous le règne de Marc-Aurèle, le Sénat permit d'adresser des legs aux collèges, mais le jurisconsulte Paul nous apprend que seules les corporations autorisées pouvaient invoquer le sénatus-consulte : « *Si corpori, cui licet coire, legatum sit* » (D. XXXIV, 5, 20).

La pratique était loin d'être conforme à la théorie. Les collèges qui vivaient librement dans l'Empire étaient en nombre infini, bien que la concession de l'autorisation fut chose rare et constituât une faveur que l'on ne prodiguait pas à Rome. Si parfois l'administration impériale sévissait contre un collège illicite, elle usait à son égard des plus grands ménagements. La dissolution seule était prononcée et il était permis aux membres de partager entre eux les fonds communs (D. XLVII, 22, 3, pr.) De ces considérations, il résulte que les associations religieuses non autorisées jouissaient en fait de la

____

(1) D. III, 4, 1 pr. ; XLVII, 22, 3 § 1. — Cicéron, *De Leg*, II, 8. — Tertullien, *Apolog*, 5.

(2) D. XLVII, 22, 2 ; XLVIII, 4, 1 pr. et § 1.

liberté, telle cependant que pouvait être la liberté sous un régime despotique où la volonté arbitraire du prince faisait loi. (D. I, 4, 1).

La loi qui prohibait les collèges illicites, les lois pénales qui l'accompagnaient, et dont l'ensemble formait une législation d'une rigueur toute draconienne, furent appliquées aux associations destinées, sous le couvert de la religion, à fomenter des troubles, à servir de prétextes à des conspirations ou à porter atteinte à l'ordre et à la morale publics. Mais les associations séditieuses ne furent pas les seules proscrites. Ces lois furent une arme puissante, entre les mains des empereurs païens, pour combattre la religion nouvelle pendant plus de trois siècles. Les églises chrétiennes n'étant pas autorisées constituaient des *collegia illicita*. Au temps des persécutions, les associations de chrétiens furent dissoutes, les membres furent poursuivis et condamnés et les biens communs confisqués. Tertullien, dans ses livres apologétiques, enseigne que la secte nouvelle fut accusée de sacrilège et de crime de lèse-majesté (1). Or, nous savons que ces deux crimes étaient ceux des fondateurs et membres d'un collège illicite.

Tel fut, au point de vue juridique, le caractère essentiel des églises chrétiennes jusqu'à l'année 313. S'il en était ainsi, les églises ne possédaient évidemment pas la qualité de personnes juridiques ; elles étaient incapable d'acquérir valablement.

Comment expliquer que les associations chrétiennes aient été exclues de la tolérance dont jouissaient en fait les associations religieuses non autorisées ? Comment

______

(1) Tertullien, apolog. X. — Edmond Le Blant, *Des bases juridiques des poursuites dirigées contre les martyrs* (comptes-rendus de l'Acad. des inscript., séance du 9 novembre 1866. Nouvelle série, tome IV).

justifier pour la secte nouvelle une absence de liberté qui a lieu d'étonner à Rome ?

On ne saurait invoquer le fanatisme religieux, l'opposition systématique que rencontre souvent en matière religieuse toute idée ou doctrine nouvelle. L'antiquité nous offre bien rarement, sauf en Égypte, le triste spectacle des guerres de religion. Juvénal dans ses satyres ne peut retenir son étonnement en présence des querelles des habitants d'Ombos et de Tentyra, et de la haine que chacune de ces deux villes a pour les dieux de l'autre. (1) Jamais la tolérance religieuse n'a été plus largement pratiquée qu'à Rome. « Les Romains, a dit M. Jules Simon, n'étaient intolérants politiquement qu'à force de ne pas l'être religieusement. » (2). Les dieux des peuples soumis étaient non seulement entourés d'une grande vénération, mais encore conduits à Rome en grande pompe, et le Capitole contenait toujours pour la divinité nouvelle un piédestal vacant. « En présence des dieux nouveaux, écrit M. Gaston Boissier, la conduite des Romains était toujours la même. On ne peut la comprendre que si l'on se détache des idées que nous donne aujourd'hui le monothéisme. Pour des gens qui ne croyaient pas à l'existence d'un Dieu unique, il n'y avait pas de faux dieux. La liste, qui les contenait en si grande abondance, était toujours ouverte pour de nouveaux venus, et aucun scrupule ne pouvait empêcher d'y inscrire quelques noms de plus. » Plus loin le même auteur ajoute : « Rome a été depuis sa fondation une sorte de rendez-vous de tous les peuples. Se souvenant qu'elle était née du mélange de plusieurs nations, elle fut toujours hospitalière aux étrangers ; aussi s'empressaient-ils d'y venir. Il n'était pas possible du

(1) Juvénal, *Sat.* XV, 36.
(2) J. Simon, *La liberté de conscience*, 5e édition, p. 35.

moment qu'on les accueillait, de les empêcher d'apporter avec eux leurs dieux et de les honorer à la façon de
leur pays. On se trouvait donc avoir sous les yeux,
sans sortir de Rome, l'exemple de cultes étrangers, qui
n'avaient aucune raison pour se cacher et ne se gênaient
pas pour étaler aux yeux de tous, leurs cérémonies.» (1)

Les Romains, fort jaloux de leurs propres divinités
auxquelles ils attribuaient leur succès et leurs victoires,
ne songèrent pas à faire du prosélytisme et à imposer
leur religion. « En théorie, à Rome, dit M. Aubé, toute
religion est subordonnée à la politique, ne vit et ne
subsiste que sous le bon plaisir du souverain. En fait,
le pouvoir laisse se produire librement toutes les manifestations du sentiment religieux, individuel ou
public. Le Sénat, sous la République, et plus tard les
empereurs, qui avaient réuni entre leurs mains toutes
les attributions de la souveraineté, possèdent et exer-
cent parfois avec sévérité le droit de surveillance et de
répression en matière religieuse; jamais cependant ni
le Sénat ni aucun empereur ne s'avisa, comme Philippe II dans les temps modernes, de vouloir passer le
niveau sur les consciences, et ne prétendit établir dans
l'Empire une foi et une croyance uniformes. Il ne
parait pas enfin qu'on puisse, avec fondement, distinguer dans la multitude des cultes en vigueur une religion d'État et des religions dissidentes, ni qu'un système
suivi d'intolérance religieuse ait jamais régné à l'égard
des prétendus cultes dissidents. Les mœurs plus fortes
que les lois, un goût général pour les coutumes étran-
gères et la fusion des peuples assurèrent, à Rome
même, une sorte de tolérance pour tous les cultes. Les
philosophes disaient que toutes les religions étaient également bonnes, et les empereurs, qui n'avaient pour la

(1) Gaston Boissier, *La religion romaine*, t. I, p. 385 et 343.

plupart foi dans aucune, se souciaient peu, en général, de cette infinie diversité de croyances et de pratiques qu'ils voyaient se déployer autour d'eux, et qui attiraient tant d'âmes, éprises d'idéal ou curieuses de nouveautés. » (1) Sous l'empire toute la piété se concentrait sur le prince ; elle consistait à l'aimer et à le servir, sinon on s'exposait au crime de lèse-majesté, qui fut à Rome le seul crime d'impieté.

L'exaltation et l'agitation des esprits étaient grandes parmi les adorateurs des divinités égyptiennes (2). Et cependant, les cultes d'Isis et de Sérapis avaient à Rome leurs temples et leurs cérémonies religieuses. Tacite raconte qu'en l'an 19 Tibère voulut chasser de la ville les Egyptiens et les juifs. Le temple d'Isis fut rasé et la statue de la déesse jetée au Tibre. Quatre mille juifs furent enrolés et envoyés en Sardaigne où ils ne tardèrent pas à périr ; un plus grand nombre fut exilé. Cette persécution ne donna aucun résultat et la secte juive fut bientôt plus nombreuse que par le passé (3). Nulle secte cependant ne fut, avant l'apparition des chrétiens, l'objet d'une antipathie plus grande de la part des Romains. Considérés comme les ennemis du genre humain, leur religion qualifiée d'odieuse superstition (4), les juifs n'en avaient pas moins leurs synagogues, comme il résulte de la lecture des actes des apôtres ; bien plus, Auguste les exempta de toute action civile le jour du sabbat (5). Ils furent bannis de Rome sous le règne de Claude, pour avoir suscité des troubles à

(1) Aubé, *Histoire des persécutions de l'Église*, p. 79 et 80.
(2) Auguste fut contraint de donner à l'Eygpte une organisation spéciale. (Dig. I, XVII, *de officio præfecti Augustalis* — Serrigny, *Droit public et administratif Romain* p. 126 et s.).
(3) Tacite, *Ann.* II, 85.
(4) Quintilien III, 7, 21.
(5) Joseph. *Ant. Jud.*, XVI, VI, 2.

l'instigation d'un certain Chrestus. Plus tard, sous Dominitien, la contribution de deux dragmes imposée aux juifs, en échange du droit de célébrer librement leur culte, fut étendue à ceux qui « judaïsaient sans avoir fait la déclaration de leur religion, ou qui, dissimulant leur origine, ne payaient pas l'impôt» (1). Ces quelques mots de Suétone semblent bien s'appliquer aux chrétiens. Ces deux faits sont à noter. Ils prouvent que les chrétiens furent, pendant le premier siècle, confondus avec les juifs, qu'ils partagèrent leur sort et jouirent d'une égale liberté. Tant que l'État ne vit en eux qu'une secte purement religieuse, la religion chrétienne fut traitée à l'égal des autres religions.

Rome reconnaissait donc et admettait tous les cultes. Mais si grande que fut, en matière religieuse, la philosophie des Romains et leur ignorance de la théologie, la religion nouvelle ne pouvait passer inaperçue. L'intolérance, dont les chrétiens furent l'objet, s'explique par des motifs d'ordre politique et social : par la nature toute particulière des doctrines enseignées, l'esprit dans lequel était pratiquée la foi nouvelle, le mode d'existence, l'attitude et l'ardent prosélytisme des fidèles, leur tendance si caractérisée à substituer à la société ancienne une société avec d'autres mœurs et d'autres aspirations, enfin et surtout par la puissante organisation de leurs associations, qui les fit confondre avec ces hétairies, ces *soladitates* anciennes dont le nom seul inspirait la terreur à l'administration impériale.

Cette confusion se révèle, dès le IIe siècle, dans une lettre de Pline à Trajan, pendant sa légation en Bythinie (2). L'auteur de cette lettre, consacrée tout entière

---

(1) Suétone, *Claude*, XXV ; *Domitien*, XII.
(2) Plin., Liv. X, *Épist*. 97.

aux chrétiens, convient qu'il n'a trouvé chez eux qu'une superstition absurde et monstrueuse. Mais il constate que les chrétiens interrogés ont répondu qu'ils avaient l'habitude, en un jour déterminé, de se réunir *ad capiendum cibum* ; pratique dont ils s'étaient du reste abstenus depuis l'édit par lequel, sur l'ordre de Trajan, il avait interdit les hétairies. Il insiste en terminant sur le nombre et la qualité des personnes qui ont adhéré à cette superstition. Pline avait compris que l'Empire devait déjà compter avec la secte nouvelle. Ainsi, de leur aveu même, les chrétiens reconnaissaient que leurs associations pouvaient être assimilées aux hétairies. Le repas commun, qui forma dès l'origine le caractère propre de la sodalité et que Pline a soin de signaler à l'empereur, n'était pas le seul point de ressemblance, et l'analogie ne pouvait échapper aux Romains. Chaque église avait à sa tête un chef, le ministre du culte, possédait un réglement, un presbytère (episcopus), non seulement une caisse commune mais encore toutes choses communes (D. III, 4, 1 § 1). Enfin les chrétiens, comme les collèges païens, se réunissaient près de leurs tombeaux (1).

Il est bien permis, dit Marcien, de se réunir pour cause de religion, mais sous une réserve expresse : *dum tamen per hoc non fiat contra senatus consultum, quo illicita collegia arcentur.* (D. XLVII, 22, 1. §1). Or les associations chrétiennes, du jour ou elles furent confondues avec les associations séditieuses, constituèrent des *collegia illicita* dans toute l'acception du mot. On comprend dès lors que l'administration impériale leur ait appliqué la législation rigoureuse qui régissait ces collèges.

Ajoutons que ces associations dont la puissance et le

______

(1) Eusèbe, *Hist .ecclés.*, IX, 2 : *Conventus in cœmeterüs fieri solebant.*

nombre augmentaient de jour en jour (elles comptaient déjà sous Domitien des adhérents jusque dans le Sénat et la maison de l'empereur) devinrent fort redoutables. Les chrétiens enseignaient hautement le mépris pour les dieux qui protégeaient Rome, et auxquels était attribuée sa grandeur. Ils refusaient obstinément de sacrifier au génie de l'empereur et d'assister aux fêtes publiques religieuses. L'autorité impériale était méconnue et la religion régnante menacée. Dans un état où l'étroite union de la politique et de la religion était le fondement de l'ordre social, où l'empereur était en même temps grand pontife, la doctrine chrétienne, qui était la négation même de cette union et proclamait : qu'il faut rendre à César ce qui est à César et à Dieu ce qui est à Dieu, ne pouvait trouver place. « Le droit public, dit M. Ortholan, se trouva attaqué dans une de ses bases fondamentales. Les chefs du gouvernement durent songer à le défendre ou a le changer totalement ; ce fut le premier parti qu'ils prirent. Quelque absurde que fut le polythéisme, l'homme ne revient pas si facilement de ses erreurs, surtout lorsque à ses erreurs est attaché le gouvernement d'un grand empire. Comme empereurs et comme souverains pontifes les princes voulurent arrêter une religion qui menaçait le droit de l'État, et pour accomplir leurs desseins, ils employèrent le moyen le plus vicieux, celui de la force et des cruautés (1). » L'Empire se rencontrait avec l'Église, comme une puissance avec une puissance. La lutte était inévitable, elle fut longue et sanglante. Plus de trois siècles s'écoulèrent avant que la majesté des César ne s'inclinât devant la croix du Calvaire.

L'Empire, si sévère pour les classes élevées dont il redoutait la jalouse influence, brigua toujours la faveur

____

(1) *Traité de Droit romain*, I, p. 344.

populaire et se montra bienveillant pour les basses classes de la société. Un fragment de Marcien, au Digeste, nous apprend que certains collèges, *collegia tenuiorum*, dont les membres, comme leur nom l'indique, se recrutaient dans le petit peuple, furent, sous certaines conditions, dispensés de l'autorisation préalable. Ils pouvaient se former librement, mais ne devaient se réunir qu'une fois par mois et ne pas cacher une association illicite (D. XLVII, 22, 1, pr.).

On a pendant longtemps ignoré la nature et le but de ces collèges. Mais en 1816 fut découverte, dans les ruines des anciens bains de Lanuvium, la loi du collège funéraire des adorateurs de Diane et d'Antinoüs, gravée en 134, vers la fin du règne d'Adrien, sous le portique du temple d'Antinoüs. L'inscription contient, en tête des statuts de la société, le sénatus-consulte qui permet les associations fondées en vue de l'ensevelissement de leurs membres, et que paraît bien invoquer le fragment de Marcien. (1)

Les sociétés funéraires répondaient à un sentiment impérieux chez les Romains, qui considéraient la mort sans sépulture comme le plus grand des malheurs. « Les funérailles étaient dans l'antiquité encore plus que chez nous un acte religieux. On croyait fermement que ceux-là seuls jouiraient du repos et du bonheur dans l'autre vie qui avaient été ensevelis selon les rites ; aussi prenait-on autant de peine pour se préparer un tombeau qu'un chrétien met de soin à se munir, avant sa mort, des derniers sacrements. C'était le souci de tout

______

(1) Orelli 6086. — Voici le texte de ce sénatus-consulte : « *Qui stipem menstruam conferre volent in funera, in it collegium cœant, neque sub specie ejus collegi nisi semel in mense coeant conferendi causa unde defuncti sepeliantur.* » Comparer avec le texte de Marcien : « *Sed permittitur tenuioribus stipem mensiruam conferre : dum tamen semel in mense coeant, ne sub prætextu hujus modi collegium illicitum coeat.* »

le monde ; on y songeait d'avance pour n'être pas pris au dépourvu. On tenait surtout quand c'était possible, à être enterré auprès des siens, dans les sépultures de famille. La vieille société aristocratique de Rome en avait fait un devoir sacré pour tous ceux qui appartenaient à quelque ancienne maison. « La religion des tombeaux est si grande, dit Cicéron, qu'on regarde comme un crime de se faire ensevelir hors des monuments de ses aïeux. » (1) Les riches n'avaient nul souci de l'avenir, une tombe leur était assurée. Les tenuiores au contraire, pauvres, affranchis, esclaves, incapables de faire l'acquisition d'un sépulcre, étaient ensevelis dans des fosses communes, les *puticulæ* des champs Esquilins.(2) Pour se soustraire à cette inhumation qui leur était odieuse, ils formèrent des sociétés funéraires. Les associés payaient une cotisation annuelle et le collège subvenait aux frais de sépulture de chacun des membres. Tantôt il donnait à l'héritier du confrère défunt une certaine somme affectée aux funérailles (*funeraticium*). Tantôt il procédait lui-même à l'ensevelissement. Parfois le collège demandait aux associés un apport plus considérable et faisait construire un tombeau commun, ou *colombarium*, ainsi nommé parce que dans les murs étaient pratiquées de petites niches (*loculi*), qui étaient destinées à contenir des urnes (*ollæ*) et donnaient au monument l'aspect d'un colombier. Chacun avait droit à un certain nombre de places, qui variait suivant la mise de fonds. (3)

La faculté de se réunir librement une fois par mois

<hr>

(1) G. Boissier, *loc. cit.*, t. II, p. 270. — Cicéron, *De Legibus*, II, 22.

(2) Varron, *De Lingua Latina*, V, 25. — Horace, *Satires*, I, VIII, 8: « *Hic miseræ plebis stabat commune sepulcrum* ».

(3) Pour l'organisation et la composition de ces collèges, voir G. Boissier, *loc cit.*, t. II, p. 270 à 305.

autour d'un tombeau, de prier en commun et d'accomplir les rites de leur foi, dut tenter les chrétiens. Avec l'existence légale, les *collegia tenuiorum* leur offraient un abri ; ils n'eurent garde de refuser. Ils hésitèrent d'autant moins, que le caractère de ces collèges et leur but si digne, loin d'éveiller en eux des scrupules, les attiraient au contraire.

Les savantes recherches de M. de Rossi (1) ont démontré que les chrétiens s'organisèrent sous la forme de collèges funéraires. « L'exercice presque entier du culte chrétien put, dès que l'Église, au commencement du IIIe siècle, eut adopté la forme légale d'une association funéraire, se dissimuler sous l'apparence des rites et des cérémonies, qui se célébraient à des époques fixes auprès des tombeaux païens. Les païens avaient leurs sacrifices et leurs repas de corps anniversaires, en l'honneur d'un parent mort ou du patron d'un collège ; les chrétiens eurent leurs réunions pieuses en l'honneur des martyrs. » (2) L'illustre archéologue nous apprend que les catacombes, dont les galeries seraient égales à la longueur de l'Italie, si on les mettait au bout l'une de l'autre, n'étaient pas, comme on l'a longtemps supposé, d'anciennes carrières, mais des tombeaux où les chrétiens seuls étaient ensevelis et où se tenaient leurs assemblées religieuses.

A l'origine, ces catacombes ne furent que des tombeaux de famille appartenant à de riches Romains convertis au christianisme, qui usèrent du droit qu'avait à

---

(1) *Spencer, Northcote et Brownlow,* traduit de l'anglais par P. Allard, *Rome souterraine,* résumé des découvertes de M. de Rossi dans les catacombes romaines. — De Rossi, *Existence légale des cimetières chrétiens à Rome* (Revue archéologique, 1864, nouv. série, t. 10, p. 28 ; 1866, t. 13, p. 225. — Vitet, *Roma sotteranea...* (Journal des savants, 1865, p. 729 ; 1866, p. 19, 77).

(2) P. Allard, p. 77.

Rome tout propriétaire d'un sépulcre, de choisir sans
contrôle les personnes qu'il voulait y admettre. Autour
de ces fondateurs vinrent se grouper ceux qu'unissait
une même croyance, et les chrétiens trouvèrent dans
les lois romaines, pleines de respect pour les morts et
la propriété, la protection et l'inviolabilité de leurs sépultures. « Jusqu'au règne de Dèce, presque au milieu
du IIIe siècle, les cimetières chrétiens se sont formés et
accrus paisiblement, publiquement, sans trouble et
sans mystère. La loi qui prohibait le culte du chrétien
ne lui déniait pas le droit de sépulture; elle protégeait
même son tombeau, à condition qu'il eût pour sauvegarde le droit sacré de la propriété privée. » (1)

Plus tard, quand la religion nouvelle eut pris une
grande extension, les tombeaux de famille devinrent
insuffisants. Les cimetières cessèrent d'être des propriétés individuelles pour appartenir à la communauté
des fidèles, à l'Église elle-même. Cette transformation,
qui date du commencement du IIIe siècle, est un
fait remarquable sur lequel je reviendrai.

Cependant il ne faudrait pas exagérer, en faveur des
chrétiens, la portée du texte de Marcien. Si l'inviolabilité de leurs tombes assurait aux fidèles la tran-
quillité de leurs réunions, la liberté pour l'Église de former des collèges funéraires était en réalité précaire, et
ne pouvait la mettre, d'une façon absolue, à l'abri de la
persécution. Le jurisconsulte Romain a bien soin de
dire que, sous le titre de *collegia tenuiorum*, il ne faut
pas dissimuler des associations illicites, et nous savons
quelle analogie offraient avec ces dernières les corporations chrétiennes. D'autre part il fut bientôt difficile de
confondre avec des collèges de petites gens les associa-

______

(1) Vitet, *op. cit.*, 1866, p. 41. — Adde, p. 36 et suiv.

tions d'une secte qui comptait de nombreux adeptes dans les hautes classes de la société. On comprend donc que l'administration ait pu aisément intenter des poursuites contre les chrétiens.

Quoiqu'il en soit, libres ou persécutées, cachées dans les catacombes ou vivant au grand jour, sodalités ou collèges funéraires, les associations ou sociétés chrétiennes furent les seuls établissements religieux pendant les trois premiers siècles.

CHAPITRE II

REVENUS ET RESSOURCES

Les églises chrétiennes, privées de la personnalité juridique qui ne leur fut concédée qu'en 321 par une constitution de l'empereur Constantin, étaient incapables d'acquérir et de posséder des biens, de recevoir des libéralités, en un mot, de se constituer un patrimoine. Toutefois leur immense développement prouve que les moyens d'existence ne leur firent pas ·défaut. Comment pouvaient-elles vivre ? Quels étaient leurs revenus, leurs ressources ?

Certes, à l'origine, les rites de la foi chrétienne étaient peu compliqués, les cérémonies religieuses peu coûteuses, l'entretien des ministres peu onéreux. Mais encore fallait-il subvenir à ces dépenses qui n'étaient pas les seules et surtout les plus considérables. Tout culte nécessite un lieu de réunion, un temple, et les chrétiens, dès le iiie siècle, élevaient en l'honneur de leur Dieu de vastes édifices. Dans une religion où, parmi les vertus, la charité tenait le premier rang, les secours aux indigents, aux malades, aux malheureux, devaient être largement distribués. A qui vont incomber toutes ces charges ? Aux fidèles et à eux seuls.

De même que les églises chrétiennes, les temples du paganisme n'étaient pas des personnes morales, ou plutôt la personnalité juridique, pour eux comme pour toutes les *universitates*, ne se développa que lentement

et par des concessions successives. Au temps d'Ulpien, les dieux ne pouvaient être institués héritiers, à
l'exception de quelques uns, en très petit nombre, que des
sénatus-consultes ou des constitutions impériales avaient
dotés de la *factio testamenti passiva* (1) Les temples et
les églises n'avaient pas besoin de la personnalité
civile. Ils pouvaient vivre et se développer sans elle,
mais les revenus dont disposaient ces deux catégories
d'établissements religieux, dérivaient de sources bien
différentes.

La *consécration* offrait aux temples le moyen d'être
riches, sans être propriétaires. Consacrer une chose,
meuble ou immeuble, c'est en faire une *res sacra*, c'est-
à-dire, la rendre *res divini juris*, la soustraire au commerce des hommes et la frapper d'inaliénabilité. Les
choses sacrées n'appartiennent à personne. *In nullius
bonis sunt*, disent les textes (2). Par conséquent, elles ne
viennent point accroître le patrimoine du temple. Mais si
l'établissement religieux n'est pas propriétaire, il a en fait
la jouissance et il retire tous les profits. Les *res sacræ*
formaient une classe de biens importants, qui comprenait le sol sur lequel était construit l'édifice, l'édifice
lui-même avec le mobilier, les sanctuaires, statues,
vases sacrés, en un mot, tous les objets régulièrement
consacrés au service de la divinité (3) Elles étaient protégées par le préteur contre toute violation, au moyen
d'interdits populaires (4).

Voulait-on, pour se rendre agréable à une divinité,
adresser une libéralité au temple, il suffisait de faire
consacrer la chose, objet de la libéralité. Dans cet acte

(1) Ulp. *Regul.* XXII, 6.
(2) Gaïus II § 4. — D. I, 8, 6 § 2.
(3) *Instit*. Justin. II, § 7 et 8.
(4) D. XLIII, 6, 1, *ne quid in loco sacro fiat.*

où n'intervenait ni acquéreur ni donataire, la capacité
d'acquérir ou de recevoir n'était d'aucune utilité pour
l'établissement religieux.

Une chose ne devenait sacrée qu'autant qu'une autorisation publique était donnée par une loi ou un sénatus-consulte, et sous l'empire par une constitution (1)
La simple volonté émanant d'un particulier ne pouvait
suffire que pour une chose mobilière, comme semble
bien l'indiquer la loi 6 paragraphe 3, au *Digeste, De divisione rerum*. De plus, il fallait une *consécratio* ou *dedicatio*, solennité accomplie par les pontifes, selon des
rites que les Romains eux-mêmes ne connaissaient pas.
(2). L'empereur, qui était à la fois législateur et souverain pontife, pouvait ainsi donner l'autorisation et
faire la *dedicatio*.

Tant que les églises chrétiennes furent persécutées, il
est manifeste qu'elles étaient dans l'impossibilité de se
conformer aux conditions prescrites pour la consécration. Par suite, toute une catégorie de grandes richesses
leur était interdite.

A Rome, la caisse de l'État, dans les provinces, la
caisse de la cité, subvenaient aux frais du culte public.
Cet état de choses était la conséquence nécessaire de
l'ordre social Romain, de la confusion de la religion et
du gouvernement. Il n'est donc pas surprenant que les
pontifes aient considéré le trésor public comme le trésor des dieux. Les revenus de certains biens, dont l'É-
tat et les villes conservaient la propriété, étaient probablement affectés aux besoins du culte (3). A ces
revenus, s'ajoutaient tantôt des allocations accidentelles

---

(1) Gaïus II. § 5 — D. I, 8, 9 § 1.
(2) M. Accarias, *Précis de Droit romain*, t. I, p. 454.
(3) Savigny, *Traité de Droit romain*, trad. Guenoux, p. 264.

et extraordinaires, tantôt des crédits réguliers et per-
manents (1). Les dieux avaient aussi, pendant la
guerre, leur part du butin ; les victoires etles conquêtes
enrichissaient leurs temples.

Les églises chrétiennes ne pouvaient encore aspirer
à de semblables ressources. Elles n'avaient rien à
attendre, elles avaient tout à craindre de ceux qui
exerçaient contre elles de si tristes rigueurs.

Une autre conséquence de la continuelle immixtion
de l'État dans la religion fut le petit nombre des libéralités des particuliers envers les dieux. Néanmoins les
Romains n'étaient pas indifférents en matière religieuse.
Le peu d'empressement qu'ils mettaient à gratifier un
temple ne tenait pas à leur dédain ou à leur mépris
pour des divinités aussi nombreuses qu'étranges et ri-
dicules. On n'a que trop répété qu'au temps de Cicéron
deux augures avaient peine à se regarder sans rire !
Si l'incrédulité et le scepticisme étaient l'apanage des
esprits forts, au sein des classes éclairées, le polythéïsme,
avec son infinie diversité de croyances et ses solennités
religieuses, n'en avait pas moins un irrésistible attrait
pour la foule toujours avide de mystères et de supers-
titions. Mais le trésor public était chargé de l'entretien
du culte et s'en acquittait généreusement. Les citoyens
se reposaient sur lui de ce soin. Ils se sentaient peu
disposés à se dépouiller de leurs biens pour faire aux
temples des dons qui auraient en réalité profité à l'État.
De plus, la religion païenne si égoïste et si froide ne
sut pas inspirer la charité, cette source féconde de largesses.

Les chrétiens au contraire, sans secours, sans appui,
ne devaient compter que sur eux-mêmes. Ils ne l'igno

______

(1) M. Willems, *Le Droit public romain*, p. 351.

raient pas et faisaient le sacrifice de leur fortune, comme ils faisaient le sacrifice de leur vie, pour le progrès de la foi et le développement de leurs associations. Tout était commun entre eux, les exigences du culte toujours satisfaites, les appels des malheureux toujours entendus. « Les riches parmi nous, dit Lactance, (1) ne se distinguent que par le pouvoir qu'ils ont de faire plus de bien. Ils sont riches, non par le patrimoine qu'ils possèdent, mais par l'usage qu'ils en font pour la charité. Et ceux qui passent pour indigents sont riches pourtant, car ils n'ont besoin de rien et ne demandent rien. » Plus la persécution sévissait, plus la générosité des fidèles était grande. Vers les églises affluaient des dons de toutes sortes. En quoi consistaient ces libéralités ?

Le trésor de l'Église primitive se composait surtout de fortes aumônes recueillies après la communion dans les assemblées publiques. Elles étaient remises entre les mains de celui qui présidait la réunion, prêtre ou évêque, pour passer ensuite dans celles des pauvres ou aider à l'entretien de la société. L'aumône chrétienne se présentait sous trois formes : les offrandes ou oblations, les collectes et les agapes (2). Levée sur des contribuables volontaires, elle était entièrement libre et ne donnait pas un revenu assuré. Mais elle se régularisa dès le IIe siècle ; les familles chrétiennes prirent l'engagement de payer des cotisations mensuelles.

Les offrandes apportées par la piété des croyants ne furent pas les seules ressources des associations de chrétiens. Des meubles et immeubles, des terres, des maisons, des jardins étaient légués par les morts, don-

(1) Lactance, *Div. Instit.*, Liv. V. *De Justitia*, cap. XVI.
(2) Voy. : Jérôme Acosta, *De l'origine et des progrès des revenus ecclésiastiques.*

nés par les vivants à un membre de la société, le plus souvent au ministre du culte. Propriétaire et administrateur, choisi par les fidèles et investi de toute leur confiance, le prêtre versait les revenus dans la caisse commune. Pour l'avenir, son testament assurait la transmission de tous ses biens à ceux qui devaient le remplacer. Grâce à ce détour, l'Église pouvait être riche sans être une personne morale.

Ces libéralités étaient nombreuses et n'avaient rien d'illicite. La législation romaine ne recherchait pas si le disposant avait prévu que la donation ou le legs, faits aux membres d'une association non autorisée, profiteraient en réalité à l'association. Elle ne présumait pas qu'il y eût là un fidéicommis tacite et une cause de nullité de la disposition. Un texte du jurisconsulte Paul consacre cette doctrine, qui n'est qu'une application rigoureuse et logique du principe qu'il faut, dans le doute, respecter la volonté du disposant par une interprétation conforme à cette volonté.

Le legs fait à un collège illicite (*cui non licet coire*) est nul, nous dit la loi 20, *De rebus dubiis* (D. XXXIV, 5). Il est valable, au contraire, s'il s'adresse non point au collège pris en corps, mais *singulis*, à chacun des associés pris individuellement. Ceux-ci sont admis au bénéfice du legs *non quasi collegium, sed quasi certi homines.* Le legs est considéré comme fait non point à un collège incapable d'acquérir, mais à un nombre déterminé de personnes dont chacune est légalement capable de recevoir sa part dans la libéralité. On ne tient donc pas compte de ce que les légataires sont membres d'une corporation non autorisée. S'il en est ainsi, le legs adressé à un seul associé est à fortiori valable. La loi romaine partait de cette idée très juste et très équitable que l'incapacité de la corporation ne doit pas réfléchir sur les individus qui la composent. Elle écartait l'interposition de personnes qui joue un rôle si important dans notre Droit moderne. La jurisprudence française voit souvent là un moyen détourné de léguer à une communauté religieuse non autorisée et annule les dons et legs faits aux membres de la corporation religieuse non reconnue, quand se révèle l'intention de les faire parvenir à la communauté (1).

Cette doctrine est fort remarquable. Elle créait, en faveur des collèges illicites, des avantages importants et leur permettait de devenir puissants et redoutables par l'acquisition de grandes richesses. On se demande comment les jurisconsultes romains ont préféré rester fidèles à la logique, plutôt que d'écarter un danger qui menaçait l'État. Ils pensaient sans doute que le pouvoir, dont disposait l'administration impériale, de dissoudre les collèges et de leur appliquer des peines sévères était une protection suffisante.

J'imagine toutefois que les magistrats romains, pendant les persécutions, ne se conformèrent pas toujours à la décision donnée par le jurisconsulte Paul. La nullité de semblables libéralités était un moyen de causer aux sociétés chrétiennes un préjudice trop considérable, pour que l'administration n'ait pas cherché à éluder la loi. Quoi qu'il en soit, durant les longs intervalles de paix, l'Église vit grandir tous les jours son trésor, sans avoir besoin de la personnalité juridique.

Est-ce à dire que l'Église, jusqu'au règne de Constantin, n'eut jamais la propriété d'aucun bien ? Nullement. Nous avons, dès le iiie siècle, les preuves de son existence comme personne civile, comme corporation légalement constituée.

(1) Cassation, 30 décembre 1857, 28 mars 1859 et 8 mars 1861.

Sous le règne d'Alexandre Sévère, une contestation s'éleva entre des chrétiens et des cabaretiers, au sujet d'un terrain. L'empereur l'adjugea aux premiers « parce que, à tout prendre, mieux valait qu'il fut employé à servir et à honorer leur Dieu que d'appartenir à des cabaretiers ». (1) La raison donnée prouve bien qu'il s'agit de deux corporations dont le droit à la propriété du terrain est le même.

Les associations chrétiennes avaient une caisse commune, *arca communis*, et c'est, d'après Gaïus, l'un des caractères propres aux sociétés « *quibus permissum est corpus habere collegii*. » (D. III, 4, 1, § 1). « Si nous possédons un trésor commun (*Etiamsi quod arcœ genus est*), dit Tertullien, il n'est pas alimenté par des honoraires payés par ceux qui président, lors de leur entrée en charge, comme si la religion était pour nous un objet de trafic. Mais chacun apporte une modique somme au jour du mois ou quand il veut, et s'il le veut et s'il le peut, car nul n'est contraint, tout est volontaire. » (*Modicam unusquisque stipem menstrua die apponit*). (Apolog. XXXIX).

Une inscription, citée par M. de Rossi (2) et insérée par M. Léon Rénier dans ses Inscriptions d'Algérie, sous le numéro 4025, donne une nouvelle preuve.

> *Aream at (ad) sepulchra cultor Verbi contulit*
> *Et cellam struxit suis cunctis sumptibus.*
> *Ecclesiœ sanctœ hanc reliquit mémoriam.*
> *Salvete fratres, puro corde et simplici*
> *Elvetius vos (salutat) satos sancto spiritu.*
> *Ecclesia fratrum hunc restituit titulum.*

Enfin, l'édit de Milan confirme d'une façon décisive

---

(1) Lampride, ch. 49 ; *ut quomodocumque illis deus colatur, quam ut popinariis dedatur.*

(2) *Loc. cit., Rev. archéol.* 1864, t. 10, p. 37.

notre assertion. Dans cet édit, Constantin et Licinius ordonnent à tous ceux qui ont acheté ou reçu, à titre de libéralité, les biens confisqués pendant la persécution de Dioclétien, en 303, de les restituer sur-le-champ aux corporations chrétiennes. Voici le texte même de ce document important. « Quæ quidem omnia, écrit Eusèbe, protinus sine ulla dilatione *corpori christianorum* restitui tua cura ac diligentia oportebit. Et quoniam eidem christiani non solum ea loca in quibus convenire solebant, sed etiam alia possedisse noscuntur *quæ non privatim ad singulos ipsorum, sed ad jus corporis pertinerent;* hæc omnia post legem a nobis memoratam absque ulla dubitatione isdem christianis, *hoc est cuilibet corpori et conventiculo ipsorum* restitui jubenis. »

L'édit de Milan ne figure ni au Code Théodosien, ni au Code Justinien. Les empereurs Théodose II et Justinien, oppresseurs des Romains restés païens, se gardèrent bien d'insérer dans leurs recueils législatifs un document qui, nous le verrons, proclamait hautement la liberté religieuse. Il est relaté par Eusèbe dans son histoire ecclésiastique (Liv. X, cap. V), et par Lactance dans son traité *De morte persecutorum* (cap. XLVIII).

Ces quelques exemples démontrent que le *corpus christianorum* existait au IIIe siècle. Et cependant nous avons dit mainte fois que l'Église, pendant l'ère des persécutions, ne pouvait former une personne morale ni être propriétaire. Y a-t-il en réalité contradiction ? Non. La qualité de personne juridique n'appartint à l'Église, jusqu'à Constantin, que comme collège funéraire et non comme collège ordinaire. Les biens dont elle avait la propriété étaient des cimetières, des *loca religiosa*.

Il suffit, pour s'en convaincre, de lire les exemples cités, ou encore de rapprocher le texte de Tertullien,

qui parle de la *modica stips menstrua die*, de celui de
Marcien qui nous apprend que : « *permittitur tenuioribus stipen menstruam conferre : dum tamen semel
in mense coeant.* » (D. XLVII, 22, 1 pr.) Or, nous savons que les collèges de petites gens n'étaient autres
que des collèges funéraires.

Telle est aussi la conclusion de M. de Rossi, dans
une savante étude sur l'existence légale des cimetières
chrétiens à Rome. « Et bien si cela est, peut-on douter
qu'au IIIe siècle, les chrétiens aient publiquement et
librement joui des privilèges accordés aux sociétés des
pompes funèbres, c'est-à-dire, de s'organiser en corps,
de posséder une sépulture commune, et d'y célébrer des
repas funéraires et anniversaires? Ce privilège, comme
de nouvelles études me le font maintenant croire, avait
de lui-même une vertu générale et applicable *ipso jure*
à n'importe quelle confrérie présentant les caractères
définis par la loi. Aussi les chrétiens, en leur qualité
de possesseurs de cimetières communs, ont-ils formé
ipso jure un collège de ce genre ; et pour leur ôter le
bénéfice du sénatus-consulte, on devait prouver qu'ils
tombaient sous le coup de cette restriction de la loi :
dummodo hoc prœtextu collegiun illicitum non coeat.
A la constatation de ce délit équivalait chacun des
édits spéciaux de persécution, où l'on interdisait aux
chrétiens l'usage de leurs cimetières ; et ces édits sont
en effet du IIIe siècle, époque où l'histoire et les monuments témoignent que les fidèles possédèrent des tombeaux en qualité de corps constitué. Après la révocation de l'édit, le privilège rentrait en vigueur, et alors
les empereurs restituaient aux évêques comme représentants du corps de la chrétienté la libre possession
avec l'usage des cimetières. » (1)

<hr>

(1) *Revue archéol.* 1866, t. 13, p. 241 et suiv.

CHAPITRE III

Les historiens rapportent que certains empereurs voulurent accorder au christianisme une place parmi les religions de Rome. Eliogabale fit mettre le Christ à côté de ses dieux syriens. Alexandre Sévère l'introduisit à côté d'Orphée et d'Apollonius de Thyane, dans son sanctuaire domestique. « Il désira dit Lampride, faire construire des temples au Christ et le placer au rang des dieux. On raconte qu'Adrien eut la même pensée et donna l'ordre d'élever dans toutes les villes des temples sans simulacres. » (1) Leurs tentatives échouèrent devant l'opposition des païens qui craignaient que le Dieu des chrétiens n'en vînt à détrôner tous les autres.

Le fameux édit de Milan, rendu en 313, et dont tout l'honneur revient à Constantin, proclama officiellement, en faveur du christianisme et de toutes religions, le grand principe de la liberté des cultes. Jamais constitution ne fut empreinte d'un esprit plus large, plus équitable et plus libéral. « Nous, Constantin et Licinius Auguste, arrivés à Milan sous d'heureux auspices, avons recherché, avec la plus grande sollicitude, toutes les réformes qui pouvaient tourner à l'avantage de l'intérêt public. Parmi les choses que, sous bien des rapports, nous avons jugées utiles à tous, et même bien avant toutes choses, nous avons pensé qu'il fallait

(1) *Hist. Ang., Alex. Sev., 29.*

établir le principe suivant lequel seraient désormais pratiqués le culte et le respect de la puissance divine. En conséquence, nous accordons aux chrétiens et à tous autres pleine et entière faculté de suivre la religion qu'ils voudront. Puisse la divinité qui réside dans les cieux, bénir une telle décision et se montrer favorable à nous et à ceux qui vivent sous nos lois. Ainsi, par une sage et salutaire délibération, nous proclamons officiellement notre volonté, que la liberté de choisir et de pratiquer la religion et la piété chrétiennes ne soit à l'avenir refusée à personne ; tout au contraire il est permis à chacun de suivre librement, en matière religieuse, les aspirations de son âme. »

Rome, dès l'origine, avait admis et reconnu les cultes étrangers. L'édit était donc, en réalité, tout au profit des chrétiens et terminait l'ère des persécutions. Quelque grand que fut le résultat obtenu, était-il la pleine réalisation des vœux de Constantin? Je ne le pense pas. Des motifs politiques imposaient la plus grande réserve. L'empereur, ne pouvait, sans péril pour lui-même et sans compromettre ceux que hier encore les païens nombreux et tout puissants poursuivaient de leur haine, donner le premier rang à la religion nouvelle. Il dut cacher son zèle de néophyte sous le couvert d'une tolérance générale, à laquelle la tradition romaine ne mettait pas obstacle. Mais ce n'était plus qu'une affaire de temps. Avec le fils de Constance Chlore, la foi chrétienne montait sur le trône des Césars et son triomphe était certain.

Désormais, les fidèles peuvent donner un libre essor à leurs aspirations religieuses. Sur toute la surface de l'Empire vont surgir, en nombre infini, les établissements de la chrétienté : églises, établissements de bienfaisance et monastères.

Quels sont les caractères distinctifs, l'origine et la nature de ces trois classes d'établissements ?

Quels furent leurs moyens d'existence, du jour où fut consacrée la liberté des cultes au jour où leur fut concédée la personnalité juridique (313 à 321) ?

Quelles étaient les formalités requises pour leur fondation ?

Telles sont les questions que nous allons résoudre en terminant notre étude sur les trois premiers siècles de l'ère chrétienne.

Du sein des églises montaient vers Dieu les prières des croyants. Sous les voûtes s'accomplissaient les cérémonies religieuses et se célébrait le culte. Leur origine remonte à l'apparition du christianisme à Rome; mais pendant un long temps, les fidèles se réunirent dans des salles ou autres lieux privés et non dans des édifices particuliers et bâtis exprès.

Les églises publiques n'apparaissent qu'au commencement du IIIe siècle. Elles furent en grande partie brulées dans la persécution de Maximin et bientôt après reconstruites. Sous Dioclétien elles étaient plus nombreuses, plus vastes, plus ornées. Les édifices consacrés au culte chrétien rappelaient par leur nature les temples du paganisme.

Quant aux moyens d'existence, l'édit de Milan entraîna un notable changement. La consécration qui, nous le savons, était un mode de gratifier un établissement religieux et de le rendre riche, sans qu'il fût propriétaire, devint possible en faveur de l'Église. Les empereurs chrétiens ne refusaient pas l'autorisation, et la *dedicatio* était faite par les évêques, dans des formes nouvelles : plantation d'une croix et procession publique. Ajoutons, pour n'avoir plus à revenir sur ce point, que du temps de Justinien, la nécessité de l'autorisation donnée par le pouvoir législatif disparaît. Il suffit de la consécration *rite et per pontifices.* (1) Les évêques pouvaient à leur gré faire des *res sacræ*, pourvu que la disposition de la chose leur appartînt. Sauf cette source nouvelle de richesses relative au *res sacræ*, les églises catholiques vivaient comme autrefois. Les libéralités s'adressaient à leurs chefs, prêtres ou évêques, qui affectaient les revenus à l'entretien du culte.

Les hospices avaient pour fondement la charité. Cette vertu fut inconnue des temps anciens, qui n'offrent pas un seul exemple de la fondation d'un établissement destiné à l'assistance des pauvres et des malades. On ne trouve à Rome que les collèges de petites gens et de soldats, qui sont une bien faible image des sociétés charitables. L'État et les particuliers soulageaient parfois la misère des classes nécessiteuses par des distributions de blé ou d'argent. Mais dans les mesures prises, sous la République et les premiers Empereurs, l'intérêt, la crainte ou l'adulation dominaient tout sentiment de générosité ou de compassion. En tout cas, jamais un système suivi et général de secours ne fut organisé. C'est que la religion romaine, avec ses rites si nombreux et ses fêtes somptueuses, éblouissait les yeux et n'allait pas au cœur. Les prêtres n'étaient que des officiers du culte, de simples maîtres des cérémonies. Ils ne connurent pas cette tâche si douce et si noble, ce saint ministère, qui consiste dans l'enseignement de la vertu aux hommes et de la morale aux peuples, dans les consolations apportées aux souffrances humaines.

Tout autre apparut la religion chrétienne. Dès l'origine, à côté de l'endroit où s'assemblaient les fidèles, s'élevait un asile de modeste apparence. Là, l'étranger trouvait un abri, les enfants l'éducation, les malades

____
(1) Just. *Instit.* II, 1, § 8.

des soins empressés, les orphelins un refuge. Bien plus,
la maison de tout chrétien était ouverte aux malheureux et aux déshérités de ce monde. Pendant l'ère des
persécutions, la construction de monuments eût attiré
l'attention des païens et amené les répressions et les
rigueurs. On ne pouvait y songer. Mais la charité privée suffisait. « Elle était alors partout, quoique son enseigne ne fut nulle part, semblable à ces sources cachées
qu'on ne devine qu'à la fraîcheur et à la fertilité qu'elles
entretiennent sur le sol. » (1) .

Tertullien et Lactance nous ont laissé le tableau de
l'emploi que les riches faisaient de leur fortune et de
la distribution des aumônes « ces dépôts de la piété »
(Apol. 39). Qui ne connaît dans la première épître aux
Corinthiens l'admirable chapitre de Saint Paul sur la
charité ? Qui ne connait aussi les belles paroles de
Saint Jean Chrysostôme dont tous les efforts tendaient
à faire naître dans les cœurs cette grande vertu?

« Un homme charitable, dit-il, est comme un port ouvert aux infortunés ;
il doit tous les accueillir. Le port reçoit également tous les naufragés ; il les
sauve de la tempête, bons ou méchants, quels que soient leurs fautes ou
leurs périls, et les abrite dans son sein. Vous devez faire de même pour ces
naufragés de la fortune qui, sur terre, sont battus par le vent de l'adversité
Sans les juger avec rigueur, ni rechercher leur vie, occupez-vous de soulager
leur misère. Pourquoi vous donner les soins d'une surveillance inutile ? Dieu
vous en décharge......Pourquoi prendre un souci superflu ? Autre chose
est un juge, autre chose un chrétien qui fait l'aumône. L'aumône même n'a
pris son nom que de la pitié qui nous l'inspire..... Lorsqu'un homme s'offre à nous avec la recommandation du malheur, ne demandons rien davantage en l'assistant, c'est sa nature d'homme et non le mérite de ses actions ou
de sa foi que nous honorons ; c'est sa misère et non sa vertu qui nous touche,
afin d'attirer sur nous-mêmes la miséricorde de Dieu. Car si nous voulons,
au contraire, discuter rigoureusement les droits de ceux qui ont Dieu pour
maître, aussi bien que nous. Il fera la même chose à notre égard ; et tandis
que nous leur ferons rendre compte de leur vie, nous serons nous-mêmes
déchus de la miséricorde divine : car l'Évangile a dit : Vous serez jugés
comme vous aurez jugé les autres. » (1).

(1) Etienne Chastel, *Etudes historiques sur l'influence de la Charité.*
(1) Sanct. Chrisost. *Oper.* t. V, p. 51, traduct. par Villemain, *Tableau
de l'Eloquence chrétienne au IVe siècle* , p. 175 et suiv.

Après l'édit de Milan, sous l'influence d'un courant irrésistible d'idées généreuses, la charité put librement exercer son action. L'État, les sociétés chrétiennes, les particuliers contribuèrent à la centralisation de la pitié dans de vastes édifices. Les Romains, qui avaient embrassé la foi du Christ, consacraient leur fortune, non plus à flatter le peuple par les jeux du cirque, mais à bâtir des hôpitaux et des hospices. Les établissements de bienfaisance, dont la nécessité se fit de plus en plus sentir dans les crises terribles que traversa l'Empire, devinrent aussi nombreux qu'il y avait de misères distinctes.

Des mots nouveaux furent créés. Le Code et les Novelles en sont remplis; *ptochotrophia*, hospices pour les pauvres, *nosocomia*, pour les malades; *gerontocomia*, pour les vieillards; *orphanotrophia*, pour les orphelins; *brephotrophia*, pour les enfants trouvés; *xenodochia*, pour les voyageurs. (1).

Jusqu'en 321, comme pour les églises, les libéralités étaient faites aux directeurs de ces établissements, c'est-à-dire à des économes, *dispensatores pauperum*, choisis par l'évêque et placés sous sa surveillance (2). « Voilà, dit Naudet, ce qui distingue les institutions des modernes pour les secours de celles des anciens ; chez les premiers, elles furent un calcul de politique et d'ambition, la rançon payée par le pouvoir pour n'être pas inquiété ; chez les autres ce fut l'œuvre d'amour de tous pour leurs frères. Ce fut, si l'on veut encore, une sorte d'égoïsme, mais un égoïsme désintéressé des biens de la terre et qui n'avait de cupidité que pour le ciel. Alors, le pauvre eut un patrimoine sans rien posséder, le besoin devint un droit, la bienfaisance un

(1) C. I, 2, *ll.* 17, 22 ; I, 3, 46 § 9 — Nov. 7, ch. 1 ; 120, ch. 6 et 7.
(2) C. 1, 3, *ll.* 33 § 4, 42 § 5.

devoir, les sentiments d'humanité entrèrent dans les mœurs » (1).

Les premiers monastères prirent naissance, vers la fin du IIIe siècle, dans les déserts de la Thébaïde qu'Antoine d'Heraclée, patron des anachorètes, avait choisi comme lieu de refuge. Ils se composaient, à l'origine, d'une cellule unique et destinée à un seul, où l'homme, en proie à la lassitude et au dégoût des choses de ce monde, venait chercher le repos et la solitude dans une éternelle contemplation et une consécration absolue de tout son être à Dieu.

Plus tard, la vie monastique se transforma sous l'influence de quelques disciples d'Antoine. Le chrétien, comme l'homme, est fait pour vivre en société. Ainsi le veulent la loi de la nature et la loi de la charité. Telles étaient leurs doctrines.

Les cénobites remplacèrent les anachorètes, et les monastères devinrent des ordres religieux, des associations d'hommes ou de femmes vivant d'une vie commune, sous l'empire de règles sévères et dans la continence, les privations et le recueillement. Ils furent fondés par Pacôme de Tabenne en Egypte, organisés en Orient par Saint Basile et en Occident par Saint Benoit. Leur nombre fut très considérable dès le IVe siècle. L'entraînement vers cette nouvelle existence était inouï. Ecoutons M. de Broglie : « C'était l'infinie variété des solitaires et des religieux de toute espèce. Leur nombre croissait sans cesse sous le souffle de la grâce divine, auquel se joignait parfois, sans qu'on pût toujours l'en distinguer, celui de la vogue et de la faveur populaire. Chaque jour c'était quelque vocation subitement éclose, chaque jour aussi quelque raffinement d'austérité,

____

(1) Naudet, *Des secours publics chez les Romains.* (Mém. de l'Acad. des Inscrip., Nouv. ser., t. XIII, p. 91).

quelques pas de plus vers des profondeurs plus reculées du désert ou des montagnes. Un magistrat descendait de son tribunal, un riche vendait son bien, une femme disparaissait du foyer domestique, un ouvrier manquait à l'atelier, un soldat désertait le camp. On savait qu'ils avaient pris le chemin de la solitude ; on ne les cherchait seulement pas, tant le fait était devenu commun. » (1).

L'accès du monastère était ouvert à toutes personnes. Hommes et femmes, riches et pauvres, hommes libres et esclaves étaient reçus et traités avec une égale bienveillance. «La grâce divine, dit Justinien, enveloppe toutes les âmes, sans distinction, et les appelle à une même récompense en Jésus-Christ. » (Nov. V, cap. 2).

Par ses vœux, le moine prenait l'engagement de ne jamais contracter mariage. C'était bien le caractère le plus remarquable de ces nouveaux établissements. Jusqu'à l'apparition des monastères, il n'existait pas à Rome de société qui ait eu la pensée d'imposer à ses membres le célibat, comme condition essentielle de leur maintien dans l'association. Il est vrai que la religion païenne offrait une exception. Les vestales, qui avaient pour mission d'entretenir le feu sacré sur l'autel de Vesta, faisaient vœu de chasteté. Mais il faut dire que le nombre en était fort restreint et que, leur ministère terminé, elles pouvaient quitter le temple et se marier.

Les lois caducaires, promulguées sous le règne d'Auguste, frappaient les *cœlibes* et les *orbi* de l'incapacité totale ou partielle de recueillir les libéralités testamentaires. Ces lois n'étaient plus conformes aux tendances nouvelles et portaient une grave atteinte à la

____

(1) Albert de Broglie, l'*Église et l'Empire romain au* IV° *siècle*, t. V, p. 156 et *suiv*.

fortune et à la prospérité des couvents. Constantin s'empressa de les abroger en 320 (C. VIII, 58, 1).

Au vœu de célibat, se joignait le vœu de pauvreté. Les moines promettaient de renoncer à leurs biens et d'en faire le sacrifice à Dieu. Ces biens étaient mis en commun et servaient à l'entretien de l'association.

Tant que le monastère ne fut pas une personne juridique, il ne pouvait avoir un patrimoine distinct de celui de ses membres. Ceux-ci conservaient la propriété de leurs fortunes respectives. C'est à la personne de l'un d'eux que s'adressaient les libéralités dont on voulait doter l'établissement. Peu importait du reste que la propriété appartînt au monastère ou aux moines, le résultat au fond était le même. Le religieux qui possédait des biens ou qui devenait héritier, donataire ou légataire, était considéré par la loi comme l'unique propriétaire, mais à ses propres yeux la congrégation seule avait ce titre et tout était versé dans la masse commune.

Les monastères, comme les églises et hospices, étaient placés sous la surveillance de l'évêque qui ratifiait le choix des abbés mis à la tête de chacun de ces établissements. Ces abbés réglaient les affaires intérieures de la société et avaient sous leurs ordres des apocrisiaires qui s'occupaient des affaires extérieures (1).

Les empereurs chrétiens réglementèrent avec une extrême minutie l'organisation des monastères. J'indiquerai simplement la novelle V qui peut être considérée, dans son ensemble, comme la loi organique de ces établissements sous le Bas-Empire.

Aux termes de la Novelle 67 : « Nul ne doit commencer à bâtir un monastère, une église ou un oratoire sans le consentement de l'évêque de la ville, et avant

______

(1) C. I, 3. 40. — Nov. 123, cap. 25 et 34.. — Nov. V, cap. 9.

que ce dernier, sur l'emplacement choisi, n'ait prononcé une oraison, planté une croix et fait une procession publique. » La Novelle V, chapitre 1, n'est pas moins formelle.

Il fallait donc, pour fonder un établissement religieux, obtenir l'autorisation préalable du supérieur ecclésiastique. La raison en est simple. On ne pouvait imposer à l'évêque la création d'établissements qui intéressaient à un si haut point les affaires religieuses, le bon ordre et la prospérité de son diocèse. Autorité supérieure et compétente, il pouvait juger de la nécessité et de l'efficacité de l'édifice projeté. Il pouvait déjouer les desseins de personnes qui, sous le couvert de la religion, voulaient cacher un but inavouable, ce qui était assez fréquent, s'il faut en croire Justinien (Nov. 67, cap. 1). Enfin, il pouvait après enquête s'assurer que l'entreprise n'était point formée avec précipitation et sans discernement, et qu'elle présentait des garanties pécuniaires suffisantes pour mener à bonne fin la construction de l'édifice. (1).

L'autorisation de l'État n'était pas exigée pour la fondation des églises et hospices (Nov. 131, cap. 10).

Faut-il décider de même pour les monastères, véritables corporations religieuses, ou faut-il se référer au principe, que les associations ne peuvent se former sans le consentement de l'empereur ? La question est controversée.

Le Code et les Novelles sont muets sur ce point. Le plus important des documents législatifs en la matière, la Novelle V, parle seulement de la nécessité d'obtenir la permission de l'évêque. Son silence, dit-on, est concluant. En l'absence de texte précis qui abroge, en faveur des couvents, la règle posée par Marcien, les

(1) *Imp. Leonis Constit. XIV.*

communautés chrétiennes, comme les associations
ordinaires, demeurent soumises à cette règle.

Telle n'est pas notre opinion.

Tout d'abord, le silence de la Novelle V n'est point
aussi absolu qu'on veut bien le prétendre. Aux termes
du chapitre I, il faut, avant toutes choses, faire appeler
l'évêque du diocèse. La consécration faite, c'est-à-dire,
l'autorisation obtenue, on pourra aussitôt jeter les premiers fondements de l'édifice. N'est-ce pas dire que cette
autorisation seule est nécessaire ? Et du reste à quel
moment interviendrait le consentement de l'empereur ?
Ce n'est pas entre la consécration et le commencement
de la construction. La Novelle ne laisse pas de doute
sur ce point. Peut-on soutenir que la permission donnée
par l'empereur doit précéder celle donnée par l'évêque ?
Certainement non. Ce dernier seul est juge compétent
de l'utilité du nouvel établissement, et l'autorisation
impériale ne peut-être que le complément de l'autorisation épiscopale. Il n'y a donc pas place pour une permission du pouvoir public.

De plus, comment admettre que les empereurs, au
milieu des mesures sans nombre dont les monastères
sont l'objet de leur part, n'aient pas mentionné la plus
importante de leurs prérogatives, celle qui leur eût permis de mettre une entrave à la fondation même de
ces établissements ? Comment admettre qu'ils aient, à
plusieurs reprises, imposé l'adhésion de l'évêque, sans
faire la moindre allusion à un pouvoir égal pour eux-
mêmes ? Il n'était certes pas dans leurs usages de taire
les droits dont ils disposaient. Notre doctrine nous paraît seule expliquer le silence des textes.

La loi 46, § 9, au Code, *De Episcopis et Clericis*, donne
des établissements religieux du christianisme une longue énumération, en tête de laquelle figurent les monas-

4

tères. Elle les oppose aux collèges légalement formés :
« *aut omnino non prohibitis ex plebe collegiis* ». Or,
comme on l'a très judicieusement fait remarquer,
« pourquoi appliquer cette loi aux seules corporations
autorisées, et ne faire aucune distinction de ce genre
lorsqu'il sagit des couvents, si tous ces établissements
se confondent indistinctement dans la similitude d'une
situation commune ! Ou il y a entre eux une différence,
et cette différence résulte de la nécessité de l'autorisation
pour les premières, ou les derniers mots *non prohibitis*
deviennent sans portée. Dira-t-on que c'est tout simplement une de ces longues énumérations auxquelles
semblent se complaire les jurisconsultes du Bas-Empire ?
Mais alors, pourquoi cette distinction ne porte-t-elle pas
sur tous les termes de la nomenclature, tandis qu'en
réalité elle n'atteint que les associations laïques, *ex
plebe collegiis* ? Pourquoi ? La raison est bien simple :
parce que ces établissements rel'gieux puisent, dans le
fait même de leur existence, le germe de leur capacité et
naissent à la vie civile en même temps qu'à la vie religieuse. » (1).

Remarquons en outre que les Constitutions et les
Novelles ne parlent nulle part d'une distinction entre
les communautés religieuses autorisées et celles qui ne
le sont pas, tandis que, pour les associations ordinaires,
des textes nombreux établissent une semblable distinction. Comment expliquer le silence des Constitutions et
des Novelles dans la doctrine que nous combattons ?

Enfin, la législation romaine accorde toujours aux
monastères les mêmes faveurs et les mêmes privilèges

(1) Jacquier, *De la condition légale des communautés religieuses*, Th.
Doct., p. 86, Paris, 1869. — Adde : Laisné Deshayes, *Du régime légal des
communautés religieuses en France*, p. 8 et 9. — Gide, *Du droit d'association en matière religieuse*, Th. Doct., p. 51 et suiv., Paris, 1872.

qu'aux établissements de bienfaisance. Or, est-il croyable qu'on ait imposé aux uns une formalité qui n'était pas imposée aux autres ? Si une différence tellement remarquable existait entre eux, il serait fort étrange que les textes ne l'aient pas signalée.

On a soutenu que la liberté de fonder un monastère ou autre établissement religieux, sans l'autorisation impériale, exista jusqu'au xe siècle, mais qu'elle disparut sous le règne de Nicéphore II Phocas (1). Une constitution de cet empereur porte en effet : « *Ne de novo construatur monasterium, ant venerabilis alia domus.* » Nous verrons que cette prohibition fut de courte durée, et fut rapportée bientôt après par l'empereur Basile II Porphyrogénète.

Je ne veux pas entrer dans le détail de cette controverse. J'ajouterai simplement qu'elle n'a qu'un intérêt purement théorique. Admet-on que l'autorisation du pouvoir public était nécessaire ? Il est certain qu'elle ne fut jamais refusée. Admet-on qu'elle ne l'était pas ? Les empereurs trouvèrent une large compensation dans leur pouvoir de réglementer l'organisation des couvents. Il suffit, en effet, de parcourir les Novelles et surtout la Novelle V, pour se convaincre que jamais les monastères ne furent plus favorisés que sous le Bas-Empire et en même temps plus tenus sous la dépendance de l'État. « La vie monastique et la méditation qui l'accompagne sont choses sacrées, dit la préface de la Novelle 133. Elles élèvent les âmes à Dieu et prêtent non seulement leur secours à ceux qui s'y livrent, mais encore sont d'une incontestable utilité pour tous les autres hommes, grâce à leur pureté et aux supplications qu'elles adressent au ciel. L'état monastique fut l'objet de la constante sollicitude des empereurs qui nous

(1) Trochon, *Du régime légal des communautés en France*, p. 25.

ont précédé, et nous avons nous-même pris de nombreuses mesures pour l'honneur et l'ornement des
monastères. Nous suivons en cela, ajoute Justinien, les
règles sacrées et les préceptes des anciens Pères, d'après
lesquels il n'est rien dont l'empereur ne doive s'occuper,
puisqu'il a reçu de Dieu la charge de veiller sur tous
les hommes. »

Ainsi, l'édit de Milan permit aux églises, hospices et
monastères de se fonder librement. M. Frantz de
Champigny a dépeint, en quelques lignes fort belles,
l'immense retentissement qu'eut cet édit dans tout l'Empire. Nous ne saurions mieux terminer cette première
étude de Droit romain qu'en reproduisant ce passage.

« C'était, en effet, un grand siècle que celui où l'église
affranchie sortait des catacombes et se montrait en plein
jour ; où trois cents dix-huit évêques se réunissaient
à Nicée, entourés de toute la pompe impériale, et portant, la plupart d'entre eux, les traces du martyr ; où
les persécuteurs vivant encore, les cendres de la persécution fumant encore, les ruines qu'elle avait faites se
relevaient, le patrimoine de l'Église lui était rendu, ses
plaies fermées ; où les basiliques chrétiennes étaient
restaurées sur ces décombres entassés par les tyrans,
et montaient vers le ciel, plus hautes, plus riches, plus
belles que jamais ; où d'un bout à l'autre du monde,
jusque dans ces déserts de la Thébaïde qu'habitaient
les anachorètes, la nouvelle de la délivrance venait
réjouir des cœurs que nulle chose ici-bas ne touchait
plus ; où les poitrines chrétiennes, libres enfin, se con-
solaient, par la multitude des hymnes et des chants
sacrés, du silence forcé des catacombes ; où se formaient
pour la plupart ces magnifiques liturgies des anciennes églises, qui m'apparaissent comme les premiers
élans, les premières aspirations, la multiple prière,

l'hymne sans fin des cœurs chrétiens et des bouches
chrétiennes enfin délivrées ; où commençait à éclore
cette admirable effloraison de génies chrétiens telle que
ne l'a vue aucun siècle, continuée pendant deux cents
ans pour remplir tout l'intervalle entre la persécution
et la barbarie, et montrer à ce moment tout ce que
peuvent être la science humaine et le génie humain
avec la foi. » (1)

(1) Frantz de Champigny, *La charité chrétienne au IV⁰ siècle de l'Église.*
(Revue contemporaine, 1853, t. VIII, p. 6 et suiv.).

DEUXIÈME PÉRIODE

CHAPITRE I

DE LA CONCESSION DE LA PERSONNALITÉ JURIDIQUE

Les établissements religieux du christianisme vivaient et se développaient sans la personnalité juridique. Cependant, après l'édit de Milan, les chrétiens se hâtèrent de la demander, en raison des avantages qu'elle confère.

Erigé en personne civile, l'établissement devient capable d'acquérir et de recevoir des libéralités. Il possède un patrimoine, et c'est lui qui est propriétaire aux yeux de la loi. Les biens qui assurent son existence ne sont plus exposés aux mêmes dangers. En effet, si la propriété de ces biens appartient au prêtre, à l'évêque, à l'économe ou au moine, ceux-ci ont légalement le droit d'en disposer et peuvent les dissiper.

Par la concession de la personnalité juridique, au nombre quelquefois considérable des membres de l'association succède une seule personne qui voit se concentrer en elle les droits et les obligations. Une seule et même impulsion se produit dans l'administration des biens. Les rapports entre la société et les tiers sont simplifiés par la présence d'un individu unique, le représentant légal ; les poursuites sont plus promptes et les frais diminués. Rapidité et simplicité dérivant de l'unité, tel est le résultat.

La personne morale, être abstrait dénué de vie physique, ne peut mourir. Elle jouit donc de la perpétuité et puise dans sa nature même une permanente stabilité. Elle se trouve à l'abri des changements ou modifications qui peuvent survenir parmi les membres qui la composent. L'idée qu'elle représente a tout le temps nécessaire pour se développer et donner des résultats pratiques. Au jour du décès, le patrimoine des êtres doués de vie physique, passe à de nouvelles personnes. Au contraire, les biens de l'être moral restent toujours entre ses mains. Supposons que le chef de l'établissement religieux est propriétaire. S'il meurt sans avoir fait de testament, ou bien s'il a transmis sa fortune à tout autre qu'à son successeur, l'existence de l'établissement peut être compromise.

Ainsi, la personnalité juridique donne des garanties pour le présent et pour l'avenir. .

La demande des fidèles reçut un accueil favorable. Constantin avait, au profit du christianisme, proclamé la liberté des cultes et aboli les lois caducaires. Engagé dans la voie des concessions, il ne pouvait s'arrêter et laisser les églises, hospices et monastères dans une situation inférieure à celle des temples païens qui avaient obtenu peu à peu la personnalité civile. Il comprenait aussi que les établissements chrétiens étaient appelés à rendre d'importants services à l'État et à la société romaine. D'ailleurs son attachement à la religion nouvelle grandissait tous les jours.

En 321 l'empereur promulgua la célèbre constitution qui permettait de disposer en faveur des établissements chrétiens et les élevait au rang de personnes civiles.

Cette constitution qui forme, au code Justinien, la

loi 1, au titre *De Sacrosanctis Ecclesiis* (1, 2), et au code Théodosien, la loi 4, au titre *De Episcopis et Clericis* (XVI, 2), porte : « *Habeat unusquisque licentiam sanctissimo catholico, venerabilique concilio decedens bonorum, quod optaverit relinquere : et non sint cassa judicia ejus. Nihil enim est quod magis hominibus debeatur, quam ut supremæ voluntatis, postquam jam aliud velle non possunt, liber sit stylus, et licitum quod iterum non redit arbitrium.* »

Le mot *concilium* ne veut pas dire concile, réunion de prélats ; il signifie *Eglise catholique* (*concilium venerabile et sanctissimum Catholicæ, pro Ecclesia.* — *Notæ, Cod. Theod.*, XVI, 2, 4.).

Cependant il ne faudrait pas se méprendre sur le sens de cette expression : *Église catholique*. Par là, Constantin n'entend pas l'Église chrétienne prise dans son universalité, considérée comme ne formant qu'un seul corps capable d'acquérir et dont les fractions n'ont pas le bénéfice de la constitution. L'empereur accorde la personnalité juridique à chacun des *venerabiles loci*, oratoires, établissements de bienfaisance et monastères. Les textes ne parlent jamais de l'Église, mais toujours des Églises (rubrique du titre II, au Code, livre I : *De Sacrosanctis Ecclesiis*).

En théorie, la personnalisation de l'Église en général était parfaitement acceptable ; elle était même plus conforme aux dogmes enseignés par la religion chrétienne. Mais nous verrons que dans la pratique elle ne donnait pas un moyen aussi facile d'interpréter certaines libéralités. « Est-ce à dire, écrit M. Serrigny, que l'Église catholique, considérée en corps, était seule rendue habile à acquérir, et que les fractions de cette grande congrégation, les évêchés, les presbytères, les églises particulières, n'avaient pas obtenu, en vertu de

cette constitution, la capacité de recevoir des libéralités testamentaires ? On a dit que, le christian sme ayant
proclamé le dogme de l'unité de Dieu, et, par suite,
l'unité de son Église, on avait voulu établir l'unité de
la propriété des biens, comme conséquence de la communauté de foi ; que, dès lors, la propriété des biens
ecclésiastiques était attribuée tantôt à Jésus-Christ,
tantôt à l'Église chrétienne, tantôt au Pape son chef
visible. Ce point de vue me semble inexact : Constantin, trouvant dans ses États une vaste congrégation
religieuse se donnant le nom d'Église universelle, lui
conféra l'aptitude à acquérir, sauf à faire jouir de cette
capacité les divers établissements qu'elle comprenait.
Aussi voyons-nous dans les textes qu'il ne s'élevait
aucun doute lorsque le testateur avait désigné l'*oratorium* ou le *templum* objet de ses libéralités. Le doute
ne se produisit qu'au sujet des dispositions testamentaires vagues et indéterminées, comme celles faites à
Jésus-Christ, sans autre désignation spéciale. Justinien décida qu'elles profiteraient à l'église de la localité.
C'est ainsi qu'en France, avant la Révolution de 1789,
lorsque le clergé catholique formait un corps, un ordre
dans l'État, on disait : *les biens du clergé* ou de l'*Église*,
pour comprendre la masse de biens possédée par les
membres du clergé ; ce qui n'entraînait pas l'idée de
l'unité de propriété et n'excluait pas l'appropriation et
la jouissance de ces biens en faveur des fractions ou
des membres qui, en France, faisaient partie de l'Église
catholique. » (1).

La constitution de 321 ne mentionne que les dispositions par acte de dernière volonté. Il faut généraliser.
Nous verrons que de nombreux textes traitent d'acqui-

(1) Serrigny, *Droit public et administratif romain*, p. 295-296. — Savigny, *Traité de Droit romain*, t. II, p. 265. — C. I, 2, 26.

sitions faites par les églises tant à titre onéreux qu'à titre gratuit.

La constitution de 321, qui domine la matière des acquisitions de biens par les églises, hospices et monastères, accordait à tous ces établissements la personnalité juridique. Telle est l'opinion que nous avons émise dès le début de cette étude. Toutefois cette doctrine n'est pas acceptée sans débats. D'excellents esprits refusent la qualité de personnes civiles à l'une des trois classes d'établissements chrétiens.

Les églises étaient certainement des personnes morales. Les lois contenues au titre *De Sacros. Eccles.* ne laissent pas de doute à cet égard.

De nombreux textes, en dehors de la constitution précitée, supposent la personnalité juridique des monastères. La loi 13 *De Sacros. Eccles.* leur reconnaît la capacité de recevoir par testament ou codicille, même d'une veuve, d'une diaconnesse, d'une vierge consacrée à Dieu ou de toute autre relig'euse. Nous verrons qu'il existait en leur faveur un véritable droit de succession *ab intestat* sur les biens des religieux, à leur entrée au couvent. Dans ce cas tout particulier, la personnalité du monastère est si puissante qu'elle absorbe la personnalité des membres de la communauté. La suite des développements sur les acquisitions à titre onéreux et à titre gratuit apportera bien d'autres preuves à l'appui.

Pour les établissements de bienfaisance, la question est controversée.

Les hospices, dit-on, n'étaient pas considérés par le Droit du Bas-Empire comme des personnes civiles distinctes, mais comme des dépendances de l'église de la localité. Celle-ci pouvait seule acquérir les biens et recevoir les libéralités. Les revenus étaient ensuite distribués aux maisons charitables par les soins de l'évêque ou des économes. En d'autres termes, on ne songea jamais, au profit des établissements de bienfaisance, à opérer comme un dédoublement de la personnalité civile des églises, et à leur accorder une même capacité sous la simple surveillance de l'évêque. Cette doctrine repose sur les considérations suivantes :

1° Le consentement de l'autorité épiscopale obtenu, la fondation des hospices était entièrement libre ; elle ne fut jamais soumise à une autorisation de l'État. Or, pour quiconque est familier avec les idées du Droit romain, la simple volonté privée ne pouvait donner naissance à une personne civile. L'argument est loin d'être concluant. On oublie qu'il s'agit ici de maisons de charité, d'établissements religieux, et que la législation qui les régit est une législation toute d'exception et de faveur. L'autorisation de l'empereur n'était pas non plus exigée pour la fondation des églises. Il en fut de même, selon toutes probabilités, pour la fondation des monastères. Et cependant les églises et monastères n'en étaient pas moins des personnes morales. Comment expliquer alors la distinction proposée ? Comment admettre une semblable exception relative aux hospices qui formaient la classe la plus importante des *venerabiles loci*, et se recommandaient par de si grands services rendus à la société. Il nous semble, au contraire, que la personnalité juridique des établissements de bienfaisance était une conséquence naturelle de leur situation privilégiée. Leur capacité était libre au même titre que leur existence.

2° On invoque encore la loi 49, au Code, *De Episc. et Cler.* Quand les indigents ont été institués héritiers sous l'expression indéterminée de *pauvres*, l'institution est valable (§ 1). L'économe de l'église ou l'évêque de la ville reçoit alors provisoiremeut l'hérédité et la distribue aux pauvres, aux mendiants, aux indigents, selon les règles énoncées au sujet des captifs, c'est-à-dire, en destinant à cet usage, soit les revenus annuels, soit les sommes d'argent résultant de la vente des meubles (§§ 6 et 2).

Si le texte était général, si la distribution des libéralités devait toujours être faite par l'économe ou l'évêque, l'argument serait probant. Mais le paragraphe 6 ne s'applique qu'à l'hypothèse particulière et probablement assez rare, où il n'existe aucun hospice dans la ville « *sin autem nullus xenon in civitate inveniatur, tunc...* »

La règle générale se trouve dans le paragraphe 3: « si les pauvres ont été institués héritiers d'une façon indéterminée et sans indication, l'hérédité *appartient à l'hôpital* de la ville. C'est l'hôpital lui-même qui doit, par l'intermédiaire de ses administrateurs, faire la distribution des biens héréditaires aux malades, soit qu'on leur distribue les revenus annuels, soit que du produit de la vente des meubles on achète des immeubles pour employer les revenus de ces nouveaux biens à les secourir. »

Le paragraphe 7 qui prévoit une autre hypothèse n'est pas moins affirmatif. Si le testateur n'a pas disposé vaguement, mais s'il avait en vue une maison de charité déterminée, c'est à cette maison *qu'est dévolue* l'hérédité ou le legs : « *Sin autem in venerabilem certam domum respexerit, ei tantummodo hœreditatem vel legatum competere sancimus.* » On ne saurait assurément trouver un texte qui reconnaisse, d'une façon plus nette et plus précise, la personnalité juridique des établissements de bienfaisance.

La Novelle 131, chapitre 15, fournit un nouvel argument à l'appui de notre thèse : « Les directeurs d'or-

phelinat remplissent l'office de tuteurs ou de curateurs.
Ils assignent et sont assignés pour les biens appartenant à ces hospices ou à des orphelins, sans être contraints de donner caution. » Ainsi, les administrateurs
des établissements de bienfaisance ne sont pas de simples
mandataires, mais jouent le rôle de véritables tuteurs.
Ils représentent l'hospice comme le tuteur représente le
pupille. C'est donc qu'à l'égal du pupille ces établissements ont la jouissance des droits civils.

Cette tutelle perpétuelle organisée pour les hospices
s'explique aisément. Comme l'infans, les établissements religieux ne peuvent parler. Ils sont dans l'incapacité matérielle de figurer par eux-mêmes dans les
contrats. Il faut donc que quelqu'un intervienne légalement en leur lieu et place. De plus, ils sont l'objet de
toute la sollicitude du législateur qui leur témoigne
la plus vaste protection et les comble de faveurs et de
privilèges. Or, incapacité et protection sont les deux
caractères essentiels de l'institution de la tutelle, suivant la définition donnée par Servius : « *Est tutela vis
ac potestas... ad tuendum eum qui... se defendere ne-
quit, jure civili data ac permissa.* » (Just. inst., I, 13).

Dans les dernières lignes du chapitre 15, Justinien
ordonne d'attribuer tous les privilèges dont jouit la
très sainte Église de Constantinople, aux vénérables
orphelinats de cette ville ainsi qu'à l'hôpital appelé
Sampson de sainte Marie et aux oratoires, hospices ou
maisons de charité qui sont sous sa surveillance. Mais
le plus grand des privilèges de l'Église n'est-il pas la
capacité d'acquérir que lui confère la personnalité juridique ?

Bien d'autres textes impliquent la personnalité civile
distincte des établissements de bienfaisance. Cette personnalité était nécessitée par les besoins de la pratique,

et son utilité pour l'interprétation de certaines libéralités était trop grande pour qu'on ait pensé à la refuser. Je citerai simplement les lois 13, 17, 22 et 23 au Code, *De Sacros. Eccles.* Au cours de cette étude de nombreux documents viendront corroborer notre opinion. (1)

Ainsi, l'interprétation que nous avons donnée des mots : « *Sanctissimo catholico venerabilique concilio.* » est exacte, et la personnalité juridique des trois catégories d'établissements chrétiens remonte à la constitution promulguée par Constantin en 321.

La capacité d'acquérir emportait pour les établissements religieux la faculté de recevoir librement les libéralités. L'État n'intervenait pas pour exercer un contrôle et donner la permission d'accepter ; l'évêque seul avait un pouvoir de surveillance. La règle, que chaque libéralité doit être l'objet d'une autorisation spéciale, est toute moderne. Elle puise, comme nous le montrerons, son origine dans nos institutions féodales.

L'autorisation de l'État n'était pas exigée pour la fondation des établissements religieux. Le consentement de l'évêque suffisait. De là, cette conséquence remarquable et inconnue jusqu'alors dans l'histoire du Droit romain, que des personnes civiles pouvaient être désormais créées sans l'intervention du pouvoir législatif, par la seule volonté émanant d'un simple particulier et confirmée par l'autorité ecclésiastique. On peut justifier cette faveur qu'on ne retrouve pas dans la législation moderne. « Une telle différence entre le régime des associations civiles et le droit des ordres monastiques ne doit point étonner. L'autorité de l'Église, les services que la société civile en avait reçus, ceux qu'elle en attendait encore ne permettaient pas d'imposer aux associations qu'elle patronait le niveau du droit com

(1) Voy. Savigny : *Traité du Droit romain*, t. II, p. 270.

mun : *Cur*, dit Justinien enrichissant lÉ'glise d'un nouveau privilège, *cur non faciamus discrimen inter res divinas et humanas ?* » (1).

Les établissements religieux sont devenus des personnes juridiques. Ils peuvent désormais se constituer un patrimoine, que ne tardera pas à enrichir la générosité des fidèles.

L'Eglise acquiert les biens par les modes ordinaires du Droit civil et par l'intermédiaire de ses représentants légaux, ses administrateurs (économes ou apocrisiaires). Sous le règne de Constantin, la représentation en faveur des personnes morales est depuis longtemps admise.

Tout acte d'acquisition exige une volonté libre. Or, l'établissement religieux n'ayant pas d'existence réelle, ne peut avoir ni volonté ni consentement. Il fallait donc, à moins de rendre illusoire la concession de la personnalité juridique, permettre à certaines personnes naturelles de le suppléer et d'agir pour son compte, en un mot, suivant l'expression consacrée, de le représenter. D'autre part les principes du vieux Droit romain, suivant lequel nul ne pouvait agir que par lui-même, étaient contraires à toute idée de représentation. Cependant, si grande que fut la difficulté, les jurisconsultes romains en étaient arrivés peu à peu, *utilitatis causa,* à faire triompher la représentation.

Tout d'abord l'esclavage offrit aux êtres moraux le moyen de devenir propriétaires et créanciers. Nous savons en effet que tout ce qui était acquis par l'esclave était acquis pour le maître « *Item quod servi nostri*, dit Gaïus, *mancipio accipiunt vel ex traditione nanciscuntur, sive quid stipulentur vel ex alia qualibet causa adquirant, id nobis adquiritur.* »

(1) Laisné Deshayes, *op. cit.*, p. 9.

(Instit. II, § 87). Ainsi, par l'intermédiaire de leurs esclaves, les personnes juridiques pouvaient acquérir la propriété par la mancipation et les droits de créance par la stipulation. Ulpien le dit expressément (D. XLV, 3, 3).

Plus tard, on admit que les *universitates* pouvaient se faire représenter dans un procès par un *procurator præsentis*, ou même par un simple *negotiorum gestor* « Si un étranger, dit Gaïus, veut défendre une corporation, il le peut, de même qu'il pourrait défendre un simple particulier : parce que cela est avantageux pour la corporation » (D. III, 4, 1 § 3) Enfin, on en vint à accorder aux tiers une action directe contre la personne juridique, au sujet des actes accomplis par son *procurator*, et à l'inverse, on donna bientôt après à la personne juridique une action directe contre les tiers, sous forme d'action utile (D. XlII, 5, *ll* 5 § 7, 8, 9).

Quant à l'acquisition de la possession sur laquelle sont fondés des modes impo:tants d'acquérir, tels que la tradition et l'usucapion, Ulpien nous dit : « Il est de droit commun aujourd'hui que les municipes peuvent posséder et usucaper, soit par leurs esclayes, soit par une personne libre. » (D. XLI, 2, 2). Et autre part le même jurisconsulte nous apprend qu'il en était ainsi pour les collèges « *Item municipes... nam et possidere, et usucapere eos posse constat. Idem et in collegiis, cæterisque corporibus dicendum erit* » (D. X, 4, 7 § 3).

Les acquisitions de biens se divisent en deux grandes classes que nous allons successivement étudier.

Acquisitions à titre onéreux.

Acquisitions à titre gratuit.

CHAPITRE II

Les églises, hospices et monastères pouvaient-ils acquérir à titre onéreux ?

La constitution de 321 ne parle que des dispositions à titre gratuit. Cependant l'affirmative ne saurait être contestée. Nous ne connaissons pas, il est vrai, de document spécial et positif qui concède aux *venerabiles loci* une pleine capacité, et qui vise dans leur ensemble les modes d'acquérir à titre onéreux ; mais cette capacité générale résulte de certaines considérations et du commentaire de quelques textes.

Tout d'abord, une première constitution relative aux églises, la loi 14, au Code, *De Sacr. Eccles.*, s'exprime en ces termes : « Si quelqu'un a voulu que son patrimoine ou une partie déterminée consistant en fonds, héritages, maisons, rentes ou esclaves et colons avec leurs pécules, appartînt à la vénérable église, soit qu'il ait manifesté sa volonté par un testament fait selon les formes du droit ou par codicille, testament nuncupatif, legs, fidéicommis, donation à cause de mort ou entre vifs, *contrat de vente* ou tout autre titre, nous ordonnons, que la propriété de ces biens dévolus aux églises, demeure à l'abri de tout déplacement du chef de l'archevêque et des économes. » Cette constitution reconnaît donc aux églises la plus vaste capacité d'acquérir tant à titre onéreux qu'à titre gratuit.

Un second texte, la loi 23, *eodem titulo,* est plus général et traite des trois catégories d'établissements chrétiens. « Pour en arriver, dit Justinien, à distinguer comme il convient le droit divin et le droit public des intérêts privés, nous ordonnons que si quelqu'un a laissé une hérédité, un legs, un fidéicommis ou a transmis la propriété de quelque chose à titre de donation ou de *vente*, soit aux saintes églises ou vénérables maisons de secours pour les étrangers et les pauvres, soit aux monastères d'hommes ou de femmes, soit aux hospices pour les orphelins, les enfants trouvés et les vieillards, nous ordonnons qu'il soit accordé à ces maisons charitables un long espace de temps pour réclamer les choses qui leur ont été laissées, données ou *vendues* et qu'on n'applique aucune des règles des prescriptions ordinaires. La prescription est désormais de cent ans. » A la fin de la constitution, l'empereur revient encore sur les ventes faites à ces établissements religieux; il déclare que peu importe la nature des objets donnés ou vendus, et qu'il n'y a pas de distinction à établir entre les choses mobilières et les choses immobilières. Les *venerabiles loci* avaient donc la capacité d'acheter.

La Novelle 7, chapitre 12, prévoit encore le cas d'une vente faite « *sanctissimis ecclesiis aut venerabilibus domibus.* » Si le fonds vendu comme productif est en réalité une propriété stérile et par suite plutôt nuisible qu'utile, et le cas était fréquent, s'il faut en croire la Novelle, le contrat est nul. Celui qui, par surprise et par fraude, a aliéné le bien, est contraint de le reprendre. Les recteurs des établissements chrétiens doivent s'abstenir de semblables acquisitions et ne traiter qu'en parfaite connaissance de cause. Sinon, l'économe, l'abbé ou le directeur qui a passé l'acte est personnellement responsable, envers celui qui a livré le fonds, du dommage causé. Mais, et ceci est curieux à noter, si le contrat est tel que le vendeur ait en même temps donné une somme d'argent en faveur du contrat, l'établissement religieux gardera cette somme. Néanmoins, celui qui l'a donnée a un recours contre l'administrateur qui a passé l'acte. Les empereurs ne se contentaient pas d'interdire l'aliénation des biens des églises ; ils annulaient encore les acquisitions qui pouvaient nuire à leur prospérité. Cette Novelle offre un exemple frappant de la protection dont jouissait l'Église sous le Bas-Empire, protection qui, il faut en convenir, était poussée jusqu'à ses dernières limites.

Les établissements chrétiens pouvaient acquérir à titre gratuit. A plus forte raison pouvaient-ils acquérir à titre onéreux. Si les empereurs avaient apporté quelque restriction à leur capacité, cette restriction eût porté sur les libéralités entre-vifs ou testamentaires, qui détournent les biens de leur destination normale et constituent un danger pour les familles qu'elles dépouillent. Or, sauf quelques exceptions fort rares et d'ailleurs toutes passagères, les empereurs n'ont jamais songé à restreindre la faculté pour l'Église d'acquérir à titre gratuit. Tout au contraire, chaque empereur, jaloux des concessions faites par ses prédécesseurs, en accordait de nouvelles et de plus importantes. Les privilèges augmentaient et la faveur grandissait tous les jours. Il est vrai que les acquisitions à titre onéreux créent un péril pour le patrimoine de l'établissement. Celui-ci acquiert une chose, mais en donne une autre en retour ; il peut perdre ou gagner. Toutefois nous venons de voir que la prohibition d'aliéner les biens ecclésiastiques et la nullité des contrats, quand le fonds acheté était improductif ou nuisible, écartaient le danger.

Les acquisitions à titre onéreux offraient à l'Église

un moyen d'agrandir et d'améliorer son patrimoine. Quand la libéralité consistait en une somme d'argent, ou quand l'excédant des recettes sur les dépenses rendait disponible une partie des revenus, il pouvait être d'un grand intérêt pour l'établissement religieux d'acquérir des biens-fonds. Comment admettre qu'on lui ait refusé ce droit ? Comment concevoir qu'on ait limité l'extension de ses biens et qu'on lui ait interdit de saisir l'occasion de traiter une bonne affaire et de s'enrichir ? Une semblable doctrine serait en contradiction absolue avec l'esprit de la législation romaine. Elle conduirait en outre à cette conséquence absurde, que les établissements chrétiens étaient dans l'impossibilité de se procurer les objets nécessaires à l'entretien des membres de l'hospice ou de la communauté. Aucun texte en effet ne leur accorde le droit d'acquérir des objets mobiliers.

Enfin, le silence du Code et des Novelles sur un point aussi important, ou plutôt l'absence de texte général et formel sur les acquisitions à titre onéreux, est tout en faveur des établissements chrétiens. Personnes juridiques, ces établissements ont en principe la pleine faculté d'acquérir. Il faut donc rechercher, non point si les textes leur accordent tel ou tel des droits que confère la personnalité civile, mais si par une restriction formelle ils ne les privent pas de l'exercice de ce droit. Or, si le Code et les Novelles ne leur concèdent pas, d'une façon spéciale, la faculté d'acquérir à titre onéreux, ils n'ont garde de la leur refuser directement ou indirectement. Le législateur n'avait pas en la matière à créer un privilège ou à édicter des règles spéciales. Il s'est tacitement référé au droit commun sur la capacité d'acquérir des personnes morales. C'est bien ce qu'implique son silence.

Les acquisitions à titre onéreux ne constituaient pas la principale source des richesses de l'Église. Le patrimoine des établissements chrétiens grandit surtout par les nombreuses libéralités qui leur étaient adressées de toutes parts.

CHAPITRE III

ACQUISITIONS A TITRE GRATUIT

Les églises, établissements de bienfaisance et monastères pouvaient acquérir à titre gratuit. C'est ce qui résulte de l'ensemble de la législation du Bas-Empire aussi bien que de ses détails.

Nous traiterons successivement des donations, pollicitations ou vœux, institutions d'héritier, legs et fideicommis, de l'exécution et de l'objet des libéralités testamentaires, des successions ab intestat, des restrictions à la faculté d'acquérir. Dans l'étude de chacun des modes d'acquisitions à titre gratuit, nous indiquerons les nombreux privilèges dont furent dotés les établissements de la religion chrétienne; nous énoncerons les règles qui les distinguaient de toutes autres *universitates*; enfin, nous constaterons, chemin faisant, la prépondérance de l'Église dans le monde romain et l'immense richesse de son patrimoine que venaient augmenter tous les jours les libéralités des empereurs et des fidèles.

SECTION I

Des donations.

La donation est un acte par lequel une personne se dépouille gratuitement au profit d'une autre personne. Elle suppose un concours de volontés et ne diffère des

actes à titre onéreux que par l'intention libérale chez le
donateur et par la perspective d'un enrichissement gratuit chez le donataire. Quiconque a la capacité d'acquérir par les modes ordinaires, est en principe capable
de recevoir une donation. A la différence des libéralités
par acte de dernière volonté, qui sont des modes spéciaux d'acquisition et constituent une transmission *sui
generis* de droits, la donation s'opère par tous les actes
entre-vifs qui permettent de transférer la propriété ou
de créer des obligations.

Les établissements religieux, devenus des personnes
civiles à dater de l'année 321, étaient donc capables d'acquérir par donation. Il faudrait un texte spécial et formel qui leur refusât ce droit. Il n'en est rien. Les
constitutions impériales donnent de nombreux exemples de semblables libéralités faites en leur faveur. (1) Les administrateurs de ces établissements
intervenaient dans l'acte de donation pour les représenter et accepter en leur nom la libéralité.

A l'origine, la seule convention de donner était dé-
pourvue d'efficacité. Elle ne devenait parfaite que par
l'exécution qui consistait, soit en une *datio* ou translation de propriété opérée par les modes ordinaires, soit
en une *stipulatio*. Le donataire avait alors un droit de
propriété ou un droit de créance; il était muni dans le
premier cas d'une action réelle civile ou prétorienne,
dans le second cas d'une *condictio*. Plus tard, la législation sur ce point se transforma. Constantin avait exigé,
pour la validité des donations, la rédaction d'un acte
écrit et la présence de plusieurs témoins, mais Théodose
le Jeune et Valentinien abrogèrent cette décision. (2)
Par une constitution de l'année 530, Justinien décide que

(1) *ll.* 14, 22, 23, *De sacr. eccles.* — Nov. 7, ch. 12.
(2) C VIII, 54 *De donationibus, ll.* 25, 27, 29.

le seul accord des consentements, la simple convention
de donner, écrite ou non écrite, suffirait pour rendre la
donation parfaite et emporterait par elle-même l'obligation d'exécuter ; dès lors il ne fut plus nécessaire de recourir à la *datio* ou à la *stipulatio*, pour faire acquérir
à l'acte une valeur juridique. Le donataire avait une
condictio ex lege qui lui permettait d'obtenir la tradition de la chose donnée. L'empereur ajoute que la donation non suivie de la tradition est *a fortiori* valable
quand il s'agit de libéralités pieuses. (1)

Au commencement du IVe siècle, les dispositions de
la loi *Cincia*, tombée en désuétude, firent place à la théorie de l'insinuation que l'empereur Constance Chlore
rendit obligatoire pour toute donation à peine de nullité. Toutefois Théodose en affranchit les donations
d'une valeur inférieure à 200 solidi. (2) L'insinuation
consistait dans l'insertion de l'acte de donation sur les
registres des cités. Elle avait pour but d'assurer la publicité et l'authenticité des actes privés. (3) Nous allons,
au sujet de cette formalité, rencontrer la concession d'un
premier privilège en faveur de l'Église.

La loi 19, au Code, *De Sacrosanctis Ecclesiis*, nous
apprend qu'en 528 Justinien dispensa de l'insinuation
les donations pieuses inférieures à 500 solides. A défaut d'insinuation, la donation qui excédait ce chiffre
n'était pas nulle pour le tout, mais pour le surplus seulement. Le privilège fut de courte durée. En 531 l'empereur étendit cette mesure à toutes les donations. (Just.
Instit., II, 7, § 2). Cependant on a soutenu que le droit

---

(1) *l.* 35 § 5, *eod. tit.* — Just. *Instit.*, II, 7, § 2.
(2) C. Théod., III, 5, *ll.* 1, 8.
(3) Sur les formes curieuses de l'insinuation, voy. : Thibaut Lefebvre, *Code
des donations pieuses*, p. 26. — *Essai historique sur les dons et legs faits
aux établissements publics.* (Revue étr., 1850.)

commun ne fut jamais applicable aux donations pieuses et que l'Église, après 531, jouissait encore d'un privilège. A l'appui de cette doctrine, on a invoqué la loi 34, au Code, *De Donationibus* (529). Cette loi, après avoir dit que les donations supérieures à 200 solides sont soumises à la formalité de l'insinuation, ajoute : « *Exceptis donationibus, tam imperialibus, quam iis, quæ in causas piissimas procedunt.* » On en a conclu qu'elle abrogeait la loi 19 *De Sacros. Eccles.* (528), en décidant que désormais les donations pieuses seraient affranchies de l'insinuation, quel que fût le montant de la libéralité. Nous pensons au contraire que Justinien a simplement voulu rappeler que les donations pieuses ne devaient être insinuées que si elles dépassaient 500 solides. En effet, la loi 36 *De Donationibus*, promulguée en 531, énumère les donations dispensées de l'insinuation et ne reproduit pas la prétendue exception de la loi 34. Parmi les libéralités exceptées, elle ne parle que des donations pieuses qui ont pour objet le rachat des captifs. Bien plus, le paragraphe 3 de cette loi dit formellement que, sauf les cas précités, toutes autres donations, sans aucune distinction, ne sont valables que jusqu'à concurrence de 500 solides, si elles n'ont pas été insinuées. Je conclus de là que les donations, à l'exception de celles faites par l'empereur ou pour le rachat des captifs, restèrent à partir de 531 soumises au droit commun, c'est-à-dire, à la formalité de l'insinuation, quand elles dépassaient 500 solides. L'Église n'a donc joui, en réalité, d'un privilège que pendant l'espace de trois ans.

Les actes de donation faits en faveur des *venerabiles loci*, comme ceux en faveur de tout autre établissement public, n'exigeaient aucune forme exceptionnelle. Les seules formalités nécessaires étaient celles requises pour la validité de ces actes entre simples particuliers.

En Droit romain, l'acceptation de la libéralité n'était subordonnée qu'à l'existence juridique de l'établissement religieux. Elle ne fut jamais soumise à une autorisation du pouvoir civil (D. XXX, *De legatis* 1°, *l.* 73 § 1). On ne demandait même pas qu'elle fut expresse. C'était la conséquence de ce principe général, que les contrats unilatéraux étaient parfaits sans le concours de ceux qui en profitaient.

Pouvait-on faire une donation *mortis causa* à un établissement religieux ? L'affirmative ne saurait être contestée.

Cette donation se rapprochait par sa nature des actes de dernière volonté, en ce qu'elle était subordonnée à la condition du prédécès du donateur et révocable par sa survie ou son simple changement de volonté (*mutata voluntate*) (1). De ces deux causes de révocation, la première ne présente ici que fort peu d'intérêt. L'auteur de la libéralité avait toujours la certitude que l'établissement religieux lui survivrait. Il ne pouvait en prévoir la suppression ou l'extinction, circonstances qui devaient être très rares. La donation *mortis causa* se rapprochait au contraire de la donation entre-vifs, en ce qu'elle s'opérait par un concours de volontés entre le donateur et le donataire et au moyen des actes destinés à produire, entre personnes vivantes, des translations de propriété ou des obligations.

Les jurisconsultes romains, frappés de cette double analogie, furent amenés, après controverse, à appliquer, sur bien des points, aux donations à cause de mort les mêmes règles qu'aux legs. Ainsi, au point de vue de la capacité de recevoir, pouvaient recueillir une donation

(1) D. XXXIX, 6, *l.* 13 § 1, 30

mortis causa, tous ceux qui avaient la faculté de recevoir par testament : « *Omnibus mortis causa capere permittitur*, dit le jurisconsulte Paul, *qui scilicet et legata accipere possunt* » (1). Or, la loi 1, *De Sacros. Eccles*, permettait, nous le savons, aux *venerabiles loci* de figurer dans un testament. Ils étaient donc capables d'acquérir par donation *mortis causa*.

Il est probable que les donations à cause de mort en faveur des établissements religieux étaient plus fréquentes que les donations entre-vifs. En effet, une personne se dépouille volontiers pour le temps où elle ne sera plus, mais elle hésite à le faire de son vivant, et tout en préférant le donataire à ses propres héritiers, elle se préfère en général au donataire. Si le donateur *mortis causa* a eu soin de ne pas faire pur et simple l'acte qui réalise la convention, et s'il en a subordonné l'effet à la condition suspensive de son prédécès, il conserve la propriété et la jouissance du bien donné jusqu'au jour de sa mort (2).

Justinien assimila les donations *mortis causa* aux legs : « *Hæ mortis causa donationes ad exemplum legatorum redactæ sunt per omnia.* » Ces donations n'étaient pas assujetties à la formalité de l'insinuation, mais il fallait la présence de cinq témoins (3).

La générosité des fidèles envers l'Église était grande. De toutes parts les donations pieuses venaient accroître le patrimoine des établissements de la religion chrétienne. Chefs et sujets semblaient rivaliser entre eux.

Les empereurs contribuèrent pour une large part à l'enrichissement du domaine de l'Église. Leur attachement à la foi nouvelle se manifesta par des dons impor-

(1) D. XXXIX, 6, *ll.* 9, 35, pr.
(2) D. XXXIX, 6, 2.
(3) Just. *Instit.*, II, 7, § 1 — C. VIII, 57, 4.

tants et nombreux. Ces libéralités se présentaient sous diverses formes.

L'historien Eusèbe rapporte que Constantin donna le signal de cette ère nouvelle par une première donation faite aux *venerabiles loci*. Les biens des martyrs avaient été jadis confisqués, en majeure partie aliénés par le fisc. L'empereur les donna aux établissements religieux et prescrivit à tout détenteur de leur en transférer sur le champ la propriété (1).

Nous avons vu que le trésor public subvenait à Rome à l'entretien du culte officiel, et que les sommes allouées étaient une des sources les plus fécondes de la richesse des temples de l'antiquité. Les églises chrétiennes ont maintenant succédé aux établissements religieux du paganisme. Aussi recevaient-elles des subventions de l'État. On leur donnait, chaque année, certains revenus qui étaient affectés aux frais du culte public ou à l'assistance des pauvres. « Les sentiments d'humanité qui nous inspirent, disent les empereurs Marcien et Valentinien III, nous imposent l'obligation de penser aux indigents et de veiller à la nourriture des pauvres. En conséquence, nous ordonnons que les subventions de différentes sortes accordées jusqu'à présent aux églises, soient continuées. Nous défendons que personne ne les diminue et confirmons à jamais cette libéralité, » (*l.* 12. *De Sacros. Eccles.*). En dehors de ces revenus annuels, les églises recevaient parfois des allocations motivées par certaines circonstances exceptionnelles. Ainsi, Constantin donna trois milles folles à Cécilius, évêque de Carthage, et Justinien assigna à l'église de Constantinople une somme pour les frais de sépulture.

Quelque déguisé que fût l'Édit de Milan sous le cou-

(1) Eusèbe, *Vie de Constantin*, II, 37.

vert d'une tolérance religieuse générale, il assurait le
triomphe de la foi chrétienne et portait un coup mortel
à la religion païenne, qui traîna de Constantin à Théodose une lente et pénible agonie. Constance II prescrivit de fermer dans toutes les villes les temples païens.
C'est en vain que Julien ordonna le rétablissement solennel du paganisme et chercha à relever les temples des
dieux de l'Olympe. Il ne put rendre le prestige des
temps anciens au vieux culte national qui s'éteignait
peu à peu. Gratien fit enlever de la salle des séances
du Sénat la statue de la Victoire, qui présidait depuis
si longtemps à ses délibérations et était la divinité la
plus chère aux Romains. Le premier, il répondit aux
sénateurs qui lui offraient la robe blanche du grand
pontificat, que cette robe et ce titre étaient indignes
d'un empereur chrétien. Il sévit contre les païens et
dépouilla on supprima leurs temples. Théodose continua et compléta cette œuvre de destruction et de ruine
de l'antique religion romaine (1).

Parmi les destinées si diverses qu'eurent les biens
composant le patrimoine des temples, il en est une qui
appelle notre attention.

Les *fundi templorum* furent en partie donnés aux
églises chrétiennes par différents empereurs. Il ne faudrait pas croire, en effet, que les biens et revenus affectés aux établissements religieux du paganisme furent
attribués aux *venerabiles loci* par une constitution impériale unique et générale, ni qu'ils devinrent en totalité leur propriété. Les textes nous révèlent que ces
biens furent l'objet de dotations spéciales de la part de
certains empereurs, notamment de Gratien, Arcadius,
Honorius, Théodose et quelques-uns de leurs prédéces-

____

(1) Voy. Beugnot, *Histoire de la destruction du paganisme en Occident.*

seurs, qui promulguèrent à ce sujet de nombreuses constitutions, comme le révèle la loi 5, au Code, *De Paganis*
De plus, les dépouilles des temples furent en partie
gardées dans le domaine de l'État, employées à des dépenses militaires, vendues, données à des solliciteurs
et à des courtisans, ou affectées à des usages civils,
comme les jeux publics et les spectacles. Enfin, un
grand nombre d'édifices consacrés aux dieux des païens
furent détruits avec les trésors qu'ils renfermaient. Le
fanatisme des fidèles fut, à ce point de vue, bien souvent plus funeste que ne le fut plus tard la fureur des
hordes barbares de Genséric et d'Attila (1).

Les temples, qui se trouvaient parmi les biens donnés
par l'État aux chrétiens, furent en majeure partie trans-
formés en églises. On peut citer à Rome le Panthéon ; à
Milan les temples de Minerve, d'Hercule, de Janus ; à
Carthage le temple de Junon, dont l'évêque Aurélius
prit possession en plaçant sa chaire sur le lion qui autrefois soutenait la déesse (2).

M. de Rossi, dans une discussion sur la mosaïque de
Sour découverte par M. Renan, nous apprend que cette
transformation des temples ou églises s'accomplissait
simplement à l'aide de quelques modifications et sans
détériorer l'art de l'édifice. « Dans les siècles où la
religion chrétienne avait remporté une complète victoire,
lorsqu'on transformait en basiliques les temples pro-
fanes ou les salles des édifices anciens, on ajoutait une
abside au monument et l'on y disposait une enceinte
réservée au clergé et aux cérémonies. Cette partie refaite
ou simplement appropriée à sa nouvelle destination,
portait l'ornementation et le symbole du christianisme ;
souvent le reste n'était pas changé, alors même qu'il

(1) C. I, 11 De Paganis, *ll.* 1, 5 — C. Théod.. XVI, 10, *ll.* 19, 20 ; X, 1. 8.
(2) P. Allard., l'*Art païen*, p. 264.

s'y trouvait des images franchement païennes. C'est ce qui résulte de quelques exemples décisifs, par exemple de l'étude de la basilique dédiée à Rome à Saint-André par le pape Simplicius, au ve siècle. La mosaïque de Sour est dans la condition des monuments de ce genre. » (1)

La confiscation des établissements du paganisme et de leur patrimoine n'offrit pas à la haine des empereurs un aliment suffisant. Ils cherchèrent en outre à l'assouvir et à témoigner de leur zèle religieux et de leur dévouement aux intérêts de l'Église, par des peines sévères édictées contre les Romains restés païens ou hérétiques, et le dépouillement de leurs biens au profit des *venerabiles loci*. Constance II avait interdit les sacrifices et l'entrée des temples païens à tous les sujets de l'Empire. Ceux qui contrevenaient à cette défense étaient condamnés à périr par le glaive vengeur (*gladio ultore*) et leurs biens étaient adjugés au fisc. Il est à présumer que la plupart de ces biens furent donnés à l'Église par cet empereur et ses successeurs (l. 1, *De Paganis.*). Justinien, dont l'ardent désir, si souvent reproduit dans les documents législatifs de son règne, fut de faire disparaître les derniers vestiges de la religion païenne, interdit toutes les assemblées d'hérétiques. Dans une Novelle vraiment curieuse, l'empereur recommande aux prêtres chrétiens de saisir toutes les occasions de détruire les doctrines impies, rappelle les crimes des païens qui « *non Dei cogitant timorem, diaboli opus implent, et quosdam simplicium seducentes sanctæ fidei catholicæ et apostolicæ Ecclesiæ, adulteras collectas et adultera baptismata latenter faciunt.* » Il les invite ensuite à abandonner leur extravagante hérésie et à

(1) M. Ernest Desjardins, *Comptes-rendus de l'Académie des Inscriptions*, 1862, sept., p. 162.

rentrer dans la sainte Église de Dieu. Comme sanction de cet avertissement dicté par la piété, Justinien déclare qu'à l'avenir les maisons où se tiendront les réunions prohibées seront confisquées et attribuées aux églises chrétiennes. (Nov. 132).

La législation impériale offre-t-elle l'exemple de restrictions apportées à la capacité des établissements religieux d'acquérir par donation ?

On peut répondre sans hésiter que la capacité la plus vaste leur fut presque toujours reconnue. Les textes ne mentionnent que deux mesures restrictives, et encore ne furent-elles en vigueur que pendant des périodes très courtes.

La première est spéciale aux veuves, aux diaconesses et aux vierges. Une constitution des empereurs Valentinien et Valens, en 370, défendit aux ecclésiastiques et aux moines de recevoir les libéralités que leur adressaient ces personnes, soit par donation, soit par testament. Nous reviendrons sur ce point dans une section spéciale.

La seconde est générale. Au xe siècle, une constitution de Nicéphore Phocas, *ne ecclesiæ prædiis locupletentur et ne de novo construatur monasterium, aut venerabilis alia domus*, prononça la nullité (*abolevit*) des donations faites aux monastères et aux temples chrétiens par quelques-uns de ses prédécesseurs, et décida qu'à l'avenir l'Église ne pourrait plus recevoir des biens immobiliers (*lege etiam lata, ne ecclesiæ immobilibus locupletarentur bonis*). L'empereur justifiait cette mesure rigoureuse par la double considération que les évêques dissipaient les biens donnés aux pauvres, tandis que l'argent manquait pour faire la guerre et payer la solde des militaires.

Cette prohibition, considérée comme la cause et la source de tous les maux du temps, (*conditam præsen-*

tium malorum causam fuisse, et radicem, et universalis hujus subversionis et confusionis intellexisset) fut bientôt après abrogée par Basile Porphyrogenète qui fit revivre l'ancienne législation (1).

SECTION II.

Des pollicitations ou vœux.

La pollicitation est un acte unilatéral, une promesse spontanée qui ne répond pas à une interrogation préalable et qui n'est pas acceptée par la personne à qui l'offre s'adresse : *Pactum est duorum consensus, atque conventio : pollicitatio vero offerentis solius promissum.* (D. L., 12, 3 pr.) En principe, elle ne produit aucun lien de droit ; la promesse peut être rétractée tant qu'une acceptation n'est pas intervenue : *ex nuda pollicitatione,* dit Paul, *nulla actio nascitur.* (1)

Par exception, la loi romaine donnait force obligatoire à l'offre faite soit à une ville, soit à un temple ; dans ce dernier cas, la pollicitation prenait le nom de *vœu.* Elle devenait alors un mode de libéralité qui n'était ni un contrat, ni un pacte légitime comme la donation, ni même un acte unilatéral solennel comme le testament, mais qui consistait en une simple manifestation de volonté. L'acceptation n'était pas nécessaire, on la présumait.

On a essayé d'expliquer cette dérogation au principe posé par le jurisconsulte Paul, en disant que l'établissement religieux, sujet actif de l'obligation, est par sa nature incapable de manifester une volonté et par suite d'accepter. Cette explication ne nous satisfait pas.

---

(1) Nicephori Phocœ constit. § 4 et 5. — Basilï Porphyrogennetœ, constit. § 1 : *de possessione ecclesiarum et venerabilium domorum.*
(1) Pauli Sentent, V, 12, § 9.

Rien ne s'opposait à ce qu'on exigeât l'intervention des prêtres, et on aurait pu admettre ici, comme partout ailleurs, la représentation. Et de fait, ne faudra-t-il pas recourir à cette intervention, lorsqu'une poursuite en justice deviendra nécessaire par le refus de l'auteur de la promesse d'exécuter son engagement?

Les textes sont muets sur les motifs de cette faveur. J'imagine que le législateur voulut témoigner de son respect pour les dieux, en réprimant les promesses téméraires par la crainte chez le promettant d'avoir plus tard à les accomplir. Peut-être voyait-il aussi, dans cette nouvelle source de revenus, un moyen de diminuer pour le trésor public la charge de subvenir aux frais du culte et à l'entretien des temples.

La théorie des vœux fut appliquée, sauf quelques modifications, aux *venerabiles loci*. Nous avons donc à l'étudier.

La validité des vœux est soumise par les textes à quatre conditions :

1º Il faut que la promesse ait une *justa causa*, c'est-à-dire, un caractère sérieux, un motif légitime. Au premier rang des justes causes figure l'obtention d'un honneur, d'une dignité, d'un décret en faveur du promettant. La cause peut être aussi un fléau, un désastre, par exemple, un incendie ou un tremblement de terre dont le promettant s'engage à réparer les suites (D. L, 12 *De Pollicitationibus, ll.* 1 § 1 et 4, 6 § 2, 13).

2º En l'absence d'une juste cause, il faut un commencement d'exécution, lequel consiste le plus souvent en travaux matériels tels que jets de fondements, disposition et préparation des lieux, dépôts de matériaux de construction (*ll.* 1 § 2 et 3, 3 pr., *eod. tit.*). Le commencement d'exécution peut émaner, soit du promettant, soit de la ville ou de l'établissement religieux à qui l'offre a été faite. Dans les deux cas, le vœu est obligatoire. Si une somme d'argent, dit Ulpien, a été promise pour l'exécution d'un travail, et si, sur la foi de cette promesse (*contemplatione pecuniæ*), la ville a commencé l'ouvrage, le pollicitant est tenu *quasi cœpto opere*. (*ll.* 1 § 4, 6 § 1. *eod. tit.*).

3° Le vœu, pour être obligatoire, exige la présence du promettant. Une simple lettre ne peut suffire et demeure sans valeur (*l. 5, eod, tit.*).

4° Celui qui fait un vœu doit être capable de s'obliger et, par suite, père de famille ou pubère *sui juris*. La promesse faite par le fils de famille ou l'esclave, sans l'autorisation du père ou du maître, est inefficace. Le vœu oblige la personne sans obliger la chose ; il n'engendre, au profit du temple, qu'une créance et non un droit réel. L'obligation passe aux héritiers, si le pollicitant est décédé sans avoir accompli sa promesse. (*l. 2, eod. tit.*)

L'obligation d'exécuter rendait parfois difficile la position du promettant ou de ses héritiers. Entraîné par son zèle religieux, le pollicitant a fait une promesse exagérée et inconsidérée, ou bien son patrimoine a subi des pertes sérieuses depuis le jour de la pollicitation. La loi en tient compte et restreint l'obligation. La pollicitation faite *ob honorem* doit être rigoureusement exécutée. Dans tous les autres cas, et notamment quand il y a eu commencement d'exécution, le promettant, que son imprudente libéralité a rendu pauvre, peut se soustraire à l'achèvement de l'œuvre par l'abandon du cinquième de ses biens. Quant aux héritiers, ils peuvent se refuser à l'exécution complète, en laissant à la ville ou à l'établissement religieux une part de la succession, un dixième s'ils sont descendants du défunt, un cinquième, s'ils sont *extranei* (*ll.* 9, 14, *eod. tit.*)

Le simple retard dans l'exécution suffit pour faire courir les intérêts contre le débiteur de la promesse (*l.* 1 pr., *eod. tit.*).

Les historiens, les monuments législatifs et les inscriptions nous apprennent que les vœux étaient fort en usage à Rome, et portaient en général sur la *decima pars*, dixième partie des biens du promettant. Les généraux, à la veille d'une bataille, vouaient aux dieux le dixième du butin, s'ils remportaient la victoire. Les magistrats cherchaient par ce moyen à prévenir la colère d'une divinité. Camille, au siège de Veïes, promit solennellement de donner la dixième partie des biens, dont il s'emparerait, à Apollon Pythien. Le jurisconsulte Ulpien cite, comme exemple, un vœu ayant pour objet la *decima pars* du patrimoine du promettant. Les inscriptions qui rapportent des vœux, désignés fréquemment par les lettres V. S. (*votum solvit*), sont très nombreuses et parlent à diverses reprises de la dîme vouée à Hercule *pars Herculanea* (1).

La théorie des vœux est fort remarquable De même que par la consécration un temple devenait riche sans être propriétaire, de même par le vœu il pouvait devenir créancier sans avoir stipulé et sur la simple promesse d'une personne obéissant à un sentiment religieux. Dans les deux cas, la personnalité juridique était inutile, puisqu'il n'intervenait aucun contrat et qu'aucune capacité n'était exigée chez l'acquéreur. Cependant il existait une différence notable entre la consécration et le vœu. « La chose vouée, dit Ulpien, ne devient pas sacrée. » Il faut entendre par là, qu'elle n'est pas, par le seul fait du vœu, nécessairement et *ipso jure* chose sacrée, mais elle peut le devenir plus

____

(1) Tite-Live, V, 21. — D. L, 12, 2 § 2. — Orelli, n° 563, 1529, 1756, 5733, 6130, 6112, etc.

tard par l'accomplissement des formalités requises par
la consécration. Il en résulte que le vœu est d'un emploi plus facile et constitue un moyen plus simple de
gratifier un temple. Il émane de la seule volonté privée; l'auteur de la libéralité n'est point contraint de
recourir à une autorisation du pouvoir public et à une
dedicatio accomplie par les pontifes. De plus, la chose
vouée, entrant dans le patrimoine de l'établissement
religieux comme un bien ordinaire, n'est pas mise hors
du commerce des hommes et frappée d'inaliénabilité.
Elle est donc en réalité plus avantageuse que la *res
sacra* (*l. 2, eod tit.*).

Nous avons à signaler, en ce qui concerne les vœux et
pollicitations, une nouvelle différence entre les revenus
des temples païens et les revenus des églises catholiques pendant les trois premiers siècles de l'ère chrétienne (1). Il est bien certain que, jusqu'à l'édit de
Milan, les *venerabiles loci* ne pouvaient acquérir par
vœu. Toute pollicitation à eux faite demeurait sans
effet.

Plus tard, les effets de la pollicitation envers les villes
et les temples, ainsi que les règles qui la régissaient,
furent étendus par les empereurs aux établissements
de la religion chrétienne. Les églises, hospices et monastères purent dès lors se prévaloir d'une simple promesse et en exiger l'exécution.

Une constitution de Zénon décide que, si une personne a promis de donner quelque objet, meuble ou
immeuble, à un martyr, à un saint ou à un ange, en
l'honneur duquel il s'engage à élever un oratoire, cette
personne et ses héritiers sont tenus de construire l'édifice et, l'ouvrage terminé, de fournir les objets dont se
compose la donation. De même, la promesse faite à un

(1) Voy.: Première période, chapitre II.

établissement de bienfaisance ou à un monastère engendre une obligation (C. I, 2 *De Sacr. Eccles. l.* 15.)

Notre texte contient deux innovations :

1° Nous avons vu que le Droit classique exigeait, en l'absence de juste cause, un commencement d'exécution. Désormais le commencement d'exécution n'est plus nécessaire pour la validité du vœu : *Cogitur opus perficere, quamvis nondum inchoatum fuerit.*

2° Il faut faire insinuer la pollicitation, à moins toutefois qu'elle n'accompagne une donation valablement insinuée (*et donationem insinuaverit, apud quos necesse est*). Cette nouvelle condition s'explique. La seule différence entre l'acte de donation ordinaire et la pollicitation est que celle-ci n'a pas besoin d'être acceptée par le donataire. Aussi voit-on les textes lui donner parfois le titre de donation (D. XXXIX, 5, 19 pr.). (1) On comprend donc que le législateur ait soumis la pollicitation à la formalité de l'insinuation.

Le texte ajoute que, la promesse valablement faite, les évêques et les économes auront une action pour en poursuivre l'exécution, mais que les administrateurs devront toujours se conformer aux vues et prescriptions du donateur.

Justinien maintient en faveur des établissements religieux la doctrine des vœux et pollicitations. Le seul fait d'avoir inséré au Digeste le texte d'Ulpien (l. 2, *De pollicitationibus*) qui contient la théorie païenne des vœux, montre bien que l'empereur entend l'appliquer aux promesses faites par les fidèles.

Cette doctrine est tombée en désuétude sans laisser de traces dans la législation moderne.

______

(1) Tel est le motif qui nous a déterminés à traiter des vœux à la suite de l'étude des donations.

SECTION III

Institution d'héritier.

Le testament est un acte solennel et de dernière volonté, par lequel une personne dispose de son patrimoine pour le temps où elle ne sera plus (Ulp. Reg. XX, § 1 ; D. XXVIII, 1, 1).

De tous les modes de disposer à titre gratuit, c'est celui que l'homme préfère. Le testament lui permet de conserver ses biens pendant toute sa vie, et de donner en même temps libre carrière à ses sentiments de générosité. Si l'on n'hésite pas à sacrifier ses héritiers, on est en général peu disposé à se dépouiller de son vivant. Aussi verrons-nous que les libéralités des Romains envers les *venerabiles loci* revêtaient le plus souvent la forme de libéralités testamentaires.

Le testament doit contenir une institution d'héritier (*veluti caput atque fundamentum totius testamenti*). Il faut qu'il y ait un continuateur de la personne juridique avant qu'on puisse lui rien imposer. Sans institution, il n'y a pas de testament. Il peut aussi contenir des legs.

Nous ne traiterons dans cette section que de l'institution d'héritier, mais nous indiquerons, chemin faisant, quelles sont les règles communes à ces deux classes de dispositions testamentaires.

Pouvait-on, dans l'ancien Droit romain, valablement instituer un temple héritier ?

La négative n'est pas douteuse. Les établissements de la religion païenne, comme toutes les autres personnes juridiques, ne pouvaient figurer dans un testament. Ulpien nous dit : « *nec municipia, nec municipes heredes institui possunt, quoniam incertum corpus est. —*

Deos heredes instituere non possumus prœter eos quos senatusconsulto, constitutionibus principum instituere concessum est. » Et le jurisconsulte romain donne l'énumération des temples qui furent exceptionnellement dotés de la *factio testamenti passiva*. Tels sont : Jupiter Tarpéien, Apollon de Didyme, Mars de Gaule, Minerve de Troie... etc. (Ulp. Reg. XXII, §§ 5 et 6). (1)

Est-ce à dire que d'une façon absolue les temples païens étaient exclus du bénéfice des libéralités testa-

----

(1) Les commentateurs du Droit romain ne sont pas d'accord sur le motif de cette incapacité. J'indique, sans entrer dans les détails de la controverse, les diverses opinions émises en la matière.

Dans le Droit primitif romain, le doute n'est pas possible. Le testament exigeait à l'origine la présence et le concours de l'héritier qui était le continuateur non seulement de la personne juridique, mais encore du culte du défunt, des *sacra privata*. Or, l'établissement religieux était par sa nature dans l'impossibilité matérielle de remplir ce double rôle. Mais plus tard, bien avant Ulpien, il suffit de la désignation du nom de l'héritier et sa présence devint inutile. De plus, le culte des ancêtres était tombé dans l'oubli, et les croyances religieuses s'étaient à ce point affaiblies que l'hérédité n'offrait guère plus qu'un intérêt pécuniaire. Il semblerait donc que nul obstacle ne s'opposait à ce qu'on instituât un temple héritier. Il n'en était rien cependant, nous venons de le voir par le texte d'Ulpien.

1º Certains auteurs rattachent l'incapacité qui nous occupe, à l'incapacité générale d'instituer des personnes incertaines. Ils s'appuient sur ces mots du jurisconsulte : *quoniam incertum corpus est.* Ce premier motif est inexact. La personne incertaine est celle dont le testateur n'a pu se faire une idée exacte. C'est bien la définition que nous en donne Gaïus, qui cite quelques exemples d'*incertæ personæ* : celui qui le premier viendra à mes funérailles ou sera nommé consul (Gaïus, *Inst.*, II, § 238). Or, la personne juridique, le temple est un être parfaitement connu du testateur et déterminé dans son esprit. (M. Accarias, t. I, nº 328 ; — Troplong, *Donations*, II, nº 553 ; — Ricard, *Donations*, 1ʳᵉ partie, section 13) ;

2º Telle n'est pas, disent d'autres auteurs, la pensée d'Ulpien. *Incertum corpus* ne signifie point *incerta persona*. La suite du texte donne le véritable motif : « *neque cernere universi, neque pro herede gerere possunt ut heredes fiant.* » La personne civile est un être idéal, abstrait (*incertum corpus*) qui ne peut manifester un consentement, une volonté. Or, l'hérédité ne peut être acceptée par représentant ; le formalisme romain exige pour l'addition une manifestation de volonté de l'institué lui-même. C'est donc l'établissement religieux qui devrait faire *cretio* ou *pro herede gestio* ; mais comme il ne peut exprimer un consentement, il est, par la force même des choses, incapable d'être institué héritier (Savigny, *Traité de Droit romain*, II, ch. II, § 93, note b ; — Piébourg, *Th. doct.*, Paris, 1875, p. 96) ;

mentaires ? Je ne le pense pas. L'hérédité fidéicommissaire permettait d'obtenir quelque chose d'équivalent à
la *factio testamenti*. On instituait une personne capable, et on imposait à sa conscience la charge de transmettre tout ou partie de l'hérédité à l'incapable, ville
ou établissement religieux, qu'on voulait gratifier sans
en avoir légalement le droit. Au IIe siècle un sénatus-
consulte Apronien, dont parlent Paul et Ulpien, recon-
nut aux cités la faculté de recueillir des fidéicommis
d'hérédité. (1) On admet généralement que cette faculté
fut étendue aux temples et aux collèges autorisés.

Des développements qui précèdent, il résulte qu'un

3° Enfin, d'autres commentateurs donnent une raison plus générale. Les
personnes juridiques, êtres purement abstraits, dépourvus de consentement,
ne peuvent vivre et se développer sans la représentation. Or, nous savons
qu'à Rome la théorie de la représentation ne se dégagea que très lentement,
et par une série de concessions, des entraves du Droit quiritaire qui ne permettait pas qu'une personne fut représentée par une autre. Aussi, à l'origine,
les jurisconsultes romains n'admirent-ils l'être moral à jouer le rôle de personne que dans les actes les plus nécessaires à son existence, dans ceux-là
seulement dont on n'aurait pu le priver sans rendre illusoire la concession de
la personnalité juridique. Les acquisitions entre vifs suffisant pour soutenir
cette personnalité, on n'admit la représentation que dans cette hypothèse.
Pour le reste, on s'en tint à la rigueur des principes. La *factio testamenti
passiva* n'était pas un droit essentiel à l'existence des personnes morales.
Elle était en outre, nous dit Papinien, *non privati sed publici juris*, et l'exercice du droit de tester, considéré dans les idées du temps comme une création arbitraire et une concession gracieuse du législateur, ne pouvait créer
des rapports de succession qu'entre personnes limitativement déterminées par
la loi (D. XXVIII, 1, 3). Si plus tard, alors que le formalisme disparaissait
l'incapacité subsista, on ne saurait en accuser que la force de la tradition.
J'ajoute que, sous l'application des purs principes du Droit, se cachait probablement une idée politique. On désirait restreindre l'enrichissement et, par
suite, la puissance des corportions, en leur enlevant le droit d'acquérir par succession. Tels sont les motifs qui me paraissent expliquer l'incapacité dont se
trouvaient frappées les *universitates* (Gide, *Th. doct.*, Paris 1872 ; p. 117 et
suiv.).

Une exception fut cependant admise. Les établissements religieux et toutes
personnes juridiques purent être institués héritiers par leurs affranchis, du
jour où ils furent admis à leur succéder *ab intestat* (Ulp. Reg. XXII, § 5 ; —
D. XL, 3, *ll* 1 et 2).

(1) Ulp. Reg. — XXXII, § 5., D. XXXVI, 1, 26.

établissement religieux ne pouvait être institué héritier sans une concession spéciale du législateur. Une constitution de Dioclétien est formelle sur ce point : *Collegium, si nullo speciali privilegio subnixum sit, hereditatem capere non posse dubium non est* (C., VI, 24, 8).

La concession exigée par notre texte fut accordée aux églises, hospices et monastères par Constantin en 321. Nous avons étudié la célèbre constitution qui leur reconnaît la capacité de recevoir par disposition testamentaire, sans aucune restriction. Le testateur jouit de la plus grande liberté et peut manifester sa générosité, soit par une institution d'héritier, soit par un legs, soit par un fidéicommis. (*Habeat unusquisque licentiam..... quod optaverit relinquere*). Jamais capacité aussi vaste n'avait été concédée aux personnes civiles. Ce n'est que près d'un siècle et demi plus tard que la même faveur fut étendue aux villes en 469 par l'empereur Léon (C. VI, 24, 12).

Les empereurs chrétiens ne limitèrent pas leur zèle religieux à cette importante concession. Ils dotèrent en outre les *venerabiles loci* de nombreux privilèges.

Quand Justinien arriva au pouvoir, la législation romaine avait réalisé de grands progrès relatifs à l'interprétation des libéralités testamentaires en faveur des personnes morales. Les jurisconsultes romains ont fait tous leurs efforts pour suivre, en cette matière, le principe aussi rationel qu'équitable qui a passé dans notre Code civil (art. 1157). Ils ont cherché à faire prévaloir le fond sur la forme, la pensée sur les mots, et à interpréter l s dispositions testamentaires dans le sens où elles peuvent avoir quelque effet, dans un sens large et libéral, plutôt que de les réduire à néant.

Indiquons sommairement les résultats acquis.

L'ancien Droit prohibait les institutions d'héritier en
faveur des personnes incertaines (1). La raison en est
simple. L'institution d'héritier est de la part du testateur une marque d'estime et de confiance. Elle suppose
donc un choix éclairé et réfléchi.

Appliquée d'une façon absolue, la prohibition était
dans bien des cas d'une rigueur exessive ; on dut l'atténuer.

Tout d'abord, Gaïus (*Inst.*, II, § 238) nous apprend
que le legs adressé à une *incerta persona* devient valable, s'il est fait *sub certa demonstratione*. Scœvola
déclare que le fidéicommis, en faveur des personnes
employées au service d'un temple, est fait au temple
lui-même. (D. XXXIII, 1, 20 § 1). Papinien décide que
le legs ou le fidéicommis fait aux citoyens d'une ville
est censé fait à la ville elle-même (D. XXXIV, 2).
Nous connaissons le texte de Paul qui valide les legs
faits aux membres d'un collège non autorisé, *si singulis legetur*. Mais la plus importante décision date
de la constitution de Constantin. Dans l'interprétation des dispositions de dernière volonté en faveur
de l'Église, on doit, avant tout, se conformer à
l'intention du testateur sans s'attacher à la lettre.
(*Nihil enim..... liber sit stylus et licitum quod iterum
non redit arbitrium.*) Enfin Justinien, par une constitution applicable à toute disposition testamentaire,
réforma les règles jusqu'alors admises à l'égard des
personnes incertaines. (*Inst.* Just. *II, 20,* § *25 et 27.*)
Cette constitution ne se trouve pas dans le *Codex re-
petitæ prœlectionis*, mais divers textes en révèlent la
substance. Nous allons voir, en effet, que par une ré-
glementation minutieuse et une large interprétation,
cet empereur valide certaines libéralités testamentaires

(1) *Inst.* Just., II, 20, § 25 — Gaïus, II, § 238.

adressées par les fidèles aux *venerabiles loci*, et qu'on aurait jadis annulées comme faites à des *incertæ personæ*.

La loi 26, *De Sacr. Eccles.* (C. I, 2), contient sur ce point des dispositions fort intéressantes.

Une personne a institué Jésus-Christ héritier. De semblables libéralités étaient fréquentes (*Quoniam in plerisque nuper testamentis invenimus hujusmodi institutiones, quibus quis scripserat dominum nostrum Jesum-Christum heredem, non adjiciens oratorium aut templum ullum....*). Le Droit classique n'eût pas admis la validité de cette institution. La libéralité faite d'une façon générale à Jupiter, Apollon, Mars, était annulée. Elle devenait au contraire valable quand elle s'adressait à Jupiter Tarpéien, Apollon de Dydime, Mars de Gaule, parce qu'alors la personne juridique était parfaitement déterminée par la désignation spéciale de l'un des temples affectés au service de ces dieux. Or, Jésus-Christ n'est pas une personne juridique. Il est le Dieu de toutes les églises catholiques et non le Dieu de telle ou telle église en particulier. Vainement chercherait-on à faire prédominer l'intention sur la lettre. Quelle est, en effet, la véritable intention du testateur? Il serait difficile de le dire. A quelle catégorie d'établissements religieux le défunt a-t-il songé? Est-ce les églises, ou les hospices ou les monastères qu'il a voulu gratifier? En supposant même la catégorie déterminée, quel établissement particulier avait-il en vue? L'incertitude plane sur l'intention du disposant. La libéralité s'adresse donc à la totalité des établissements religieux et devrait être annulée comme faite à une *incerta persona*.

Justinien cependant valide l'institution et établit une première présomption. C'est à l'église du lieu où le défunt avait son domicile que sera dévolue l'hérédité, comme étant, selon toute apparence, l'église la plus chère au testateur et celle à qui il a dû penser. La même décision s'applique aux legs et aux fidéicommis. L'Église devra employer les biens acquis à l'entretien et à l'assistance des pauvres.

Supposons que le disposant a institué pour son héritier un archange ou un martyr, par exemple, Saint-Michel ou Saint-Paul, sans désignation de temple.

Existe-t-il un seul *venerabilis locus* consacré à Saint-Paul ou à Saint-Michel dans la ville où était domicilié le défunt ou dans le voisinage? Cet établissement recueillera la succession, conformément aux règles du Droit classique. L'intention du testateur ne peut être mise en doute ; il n'y a pas, en l'espèce, *d'incerta persona*. Mais voici où commence le privilège. Deux hypothèses peuvent se présenter. Ou bien il n'existe pas, dans le lieu du domicile du testateur ou dans les environs, d'église élevée en l'honneur de Saint-Paul ou Saint-Michel, ou bien il en existe plusieurs. L'institution s'adresse alors à une personne incertaine. Pour la rendre valable, Justinien établit de nouvelles présomptions aussi judicieuses qu'équitables.

Première hypothèse. Il n'y a aucune église consacrée à Saint-Michel. Les *venerabiles loci* du chef-lieu de la province auront le bénéfice de la disposition. Toutefois parmi ces établissements religieux, s'il en est un, consacré à Saint-Michel, celui-ci sera de préférence considéré comme héritier. A défaut d'église spéciale, tous les établissements pourront prétendre à la succession. Pour le choix de l'un d'eux, on se conformera aux règles posées dans la seconde hypothèse.

Seconde hypothèse. Il existe plusieurs églises dédiées à Saint-Michel dans la ville qu'habitait le défunt.

L'église, où se rendait le plus souvent le testateur et pour laquelle il manifestait une affection toute particulière, recueillera l'hérédité. Si cet indice manque, l'héritier sera le temple le plus pauvre et le plus dépourvu de secours et d'aumônes.

Nous avons, on se le rappelle, émis l'opinion que la personnalité juridique était concédée non à l'Église universelle, mais à la pluralité des églises locales, et cela, pour se conformer aux besoins de la pratique et faciliter l'interprétation de nombreux actes de dernière volonté en faveur des établissements religieux. Nous venons de trouver la preuve que telle était bien la doctrine admise par le législateur romain.

Continuons l'étude des privilèges accordés aux *venerabiles loci*.

Voici deux classes de dispositions testamentaires qui, plus encore que les précédentes, s'adressaient à des personnes incertaines et que le Droit classique eût déclarées radicalement nulles. Il s'agit des libéralités au profit des pauvres et des captifs.

Le testateur, désirant laisser tous ses biens aux indigents, veut éluder la loi Falcidie. Il institue héritiers les pauvres d'une manière générale. Une constitution des empereurs Valentinien III et Marcien décide que l'institution est valable : *id quod pauperibus testamento vel codicillis relinquitur, non ut incertis personis relictum evanescat, sed omnibus modis ratum firmumque consistat* (C. 1., *3 De Episc. et Cler.*, 24.)

Justinien confirme cette décision et pose des règles très précises pour les divers cas qui peuvent se présenter. La loi 49, *De Episc. et Cler.*, contient plusieurs dispositions qu'on peut ainsi résumer :

1° L'intention du disposant ne peut être mise en doute (*non incertus est ejus sensus*). Il a désigné la mai-

son de charité qui sera chargée de l'emploi des biens
au profit des pauvres, ou encore un indice certain révèle
qu'il avait en vue telle personne ou tel établissement.
Pas de difficulté, la personne juridique est précisée. A
l'établissement ainsi déterminé sera dévolue l'hérédité ou le legs, mais l'héritier ne pourra user du bénéfice de la loi de Falcidie (§ 7).

2° Le testateur a institué héritiers les pauvres sous
l'expression fort vague de *pauperes (indistincte)*.
L'institution ne pourra être attaquée, comme s'adressant à des *incertæ personæ*. Mais qui recueillera la
succession ? L'empereur met en première ligne les hospices et, parmi les différentes classes d'indigents, il
donne la préférence aux malades. « Le plus pauvre des
hommes, dit-il, est bien celui qui, contraint par la
détresse et retiré dans un hôpital, en proie à la souffrance,
ne peut se procurer les ressources indispensables à la vie. »

Par quelles considérations se déterminera le choix
entre les différents établissements de bienfaisance consacrés aux malades ? Au premier rang se place l'hospice,
le *nosocomium* du lieu où le défunt avait son domicile.
Les administrateurs affecteront les biens recueillis à
l'entretien des malades, soit par la distribution des revenus annuels, soit par la distribution des revenus des
immeubles achetés avec le produit de la vente des biens
meubles. A défaut d'établissement spécial, de *nosocomium,* un hospice quelconque du lieu du domicile recevra les biens, à la charge de les employer à secourir
les malades et sans se prévaloir de la loi Falcidie
(§ 1, 2 et 3).

3° Supposons maintenant qu'il n'existe aucun établissement de bienfaisance dans la ville qu'habitait le défunt, l'économe de l'église ou l'évêque de la ville recevra
provisoirement l'hérédité, avec obligation de la distri-

buer aux pauvres et toujours sans être admis au bénéfice de la loi Falcidie. Y a-t-il au contraire plusieurs hôpitaux, la préférence est accordée au plus pauvre, ce que déterminera l'évêque du lieu assisté de son clergé (§ 5 et 6).

Une constitution des empereurs Léon et Anthémius valide les libéralités testamentaires adressées aux captifs. Elle défend à tout héritier testamentaire ou ab intestat, légataire et fidéicommissaire d'enfreindre les dispositions d'un testament pieux, en soutenant que le legs ou le fidéicommis, laissé pour le rachat des captifs, est fait en faveur de personnes incertaines. Peu importe que le testateur ait institué les captifs héritiers, ou qu'il ait désigné une personne spéciale pour exécuter la libéralité, ou encore qu'il ait simplement fixé le montant du legs ou du fidéicommis qui doit être employé à cet usage. En l'absence de personne désignée pour opérer le rachat des captifs, l'économe ou l'évêque de la ville, du village, de la campagne ou résidait le *de cujus*, recevra l'hérédité et devra sans retard accomplir les pieuses volontés du défunt ; mais il ne pourra en attendre aucun profit pour lui-même ou pour son église. Dans le cas où la générosité du disposant est restée cachée par la fraude des personnes intéressées, quiconque a connaissance de la libéralité peut, sans crainte d'être accusé de délation, en prévenir le président de la province et l'évêque, de telle sorte que ce dernier puisse réclamer les biens destinés à cette œuvre de charité. Enfin si le testateur a laissé un héritier spécial, sous la condition qu'il ne se prévaudra pas de la Falcidie, la disposition recevra son exécution : *Quomodo*, dit Justinien, *ferendum est hoc, quod in sacrum venerit, per Falcidiam vel aliam occasionem minui ?* (1)

(1) *ll.* 28.pr, §§ 1 et 5, 49 pret, § 2, *De Episc. et Cler.*

Toutes les décisions précédentes sur l'interprétation des libéralités testamentaires envers les *venerabiles loci* sont sages, équitables et vraisemblablement conformes à la volonté du disposant. Remarquons qu'elles ne sont point en désaccord avec le motif donné de l'incapacité des personnes incertaines. S'il est vrai que la disposition de dernière volonté en faveur de Jésus-Christ, d'un martyr, des pauvres ou des captifs, profite en réalité à une personne juridique peut-être indéterminée dans l'esprit du testateur, on peut dire cependant que cette disposition provient d'un choix éclairé, en ce sens que la personne gratifiée est digne d'estime, et les personnes chargées d'exécuter les libéralités dignes de confiance.

On ne peut toujours justifier ainsi, par des raisons d'équité et de sagesse, les faveurs qu'accordèrent à l'Église catholique les empereurs chrétiens. L'intolérance religieuse fut la source de constitutions impériales aussi regrettables au point de vue législatif qu'au point de vue philosophique. Justinien, nous l'avons vu, attribua aux églises les maisons où se tenaient les assemblées d'apostats et d'hérétiques. Nous trouvons dans la matière des testaments des décisions analogues. Les hérétiques, dont une constitution de Théodose et Valentinien nous donne une longue énumération, sont frappés de l'incapacité de transmettre leurs biens par acte de dernière volonté, à quelque titre que ce soit, et de recevoir une hérédité, un legs ou un fidéicommis. Les fils eux-mêmes ne peuvent succéder, s'ils n'ont abandonné les erreurs de leurs pères. Leur patrimoine est confisqué par les soins et sous la surveillance de l'évêque, ce qui laisse bien supposer qu'une partie des biens était donnée à l'Église. Toutefois, une exception est admise à la rigueur de la loi. Les dispositions testa-

mentaires sont valables quand elles s'adressent à des catholiques orthodoxes ou à des établissements chrétiens (1).

Un établissement religieux est institué héritier. Qui fera l'addition d'hérédité en son nom ? L'administrateur, évêque ou économe. Sous le règne de Justinien, la représentation est depuis longtemps admise. L'usage de la *cretio* a disparu dès l'année 339, et l'addition ne se fait plus que de deux façons : *nuda voluntate* ou *pro herede gerendo* (2).

SECTION IV.

Des legs.

On ne peut léguer qu'aux personnes avec lesquelles on a la *factio testamenti*. Par suite, l'aptitude à figurer dans un testament comme légataire n'appartient qu'à ceux qui peuvent être institués héritiers. Les établissements religieux du paganisme ne pouvaient donc recevoir aucune libéralité à titre de legs (3).

L'incapacité d'être légataire fut levée pour ces établissements par un sénatus-consulte rendu sous Marc-Aurèle Mais les collèges autorisés pouvaient seuls valablement recevoir un legs : « *Cum senatus temporibus divi Marci permiserit collegiis legare, nulla dubitatio est, quod, si corpori, cui licet coire, legatum sit, debea-*

___

(1) *ll.* 4 § 1, 2, 5, 6 ; 5 ; 15 ; 17 ; 22, C. I, 5 *De Haereticis.*
(2) C. VI, 9, 9 — *Inst.* Just. II, 19, § 7.
(3) Les motifs ci-dessus donnés, pour expliquer l'incapacité des personnes morales de figurer dans un testament comme instituées, sont reproduits par les commentateurs du Droit romain en ce qui concerne l'incapacité pour les mêmes personnes d'être désignées comme légataires. Cependant le second motif, fondé sur l'impossibilité pour l'être moral de faire *cretio ou pro herede gestio*, est en ce cas inexact, tout au moins à l'égard du legs *per vendicatio nem* qui n'exige pas une addition d'hérédité et transmet de pleindroit la propriété de l'objet légué.

tur. » Nous savons que la capacité la plus vaste d'acquérir fut accordée par Constantin aux établissements de la religion chrétienne.

Les règles énoncées dans la section III, sur l'interprétation de certaines libéralités qu'on eût jadis déclarées nulles comme s'adressant à des personnes incertaines, s'appliquent aux legs Le legs fait à Jésus-Christ, à un archange, à un martyr, aux pauvres ou aux captifs est valable. Les textes que nous avons étudiés parlent simultanément de l'institution d'héritier, des legs et des fidéicommis.

Les legs en faveur des *venerabiles loci* furent en outre dotés par les empereurs de nombreux privilèges spéciaux. Ces privilèges concernent soit l'interprétation, soit l'exécution de la disposition.

Aux termes de la loi des *XII* Tables, le testateur a la faculté de disposer librement de sa fortune à titre de legs : *Uti legassit super pecunia tutelave suæ rei, ita jus esto.* Or, il peut arriver que la valeur totale des legs soit d'un chiffre tel qu'elle absorbe toute la succession ou la plus grande partie de la masse héréditaire. L'institué, qu'aucun avantage ne détermine à faire addition ou qui trouve sa part insuffisante, répudie l'hérédité. Veut-on prévenir la chute du testament et sauvegarder l'intérêt des légataires, tout en respectant la volonté du défunt qui n'a point entendu mourir intestat ? Il faut assigner aux legs une limite qu'ils ne pourront dépasser. Telle est l'innovation que consacra la loi Falcidie. Si les libéralités excèdent les trois quarts des biens du *de cujus*, il y a lieu à une réduction qui pèse proportionnellement sur tous les legs. L'héritier a droit à un quart franc, d'où le nom de quarte Falcidie donné à la portion qu'il retient (1).

(1) *Inst.* Just. II, 22, pr. — C. VI, 50, 2.

Justinien, dans ses Novelles, modifie profondément
la législation sur ce point. Par un retour fort regret-
table vers le droit absolu que les Pandectes avaient
renversé, l'empereur décide dans la Novelle I., ch. 2 § 2
in fine : « *Si testator expressim designaverit non velle
heredem retinere Falcidiam, nécessarium, est testatoris
valere sententiam.* » La volonté du défunt doit être rigoureusement observée. Tous les biens de la succession ont-ils été l'objet d'un legs ? L'héritier, il est vrai,
ne pourra prétendre aux avantages pécuniaires que lui
donnerait le prélèvement de la quarte, mais s'il obéit
aux ordres du testateur, il puisera dans sa pieuse conduite le sentiment d'une légitime satisfaction. Toutefois, Justinien comprend que cette consolation peut
n'être pas appréciée par l'héritier à sa juste valeur, et il
prévoit le cas d'un refus. L'institué, qui ne veut point
obéir, renoncera à l'hérédité et fera place aux substitués,
cohéritiers, fidéicommissaires, légataires, esclaves gra-
tifiés de la liberté, aux héritiers ab intestat, ou même
à un étranger qui désire accepter et s'engager à exécuter le testament, ou enfin au fisc, si celui-ci y consent,
conformément à l'ordre établi dans le chapitre 1 § 1.

Justinien ne s'arrête pas là et fait un pas de plus en
faveur de l'Église. Comme conséquence de la décision
qui précède, il sous-entend dans le testament la clause :
non velle heredem retinere Falcidiam, toutes les fois
que la libéralité s'adresse à un établissement religieux.
Aux termes de la Novelle 131, chapitre 12 : « Si l'héritier auquel on a laissé des biens pour des œuvres pies
ne les affecte pas à leur destination, en prétextant l'insuffisance de la part qui lui reviendrait, nous ordonnons, faisant à cet égard cesser l'effet de la loi Falcidie
(*omni Falcidia vacante*), qu'ils soient tous employés,
à la diligence et par les soins du très saint évêque de la

localité, aux œuvres pies pour lesquelles ils ont été laissés ». (1) Désormais,la réduction ne pèse plus proportionnellement sur tous les legs. S'il existe dans le testament des dispositions *ad pias causas*, elles doivent être exécutées en entier. Cette décision offre un nouvel exemple d'interprétation de la volonté du testateur. Nous connaissons le motif qu'en donne l'empereur : Comment supporter que ce qui a été laissé pour des usages pieux puisse subir une réduction !

Quelle est la portée de ce nouveau privilège? S'applique-t-il à tous les legs pieux et dans tous les cas ? La faveur ainsi concédée au *venerabiles loci* repose sur l'intention présumée du testateur. Mais cette interprétation de volonté est assurément arbitraire ! Le motif allégué par Justinien suffirait pour le démontrer. C'est en réalité un aveu qu'il n'y a pas de raison valable. On est donc naturellement conduit à se demander si le privilège n'a pas dans la pensée du législateur une application restreinte. La question nous paraît susceptible d'être diversement interprétée. Trois opinions peuvent être émises :

1° Une distinction est nécessaire. Le legs est-il fait à Dieu, à Jésus-Christ, à un archange ou à un martyr? La loi Falcidie reste en rigueur. La libéralité s'adresse-t-elle à une œuvre pie, aux pauvres ou aux captifs ? Le privilège s'applique. Comment justifier cette doctrine ? Justinien, dans la loi 26 *De Sacros. Eccles.,* déclare valables, nous le savons, les dispositions testamentaires en faveur de Jésus-Christ, d'un archange ou d'un martyr, mais l'empereur ne dit pas que l'application de la loi Falcidie est suspendue à leur profit. Il le dit au contraire en termes formels dans la loi 49 *De Episc. et Cler.,* quand il s'agit des libéralités envers les pauvres

—————
(1) Nov. 131, ch. 12: *ut in piis legatis cesset Falcidia.*

et les captifs. En outre, un texte du jurisconsulte Paul nous apprend que la réduction pèse sur les legs qu'on a laissés à Dieu. (D. XXXV, 2, 1 § 5) Or, la Novelle 131, ch. 12 n'a trait qu'aux biens laissés *ad pias causas*.

2° Le législateur prévoit le cas où l'héritier s'est refusé au début à l'exécution du legs pieux. En effet, la Novelle 131, ch. 12, après avoir défendu le prélèvement de la quarte, pose aussitôt des règles relatives à l'exécution des legs et punit l'héritier en retard pour le payement. N'est-ce pas dire que la suspension de la loi Falcidie n'est qu'une peine ?

3° Le privilège est général. Telle nous paraît être la véritable solution. La rubrique et les termes du chapitre 12 ne semblent permettre ni restriction ni distinction et visent toutes les donations pieuses. De plus, le silence de Justinien sur une matière aussi importante serait inexplicable. J'imagine au contraire qu'avec sa prolixité habituelle, il aurait minutieusement distingué les divers cas où la Falcidie était exclue, de ceux où elle demeurait en vigueur. Enfin, cette doctrine est conforme à l'esprit de la législation des empereurs chrétiens en matière religieuse. Nous voyons que les privilèges concédés à l'Église reçoivent toujours la plus vaste application et que la faveur du prince pour les *venerabiles loci* ne connaît pas de bornes.

Les legs pieux peuvent avoir pour objet, soit l'usufruit d'un bien, soit le service d'une rente.

Les établissements religieux, êtres abstraits dénués de toute vie physique, ont une existence illimitée. En conséquence, l'usufruit légué à ces personnes juridiques devrait être déclaré perpétuel. Mais les jurisconsultes romains, considérant que la nue propriété, ainsi privée de toute chance de réunir à elle l'usufruit, serait sans utilité, restreignirent le droit du légataire à une durée

de cent ans, ce qui est le terme le plus long de la vie
humaine. (Gaïus, Dig. XXXIII, 2, 8). Pour le calcul de
la quarte Falcidie, le jurisconsulte Macer nous apprend
qu'on évalue l'usufruit comme s'il ne devait durer que
trente ans. Ce chiffre est le plus élevé de tous ceux
qu'on prend pour base dans l'estimation des usufruits
constitués au profit de particuliers: *quia nunquam
amplius quam triginta annorum computatio initur*
(D. XXXV, 2, 68 pr.). Ce mode d'évaluation se justifie si l'on admet qu'au temps de Macer la durée de l'usufruit légué aux personnes civiles était aussi de trente
ans. Sinon, il lèse les droits de l'héritier qui ne peut en
ce cas, comme pour le legs fait à une personne ordinaire, compter avec les chances de mort, puisque, nous
dit Gaïus, l'usufruit dure toujours cent ans. C'est donc
ce dernier chiffre qui devrait être pris pour base de
l'estimation. Nous pensons qu'il y a là entre les deux
jurisconsultes une contradiction dont les rédacteurs du
Digeste ne se seront point aperçus.

Le legs d'annuité fait sans terme constitue, en raison
de la longévité indéterminée des êtres moraux, une rente
perpétuelle au profit de l'établissement religieux. Il
figure, dans le calcul de la quarte Falcidie, pour le capital de la rente au taux de trois pour cent (D. XXXV,
2,3 § 2). Dans la Novelle 131, ch. 12, Justinien donne
quelques règles spéciales aux legs pieux *in singulos
annos*. Si les personnes chargées de payer le legs annuel
laissé à une vénérable maison, ou bien si la possession qui doit fournir la rente se trouvent dans la même
province ou dans une province voisine, il est absolument interdit d'aliéner le legs. Dans le cas contraire,
il est permis de l'échanger, du consentement de la partie grevée, avec des revenus plus avantageux, pourvu
toutefois que ces revenus soient plus considérables au

moins du quart que la prestation périodique et ne soient pas grevés de fortes impositions. L'établissement religieux peut encore, s'il le désire, vendre la rente pour un prix qui ne peut être moindre de la masse des intérêts perçus pendant vingt-cinq ans, c'est-à-dire, du capital qui, placé à quatre pour cent, donnerait pour intérêts le montant de l'annuité léguée. Encore faut-il que les sommes reçues soient strictement employées pour l'utilité de l'établissement gratifié.

SECTION V

Exécution et objet des libéralités

Quelle est l'autorité chargée de veiller à l'exécution des libéralités faites en faveur des établissements religieux ?

L'évêque est de plein droit investi du pouvoir d'assurer et de poursuivre l'accomplissement de la volonté du disposant, quelle que soit la forme de la libéralité, institution d'héritier, legs, fidéicommis, donation à cause de mort ou autre mode légal. Peu importe que le donateur ou le testateur ait sollicité la surveillance de l'évêque, qu'il ait gardé le silence ou même qu'il ait formellement exprimé une volonté contraire. Dans tous les cas, l'autorité épiscopale peut et doit intervenir si l'héritier refuse ou ne se hâte pas d'exécuter. Le gouverneur de la province, si son intervention devient nécessaire, doit prêter son concours à l'évêque (C. I, 3, 46 pr. et § 2, *De Episc. et Cler.*).

Sous le règne des fils de Constantin, l'évêque exerçait un contrôle sur les donations pieuses. Il était appelé à juger de l'opportunité de l'acceptation ou de la répudiation de toute libéralité. Nous verrons que Saint-Augustin n'hésitait pas à refuser les largesses inconsidérées qui entraînaient la spoliation des familles ou portaient atteinte aux lois de la morale et à la dignité de l'Église. Il y avait, dans ce contrôle exercé par l'autorité épiscopale, un moyen de mettre un frein à l'avarice et à la cupidité des clercs et des moines, et par conséquent, une garantie sérieuse qui pouvait, en quelque sorte, suppléer à l'absence d'une autorisation spéciale donnée par le pouvoir civil. Cette garantie disparaît sous Justinien. La volonté du disposant est absolue quant à la faculté de dépouiller ses héritiers. L'intérêt de tous, c'est l'Église, et cet intérêt prime toute autre considération. L'évêque n'a plus le droit de refuser, s'il ne veut qu'on l'accuse de s'être laissé corrompre par les héritiers ou autres personnes intéressées à la répudiation de la libéralité. S'il s'est rendu coupable de négligence, il encourt la colère du prince. Le métropolitain de la province, l'archevêque du diocèse ou même tout citoyen pourra alors exiger l'exécution : *inquirere et cogere pium opus aut piam liberalitatem omnimodo impleri : et cuicumque civium idem etiam facere licentia erit* (l. 46 § 6, *eod. tit.*).

Le testateur a-t-il imposé à son héritier l'obligation de construire une église, un hospice ou un monastère ? Celui-ci a trois ans pour faire élever l'édifice, s'il s'agit d'une église. Plus tard, ce délai fut porté à cinq ans. Pour tous les autres établissements, on ne lui accorde qu'un an. Le délai expiré, si la construction n'est pas terminée, l'héritier est tenu d'acheter ou de louer une maison provisoirement destinée à réaliser le but que le *de cujus* avait en vue. Si la disposition contient en outre donation de certains objets, livraison en sera faite aussitôt après l'insinuation du testament et la prise de possession de l'hérédité ou du legs. (1)

(1) *l.* 46 pr. *in fine, eod. tit.* — Nov. 131, ch. 10.

La Novelle 131, chapitre 7, nous offre un curieux exemple de la faveur dont jouissait l'Église. Une personne a le désir d'élever un oratoire ou un monastère. L'évêque, sur sa demande, bénit l'emplacement et plante une croix. La construction commencée, elle abandonne son projet et interrompt les travaux. Peut-on contraindre cette personne à parfaire l'œuvre ? Mais à quel titre ? Il n'y a ici ni engagement ni vœu, mais un simple désir. L'intention de s'obliger est fort douteuse et la formalité de l'insinuation n'a pas été remplie. Cependant Justinien décide que l'évêque, l'économe, le juge pourront par tous les moyens en leur pouvoir exiger la reprise des travaux. Si la personne meurt, l'obligation de terminer l'édifice passe à ses héritiers.

En droit commun, l'héritier a un an pour exécuter un legs. Dans le cas de legs pieux, il n'a qu'un délai de six mois, à dater de l'insinuation du testament. A défaut de payement en temps voulu, on exigera de lui les fruits, les intérêts et toute légitime augmentation depuis le jour de la mort du testateur. (1)

Bien plus, si l'héritier, sur la demande de l'évêque, diffère l'exécution et attend qu'on le poursuive en justice, il sera condamné à payer deux fois la valeur du legs pieux. L'action qui compète à l'établissement religieux est de celles *quæ adversus inficiantem crescunt in duplum.* (2) Dans l'ancien Droit, cette sanction était spéciale au legs *per damnationem,* quel que fût le légataire. Justinien opère la confusion de tous les legs dans un même classe, sous des règles communes, et décide que la condamnation au double aura lieu dans toute espèce de legs et fidéicommis, mais que le bénéfice n'en appartiendra pas à tous les les légataires. Il est ex-

---

(1) *l.* 46, § 4, *eod. tit.* — Nov. 131, ch. 12.
(2) *l.* 46, § 7, *eod. tit.* — *Inst.* Just. IV, 6, §§ 19 et 23.

clusivement réservé aux églises et autres *venerabiles loci* (*Inst*. Just., III, 27, § 7).

Voici un autre privilège qui n'est que la conséquence du précédent, d'après le même paragraphe 7 des *Institutes* de Justinien : « *Definierunt veteres, ex quibus causis infitiando lis crescit, ex iis causis non debitum solutum repeti non posse.* » L'héritier a-t-il payé un legs pieux dont il se croyait à tort le débiteur ? L'équité exigerait qu'on lui permît d'agir pour demander la restitution des sommes qu'il a versées par erreur. On lui refuse cependant la *condictio indebiti*. Comment expliquer une telle rigueur ?

La *condictio indebiti*, nous venons de le voir, n'est jamais admise dans les causes où le refus de reconnaître la dette entraîne une condamnation au double ; par suite, l'héritier qui a acquitté un legs pieux ne peut répéter ce qu'il a donné. Quel est le motif de cette règle ? La plupart des commentateurs du Droit romain en donnent l'explication suivante. Le débiteur est placé dans l'alternative d'exécuter ou de s'exposer, s'il nie la dette, à être poursuivi et, s'il succombe, à se voir condamné à payer le double. Soit crainte de la condamnation, soit doute sur la bonté de sa cause, il préfère ne pas courir la chance d'un procès et il paye le simple. Ce payement qui contient une transaction est et demeure valable. On ne peut donc admettre au bénéfice de la *condictio indebiti* l'héritier qui a exécuté le legs pieux.

Il est fort possible que les choses se soient ainsi passées, mais le motif donné de la règle ne saurait nous satisfaire. Il est à la fois insuffisant et inexact. En effet, dans l'espèce qu'on prend pour base du raisonnement, on peut faire reposer la validité du payement sur une transaction présumée, parce qu'il y a crainte ou doute et non erreur. Dans l'hypothèse où celui qui a payé se croyait réellement débiteur, il n'y a pas de transaction possible. Le motif allégué ne s'applique donc pas au cas d'une erreur. Mais alors n'est-ce pas laisser complètement la question de côté et donner une explication qui a trait à une hypothèse tout autre que celle visée par notre règle? Nous savons, en effet, que pour exercer la *condictio indebiti*, il faut que le payement de l'indu ait été déterminé par une erreur. Or, il s'agit d'expliquer ici pourquoi la *condictio indebiti* est refusée à l'héritier grevé d'un legs pieux ! C'est donc que l'hypothèse seule d'une erreur doit être envisagée. Bien plus, le motif donné, même restreint au cas d'un payement fait sous l'empire de la crainte ou du doute, est inexact. On invoque une transaction qui ne peut légalement exister, car la loi déclare nulle toute transaction sur les causes qui, en cas de dénégation, déterminent une condamnation au double. (1)

On ne peut, croyons-nous, donner de cette règle de l'ancien Droit une explication satisfaisante. Justinien, en transportant aux legs pieux le caractère privilégié attaché jadis au legs *per damnationem*, n'eut garde d'abolir une aussi singulière conséquence. Cependant le fait de n'avoir maintenu la règle ancienne qu'à l'égard des seuls établissements religieux, alors qu'autrefois elle s'appliquait à tous les légataires *per damnationem*, semble nous prouver qu'il devait être difficile sinon impossible de la justifier.

Par quel laps de temps se prescrit l'action en délivrance des libéralités entre-vifs ou testamentaires ? Il importe que l'action ne dure pas toujours, car il pourrait en résulter de sérieux inconvénients pour le

____

(1) *Paul. Sentent.* I, 19, § 2. — M. Accarias, *Précis de Droit romain*, II, p. 605, note 1.

débiteur ou ses héritiers. Aussi en droit commun se prescrit-elle par 30 ans. Pour les *venerabiles loci* nous trouvons un nouveau privilège, l'action dure 100 ans. Et encore n'est-ce qu'à regret que Justinien fixe ce délai (*Et nobis quidem cordi erat, nullis temporum metis hujus modi actiones circumcludi, sed…*). Justinien donne comme motif de cette décision si favorable à l'Église : « *Ut inter divinum publicumque jus et privata commoda, competens discretio sit.* » Cette raison ne prouve qu'une chose, c'est que le caprice du prince et la faveur dont jouissait l'Église étaient la seule règle des décisions impériales. Justinien réduisit plus tard le délai à 40 ans (1).

Les établissements religieux n'ont pas seulement, contre l'héritier, l'action personnelle, *condictio ex testamento.* Justinien leur accorde encore, pour la poursuite de l'exécution des libéralités testamentaires, une action réelle (action en revendication ou action confessoire suivant les cas) et une action hypothécaire. J'ajoute qu'il n'y avait point là un privilège pour l'Église. La même concession avait été précédemment faite par l'empereur à tous les légataires et fidéicommissaires (2).

Meubles ou immeubles, choses corporelles ou incorporelles, pleine proprieté ou usufruit, sommes d'argent, maisons, édifices, fonds de terre, rentes en argent ou en nature, tableaux, statues, en un mot, toute espèce de choses sans distinction peuvent être l'objet des libéralités en faveur des églises, hospices et monastères (C. VI, 24, 12). Le droit commun est pleinement applicable.

---

(1) *l.* 23, *De Sacros. Eccles.* — Nov. 131, ch. 6.
(2) *l.* 23, § 1, *De Sacros. Eccles.* — *Inst.* Just. II, 20. § 2.

SECTION VI

Succession ab intestat.

Les droits de succession *ab intestat* sont fondés sur des rapports de famille. Les établissements religieux, êtres purement fictifs, n'ont pas de famille; par conséquent, ils ne peuvent prétendre à aucun de ces droits. Toutefois, le législateur romain arrive, par des détours, à créer de notables exceptions à cette incapacité de succéder *ab intestat*.

Les collèges ont des affranchis et leur succèdent. Le plus précieux des droits de patronage est, en effet, le droit pour le patron d'être appelé, comme héritier légitime, à la succession de son affranchi décédé sans enfants (D. XXXVIII, 3, 1). Constance, Théodose et Valentinien accordèrent à diverses corporations un droit de succession sur les biens des associés (C. VI, 62). Mais l'innovation la plus importante et la plus remarquable concerne les *venerabiles loci*.

Nous n'avons rencontré, au cours de nos études, que des libéralités volontairement consenties et inspirées par la générosité des fidèles eux-mêmes. La disposition ne révélait pas toujours l'intention exacte du donateur ou du testateur, et l'interprétation pouvait en être plus ou moins arbitraire, mais dans tous les cas leur volonté d'accomplir une œuvre pieuse et charitable s'affirmait nettement. Nous allons voir maintenant les empereurs chrétiens attribuer à l'Église certains biens, sans que leur propriétaire ait manifesté la volonté ou le désir qu'il en fût ainsi. Cette volonté, le législateur la présume ou plutôt il l'impose.

Les églises et les monastères obtiennent le droit

de succéder aux biens des clercs et des religieux (1).

§. *1.* — *Droit de succession des églises.*

Une constitution de Théodose II et Valentinien III, promulguée en 434, domine la matière des acquisitions de biens par les églises considérées comme successeurs *ab intestat* (C. *l.* 20, De *De Episc. et Cler.*) Elle nous apprend à quelles conditions s'ouvre ce droit de succession et quelles sont les personnes dont le patrimoine est transmis.

1º L'Église succède aux biens des clercs : évêques, prêtres, diacres, sous-diacres et diaconesses. Il résulte par *a contrario* du texte qu'elle ne succède pas aux biens des personnes qui n'ont reçu que les ordres mineurs : lecteurs, portiers, acolytes, exorcistes. Ceux-ci ont la tonsure, mais n'ont pas reçu l'ordination. Il ne font point encore partie du clergé.

2º Il faut que le clerc soit décédé sans laisser de testament (*nullo condito testamento decesserit*). Le législateur ne diminue en rien le droit du clerc de disposer librement de tous ses biens et ne reconnaît pas à l'Église la qualité d'héritier réservataire. Tel est le principe posé par notre texte. Il s'applique à tous les ecclésiastiques sans distinction jusqu'à Justinien.

Sous le règne de cet empereur, une dérogation notable au principe consacre un nouveau privilège. L'Église devient réservataire à l'égard de l'évêque. Aux termes de la loi 42, § 2, De *De Episc. et Cler.*, l'évêque conserve la libre disposition des biens qu'il possède au jour de sa consécration. Il la perd, au contraire, pour les biens qu'il acquiert depuis cette époque ; ceux-

(1) Est-ce, à proprement parler, un droit de succession ? Non, car le droit s'ouvrira si le religieux sort du monastère aussi bien que s'il meurt. Cette réserve faite, on peut sans inconvénient employer le mot : succession.

ci sont dévolus à son église. Toutefois, l'incapacité relative à cette seconde classe de biens n'est pas absolue. Il peut disposer de ceux qui lui viennent de ses père et mère, de ses oncles paternels et maternels, et de ses frères. Les autres biens appartiennent à l'église ; mais l'évêque, ajoute la Novelle 131, ch. 13, peut en régler l'emploi comme il l'entend, pourvu qu'il les affecte à une œuvre pie : rachat des captifs, nourriture des pauvres, entretien ou réparation de l'église et autre.

Tout ce qui vient d'être dit pour l'évêque s'applique également aux directeurs d'établissements de bienfaisance.

3° Il faut que le défunt n'ait laissé ni femme, ni enfants, ni parents au degré successible.

4° Il faut enfin que le clerc ne soit ni colon, ni affranchi, ni décurion.

Il serait inique, dit notre texte, que les églises, sous prétexte que ces personnes ont reçu l'ordination, recueillent les biens ou pécules que les lois attribuent au patron, à la curie ou au propriétaire de la terre auquel le colon, devenu religieux ou ecclésiastique, était attaché.

L'entrée au monastère et l'admission dans le clergé des colons et des décurions étaient soumises à certaines restrictions, quand toutefois elles n'étaient pas interdites, car la législation impériale à leur égard a subi bien des oscillations (1).

Les colons ou *adscriptitii* ne pouvaient quitter la terre à laquelle ils étaient annexés (*servi glebœ inhe-rentes*). Pour éviter la servitude de la glèbe, ils se réfugiaient dans les couvents ou demandaient à faire

______

(1) Serrigny, *loc. cit.*, t. II, p. 386 et suiv., p. 411. — Gide, Th. Doct., p. 69 et suiv., Paris, 1872.

partie du clergé. Ils n'étaient admis qu'à la condition
de continuer à cultiver leurs terres ou de trouver une
personne qui s'engageât à prendre leur place. Le consentement de leurs maîtres n'étaient pas exigé (Nov.
123 ch. 17). Par exception, le colon promu à l'épiscopat
était dispensé des devoirs du colonat. De même, les décurions, chargés du recouvrement des impôts, persé-
cutés et traqués par le fisc, cherchaient à se soustraire
à leur déplorable existence en se consacrant à la vie
religieuse. Ils devaient se faire remplacer ou abandonner à la curie tous leurs biens. Les colons et décurions pouvaient alors devenir clercs ou moines. Mais il
ne fut jamais permis aux églises et aux monastères
d'élever des prétentions sur les biens de ces deux classes
de personnes.

Ces quatre conditions réalisées, l'Église succède à
toute la fortune des clercs : *bona, quæ ad eum vel ad
eam pertinuerunt, sacrosanctæ ecclesiæ, cui fuerat
destinatus aut destinata, omnifariam socientur.*

Les dispositions qui attribuent à l'Église le patrimoine du clerc décédé intestat et sans parents émanent
d'une juste et sage interprétation. La succession, en
des circonstances semblables, devrait être dévolue au
fisc. Il est plus vraisemblablement conforme à la volonté secrète de l'ecclésiastique de l'adjuger à l'établissement religieux. Le clerc est sans famille et il est probable que, s'il eût fait un testament, il n'eût pas oublié
l'église à laquelle il était attaché.

§ II. — *Droit de succession des monastères.*

Maintenu dans d'étroites limites par les prédécesseurs de Justinien, le droit de succession des monastères prit, sous cet empereur, une grande extension et
devint une faveur exorbitante. Léon VI le Philosophe

compléta la législation et restreignit le privilège dont jouissaient les couvents.

I. — Droit avant Justinien.

La constitution de Théodose II et Valentinien III régit les monastères. Les dispositions qu'elle contient traitent simultanément et sans distinction des moines et des clercs.

Ainsi, le monastère succède aux biens du religieux décédé intestat et sans parents au degré successible. Pendant toute son existence, avant comme après son entrée au couvent, le moine conserve la libre disposition de son patrimoine. Le monastère n'est, en aucun cas, héritier réservataire. De plus, il ne succède pas aux biens du simple novice, c'est-à-dire, de celui qui n'est point encore entré en religion.

II. — Droit de Justinien.

La législation antérieure est profondément modifiée. Prêter à l'enrichissement des monastères le concours des lois de faveur et d'exception, tel est l'unique souci de Justinien.

Le moine est frappé de l'incapacité absolue et perpétuelle de disposer de son patrimoine. Parmi les textes qui consacrent formellement cette incapacité, le plus remarquable est l'*Authentique Ingressi*, célèbre dans les annales de la législation religieuse des peuples: «*Ingressi monasteria ipso ingressu se suaque dedicant Deo: nec ergo de his testantur: utpote nec domini rerum.*(1)»

Supposons que le religieux a fait un testament avant d'entrer au monastère. Quel est le sort des dispositions qu'il renferme ? Sa profession monastique n'entraine

____

(1) *L.* 13, *Auth. Ingressi, si qua mulier, De Sacr. Eccl.* — Nov. 123, ch. 38. — Nov. 5, ch. 5. — Nov. 76, prœf. — *l.* 20 *Auth. nunc autem, De Episc. et Cler.*

pas la chute du testament et les dispositions reçoivent
leur exécution: « *Qui in monasterium introire voluerit,*
dit la Novelle 5., ch. 5, *antequam monasterium ingre-
diatur, licentiam habere suis uti quo voluerit modo* ».
La loi 20, *De Episc. et Cler.*, n'est pas moins formelle :
« *Nunc autem cum monachus factus est : hoc ipso suas
res omnes obtulisse monasterio videtur, si prius testa-
tus non sit* ».

A défaut de testament, tous les biens que possède le
moine au jour de son entrée en religion passent au
monastère. Désormais le religieux ne peut plus en disposer soit entre-vifs soit par testament : *non erit dominus earum ulterius ullo modo* (Nov. 5, ch. 5). L'empereur Léon nous donne la raison de cette décision qu'il
déclare excellente (*optimum decretum*). « Celui qui,
pouvant disposer de ses biens avant son changement
d'état, en a changé sans user de cette faculté, peut alors
en être privé avec raison, puisqu'il s'est mis lui-même
dans l'impossibilité d'en jouir : *il est en quelque sorte
censé y avoir renoncé.* D'ailleurs, s'il a voulu s'affranchir des soucis de ce monde, il serait absurde qu'on
lui en fît encore supporter le fardeau. » (Const. V.).

Avant Justinien, le monastère n'était appelé à succéder que dans le cas ou le moine décédait *intestat.* Maintenant il recueille si le moine n'a pas fait de testament
avant de prononcer les vœux.

Nous venons de constater une première dérogation
aux règles posées par Théodose et Valentinien. Voici
une seconde dérogation. Le monastère était primé par
tous les parents au degré successible. Désormais, il
exclut tous les parents autres que les enfants. On le
considère, en effet, comme un fils: *monasterium est pro
filio,* disent les interprètes (Nov 123, ch. 38).

A défaut d'enfants, le monastère prend la totalité des

biens. Dans le cas contraire, plusieurs hypothèses peuvent se présenter.

1° Avant sa profession, le religieux a donné des biens à ses enfants, soit à titre de donation *ante nuptias*, soit à titre de dot, et la valeur de ces biens est au moins égale à leur légitime (*quartam ab intestato ejus substantiœ*). Dans ce cas, le surplus de la fortune appartient au monastère. Les enfants ne peuvent élever aucune prétention sur les biens de leur père.

2° Il ne leur a rien donné, ou il a donné moins du quart de leur part héréditaire *ab intestat*. Les enfants ont le droit de réclamer, au jour du décès, soit la totalité, soit le complément de leur légitime : *ne quid contingat circa liberos iniquum* (1).

Il est à remarquer que, dans cette hypothèse, le monastère est plus qu'un fils. Les enfants ne reçoivent que leur légitime, tandis qu'il recueille tout le reste de la fortune, le religieux n'ayant pas fait de testament.

3° Aux termes de la Novelle 123, ch. 38 : « Le religieux qui a des enfants et qui, avant son entrée au couvent, n'a ni disposé de ses biens, ni attribué à chacun d'eux la part que la loi leur réserve, a le droit, même après sa profession, d'opérer entre eux le partage de sa fortune. Mais il faut qu'il ne diminue la légitime d'aucun d'eux et que le partage ne porte pas sur la totalité de son patrimoine. La partie des biens qu'il ne donne pas à ses enfants est alors dévolue au monastère. »

4° Veut-il partager entre eux toute sa fortune ? Il doit compter le monastère au nombre de ses enfants. C'est la seule hypothèse où en réalité, dans la répartition des biens, *monasterium est pro filio*. Dans les autres hypothèses, cette formule indique simplement

____

(1) *C.* 20, Auth., *nunc autem, De Episc. et Cler.* — Nov. 5, ch. 5.

que le monastère, de même que les fils, exclut toute autre personne.

A partir de quelle époque la propriété des biens du religieux passait-elle au monastère ? Au jour du décès et non point au jour de l'entrée en religion. Le moine devenait incapable de disposer, mais il conservait le droit de propriété. « En principe, le religieux restait propriétaire et devenait incapable. Il n'était pas absorbé par l'être collectif que formait la congrégation ; seulement il était comme paralysé, et l'exercice de tous ses droits était transféré au monastère. Pour attribuer à la corporation non plus seulement l'usufruit, mais même la pleine propriété des biens du cénobite, il fallait plus encore. Il fallait la mort du religieux. »(1). Nous avons vu que le religieux pouvait faire le partage des biens entre ses enfants. Nous verrons bientôt qu'il avait la capacité de recevoir à titre gratuit et de disposer sous certaines réserves des biens ainsi acquis. C'est donc que le droit de propriété continuait à résider sur la tête du religieux. En rapprochant de ces considérations le maintien du testament fait avant l'entrée en religion, il faut conclure qu'en Droit romain, on ne saurait assimiler la profession monastique à la mort civile.

Le moine jouit, au point de vue des acquisitions à titre gratuit, de la capacité de droit commun. Il peut recevoir une donation, être institué héritier ou légataire, succéder *ab intestat*. Plusieurs textes défendent aux parents d'exhéréder, comme faisant preuve d'ingratitude, les enfants qui entrent contre leur gré dans un monastère. S'ils ne leur laissent pas la quarte légitime, il y a lieu à l'ouverture de la succession *ab intestat*. S'il est prouvé que les parents sont décédés

(1) Laisné Deshayes, *loc. cit.* p. 14.

sans disposer de leurs biens par acte de dernière volonté, les enfants recueillent l'hérédité, car il ne naît de leur vie religieuse, aucun obstacle à ce qu'ils soient appelés à succéder : *nullo eis impedimento ex sanctimoniali conversatione generando, sive soli, sive cum aliis ad successionem vocantur* (1). Notre ancienne jurisprudence fut tout autre ; elle consacra pour les moines l'inaptitude à succéder.

Le religieux peut donc acquérir des biens après son entrée au couvent. Mais peut-il en disposer librement, ou sont-ils dévolus au monastère ?

La question nous paraît fort délicate. Nous ne trouvons, en effet, sous le règne de Justinien et de ses successeurs jusqu'à Léon le Philosophe, aucun document législatif qui vise d'une façon spéciale la transmission de cette classe de biens. Par suite, on peut dire qu'à défaut de texte formel qui adjuge les biens au couvent, le religieux a la capacité de droit commun et conserve la libre disposition de ce nouveau patrimoine. De plus, le motif de l'incapacité de disposer des biens acquis avant la profession monastique ne saurait être reproduit. Comment supposer une renonciation tacite au profit du monastère ? Enfin, toutes considérations d'équité et de raison sont en faveur de cette première doctrine. En sens opposé, on peut alléguer que l'Authentique *Ingressi* et la Novelle 123, ch. 38, sont conçues en termes généraux : *Que tout citoyen, en prononçant les vœux, consacre sa personne et ses biens à Dieu*. N'est-ce pas dire que, par le fait de la profession, le moine cède au monastère l'exercice de tous ses droits, non seulement sur les biens présents, mais encore sur les biens à venir ? Nos textes ne font aucune distinction. Le religieux consacre à Dieu sa personne *pour*

(1) *L. 56 § 1, De Episc. et Cler.; l. 55, eod. tit. —* Nov. 123, ch. 41.

toute sa vie, de même il doit consacrer à Dieu *tous les biens qu'il acquiert jusqu'au jour du décès: se suaque dedicent*. Ne sait-on pas que l'Authentique *Ingressi* avait pour but l'exécution du vœu monastique de pauvreté ?

Aussi la question était-elle fort controversée. Il est même à présumer qu'en fait la doctrine de l'incapacité de disposer dut souvent prévaloir. Nous voyons, en effet, plus de trois siècles après Justinien, l'archevêque Stéphane et de nombreux évêques s'adresser, à plusieurs reprises, à l'empereur Léon VI et le prier instamment de résoudre une question sur laquelle planent le doute et l'incertitude, question de savoir s'il faut laisser ou ôter aux religieux la libre disposition des biens qu'ils ont acquis après avoir embrassé la vie religieuse. (Léon, Const. V).

La Novelle V, ch. 5, enlevait au religieux l'un des droits les plus chers à l'homme, celui de disposer de sa fortune, et en cela elle donnait lieu à une juste critique. On pouvait, il est vrai, par l'idée d'une renonciation tacite en faveur du monastère, justifier en quelque sorte l'incapacité dont le moine se trouvait frappé. Mais encore fallait-il, pour qu'il y eût renonciation, que la personne, avant de s'engager par les vœux, connût la prohibition de disposer plus tard de sa fortune. Or, la prohibition appliquée dans toute sa rigueur, atteignait les personnes entrées en religion avant la promulgation de la Novelle. Le religieux qui n'avait pas testé ou dont le testament était postérieur à sa profession, devenait incapable de transmettre ses biens à ses enfants, ses parents, ses amis. Justinien comprit qu'attacher un effet rétroactif à la loi nouvelle serait dépasser le but proposé et entraîner des conséquences déplorables pour les familles. Il décida que les religieux, entrés au monastère avant la promulgation de la loi, conserveraient, jusqu'à la fin de leur vie, la faculté de disposer de leur fortune. Telle fut la Novelle 76, de trois ans postérieure à la Novelle 5 (538).

L'empereur Justinien complète son œuvrè par l'examen de quelques cas particuliers, et donne des solutions toutes en faveur des monastères.

1° La Novelle 123, ch. 37, prévoit trois hypothèses : une personne donne des biens à ses enfants ou à des étrangers, à titre de dot ou de donation *ante nuptias*, sous la condition qu'ils contracteront mariage ou qu'ils auront des enfants ; ou bien elle les institue héritiers ou légataires sous la même condition ; ou encore elle dispose en leur faveur par acte de dernière volonté et les grève de substitution ou de restitution pour le cas où ils ne se marieraient pas ou n'auraient pas d'enfants. Le donataire, héritier ou légataire fait profession. La condition ne pouvant plus s'accomplir, il devrait perdre le bénéfice de la libéralité. Il n'en est rien. Justinien, considérant que le monastère tient lieu de fils, décide que la condition est réputée non écrite et qu'en conséquence le religieux est admis à recevoir ou conserver la libéralité. Toutefois, les objets ainsi donnés ou légués ne sont, comme les autres biens, attribués au monastère que si le moine abandonne son couvent ou s'il meurt intestat. Si le moine au contraire persévère dans son état jusqu'à la fin de sa vie, il peut les employer à des œuvres pies ou en disposer par acte de dernière volonté en faveur des mêmes œuvres. Dans un cas cependant cette faculté lui est ôtée. La substitution ou la restitution est-elle faite au profit du rachat des captifs ou pour subvenir à la nourriture et à l'entretien des pauvres ! La condition subsiste et la disposition doit être exécutée. Etrange doctrine qui, suivant les besoins de la cause, respecte ou méconnait la volonté du disposant? Faveur exorbitante qu'un prince tient à honneur de divulguer par une loi! Notre texte s'applique également aux clercs et aux diaconesses (l. 53 § 2, *De Episc. et Cler.*).

2º Si le religieux déserte le couvent, tous les biens qu'il possédait lors de son entrée en religion sont confisqués et la pleine propriété en est adjugée au monastère (*res autem quascumque habuerit dum in monasterium entrabat, eas dominii esse monasterii.*) C'est le seul cas où le droit de propriété ne continue pas à résider sur la tête du moine jusqu'à son décès. Le religieux est-il entré dans un autre couvent? La fortune qu'il avait au jour ou il s'est enfui appartient au monastère qu'il a abandonné. A-t-il quitté la vie monastique pour passer à la vie séculière? L'évêque doit le contraindre à revenir dans son couvent. Quant aux biens qu'il a acquis pendant sa nouvelle existence, ils sont dévolus au monastère (1).

3º Toute diaconesse que la présence d'un homme dans la maison qu'elle habite peut faire soupçonner d'inconduite est, après avertissement donné par l'ecclésiastique sous la dépendance duquel elle se trouve, privée de son ministère et enfermée dans un cloître. Si elle a des enfants, le partage de ses biens a lieu par tête entre elle et eux; la part qui lui compète est attribuée au monastère pour subvenir aux frais de nourriture et d'entretien. A défaut d'enfants, le couvent qui l'a recueillie et l'église à laquelle elle était primitivement attachée reçoivent chacun une moitié de sa fortune. (Nov. 123, ch. 30).

4º Justinien condamne à la peine de mort ceux qui ont ravi ou séduit une ascéte, une diaconesse ou quelqu'au-

____
(1) Nov. 5, ch. 4 — Nov. 123, ch. 42.

tre femme portant l'habit religieux. Leurs complices ont le même sort. Les biens des coupables sont confisqués. S'agit-il d'une femme qui habite un monastère, qu'elle soit diaconesse ou non, les biens sont adjugés en totalité à l'établissement où elle a été consacrée : *ut res omnes sacrosanctum monasterium pleno habeat dominio*. On doit cependant, à titre de consolation, donner à la victime les revenus d'une partie des biens. S'agit-il d'une diaconesse attachée à une église et vivant d'une existence indépendante ? La fortune du coupable est attribuée à cette église qui devra toutefois en céder l'usufruit à la victime. Les évêques de la localité où s'est accompli le rapt, les économes et les juges de la province ont mission de réclamer les biens. S'ils n'ont point été revendiqués au profit de l'établissement religieux dans l'année qui suit la découverte du crime, ils sont dévolus au fisc. Si la femme enlevée et séduite est une diaconesse et si elle a des enfants, ceux-ci ont droit dans tous les cas à leur légitime. Ceux qui ont connu le crime, récélé les coupables ou qui n'ont qu'indirectement aidé sont punis de mort, mais leurs biens ne sont pas confisqués. Enfin, peu importe que le rapt ait été accompli avec ou sans le consentement de la religieuse, la peine est toujours la même (1).

Telle est, sur la matière qui nous occupe, la législation de l'empereur Justinien. La constitution de Théodose II et Valentinien III témoignait de la piété de ces empereurs et de leur attachement à l'Église, mais ne contenait que des dispositions qui sauvegardaient l'intérêt des familles et respectaient les volontés dernières du disposant. Ces décisions si équitables et si raisonnables ont presqu'entièrement disparu sous le gouvernement d'une prince qui, dans l'entraînement

(1) *l.* 54 *De Episc. et Cler.* — Nov. 123, ch. 43.

d'un zèle religieux exagéré, prodigua la faveur aux *venerabiles loci*, et dont les actes législatifs ne s'inspirèrent que de l'unique désir d'accroître la richesse des établissements religieux. Les familles sont dépouillées au profit du cloître, la volonté du disposant est méconnue.

III. *Droit après Justinien.*

L'empereur Léon VI, dans sa réponse à l'archevêque Stéphane, maintient pour les moines l'incapacité de disposer des biens qu'ils possédaient avant leur entrée en religion. Quant aux biens acquis après leur profession, ils peuvent en disposer librement : *ut illi circa res postmodum comparatas liberum ratumque judicium sit, quomodocumque de illis statuere velit.* Toutefois, il importe de faire une distinction. Si le religieux a apporté des biens au monastère lors de son entrée, il peut disposer de la totalité des biens acquis dans la suite. Sinon, il ne peut disposer que des deux tiers ; le tiers restant est dévolu au couvent *(triens applicetur monasterio).* L'empereur fonde sur diverses considérations la solution qu'il donne à la question posée. On ne peut invoquer pour cette classe de biens, nous dit-il, l'idée d'une renonciation tacite en faveur du monastère. — Comment admettre que des hommes qui font profession de mépriser les richesses montrent une cupidité telle qu'ils s'approprient des biens sur de vains titres ? — Des devoirs de parenté et d'amitié incombent au religieux, par exemple, sa famille est dans la détresse, des amis dans l'indigence font appel à sa générosité. Comment pourra-t-il leur venir en aide, s'il n'a pas de fortune ? Serait-il convenable que ses confrères gardent les biens pour eux « *semblables à ces hommes avides et voraces qu'on voit dans un repas ne rien vouloir laisser aux autres convives.* » — Enfin, si tous les biens étaient attribués au monastère, le moine ne pourrait donner la liberté à un esclave ou assister les pauvres, en un mot, toute œuvre charitable lui serait interdite (Léon, const. V).

L'incapacité de disposer des biens acquis avant l'entrée en religion reçoit une exception dans le cas où le moine a fait profession dès l'âge de dix ans. On ne peut permettre alors au religieux de tester avant de prononcer les vœux. Il n'a point encore le discernement nécessaire pour accomplir un acte de telle importance ; d'autre part, il serait injuste que la réalisation de son pieux désir le rendît à jamais incapable. En conséquence, l'empereur Léon décide que l'entrée au monastère ne met point obstacle à ce que le religieux dispose de tous ses biens quand il aura l'âge requis par la loi. S'il meurt avant d'avoir atteint sa quatorzième année, tous ses esclaves deviendront libres. Les deux tiers des autres biens appartiendront au monastère, le tiers restant aux parents. S'il n'a pas laissé de parents, toute la fortune passera au couvent qui l'a reçu (Const. VI).

Ainsi, par ces deux constitutions où l'équité et la raison avaient enfin repris leurs droits, l'empereur Léon complétait la législation de Justinien sur l'aptitude des monastères à succéder aux religieux.

SECTION VII

Restrictions à la faculté d'acquérir

A côté de privilèges aussi importants que nombreux, on ne trouve dans les textes que fort peu de restrictions apportées à la capacité des établissements religieux d'acquérir à titre gratuit. Et encore ces restrictions furent-elles de courte durée.

En 370, une constitution de Valentinien I, Valens et

Gratien interdit aux ecclésiastiques et aux moines de fréquenter les maisons des veuves et des vierges, et de recevoir d'elles aucune libéralité, directement ou indirectement, par donation ou par testament : « *Et omne in tantum inefficax sit quod alicui horum ab his fuerit derelictum, ut nec per subjectam personam valeant aliquid, vel donatione, vel testamento percipere* » (C. Th. XVI, 2, 20). Les biens donnés contrairement à cette loi étaient dévolus au fisc. La règle nouvelle ne comportait qu'une exception relative à l'ecclésiastique qui était en même temps successeur *ab intestat*. Deux ans plus tard, la prohibition fut étendue aux évêques et aux religieuses (l. 22, *eod. tit.*) En 390, les émpereure Théodose et Valentinien II allèrent plus loin et défendirent non seulement aux moines et aux clercs, mais encore aux églises et aux pauvres de recevoir des diaconesses *per epistolam, codicillum, donationem, testamentum. (Nullam ecclesiam, nullum clericum, nullum pauperem scribat heredes.*) Les libéralités, faites en violation de cette loi, n'étaient plus attribuées au fisc, mais appartenaient aux héritiers, légataires ou fidéicommissaires.

Quelle fut la cause de ces diverses mesures de protection ? Elles n'eurent point pour but de prévenir le mal, mais de le réprimer. Il fallait que, dès le ıv^e siècle, on eût singulièrement abusé des libéralités envers l'Église, et que la spoliation des familles fût grande, pour que des empereurs, aussi zélés partisans de la foi chrétienne et de l'enrichissement des établissements religieux, aient consenti à prendre de telles décisions ! Les plaintes si fréquentes et les amers reproches des Docteurs et des Pères de l'Église prouvent que les ordres religieux n'étaient pas restés étrangers à la corruption générale : « J'ai honte de dire, s'écrie saint Jérôme, que les ministres des idoles, les

cochers, les bateleurs, les personnes au dernier rang
de la société peuvent recueillir une hérédité, et que
l'interdiction ne frappe que les moines et les clercs. Et
l'interdiction n'émane pas de persécuteurs, mais d'empereurs chrétiens ! Je ne me plains pas de la loi, je
gémis de ce que nous l'avons méritée. Le remède est
sage, le malheur est que nous ayons besoin de remède.
Si la loi est sévère, elle est prévoyante, mais, hélas !
elle ne peut à elle seule mettre un frein à l'avarice.
Nous échappons à la loi par le fidéicommis, et comme
si les édits des empereurs étaient plus puissants que
les préceptes de Jésus-Christ, nous redoutons les lois
des hommes et méprisons la loi de Dieu... Que l'Église
soit héritière de ceux qu'elle a nourris et élevés, comme
la mère de ses fils, c'est justice ; mais nous, pourquoi
nous interposer entre la mère et les enfants (1) !» Saint-
Augustin disait encore à ceux qui voulaient gratifier
l'Église : « Nous n'avons que faire de vos biens, nous
n'en avons que trop reçu !... Que celui qui veut, en
exhérédant son fils, instituer l'Église héritière, cherche
un autre qu'Augustin pour accepter la libéralité. Grâce
au ciel, il ne trouvera aucun évêque. » Saint-Augustin
se trompait, il y en eut, au contraire, beaucoup qui ne
suivirent pas l'exemple d'une si noble conduite.

Les mesures de protection, dont nous avons donné la
substance, étaient condamnées à disparaître de bonne
heure. Certes, elles se justifiaient par cette considération, que de tous les donateurs les vierges, les veuves
et les religieuses sont les esprits les plus faibles et, par
suite, les plus portés à se laisser aller à des largesses
inconsidérées, sous l'empire d'un entraînement religieux. Mais les libéralités excessives et les abus n'é-
taient que le signe, la manifestation extérieure du
mal, la racine en était plus profonde. D'une part, la

faiblesse constitutive du pouvoir impérial et l'impossibilité si souvent démontrée de réformer les mœurs par
les lois auxquelles on échappe toujours ; d'autre part,
la puissance de l'Église si fortement constituée, l'influence de l'élément ecclésiastique qui pesa't lourde-
ment sur le pouvoir civil, et enfin les récriminations
sans nombre que fit entendre le clergé, devaient forcément conduire à l'abrogation de ces quelques lois de
répression.

Dès l'année 390, quelques mois à peine après sa promulgation, la constitution des empereurs Théodose le
Grand et Valentinien II fut rapportée (1. 28, *eod. tit.*).
En 455, la prohibition édictée par Valentinien Ier, Valens
et Gratien fut levée par les empereurs Valentinien III
et Marcien, quant aux dispositions testamentaires.
Toute libéralité par acte de dernière volonté adressée
par une veuve, une vierge ou une religieuse à une
église, à un martyr, à un clerc, à un moine ou aux
pauvres, était valable et recevait une pleine exécution
(1. 13, *De Sacr. Eccles.*). L'incapacité de faire une
donation entre-vifs disparut bientôt après, comme nous
l'a révélé, au cours de notre étude, le commentaire de
plusieurs constitutions des successeurs de Valentinien Ier, Valens et Gratien.

CHAPITRE IV.

Pleine liberté de fonder des établissements religieux, sous la seule surveillance de l'autorité épicopale ;

Personnalité juridique concédée à la totalité des *venerabiles loci* ;

Capacité absolue d'acquérir tant à titre gratuit qu'à titre onéreux ;

Acceptation des libéralités entièrement exemptes de tout contrôle du pouvoir civil ;

Concession de privilèges parfois exorbitants ;

Restrictions fort rares et du reste toutes passagères à cette faculté d'acquérir ;

Telle fut la situation créée par la législation impériale à l'égard de l'Église chrétienne.

Au milieu des lois sans nombre qui régissent les établissements de la religion chrétienne, le système général du Code et des Novelles se dégage avec une parfaite netteté. Il tend à multiplier indéfiniment les biens de l'Église ; dès qu'il s'agit d'une acquisition, toutes les voies sont ouvertes. L'empereur accorde aux *venerabiles loci* tout le droit commun, plus que le droit commun ; les privilèges succèdent aux privilèges, les immunités aux immunités (1) ; la faveur dont jouit l'Église va croissant tous les jours. Les membres du clergé sont comblés des plus grands honneurs et revêtus des plus hautes dignités de l'État.

(1) Voy. dans le Liv. XVI du Code Théod. la longue liste des privilèges et exemptions de charges concédées à l'Église.

Le législateur ne songe pas seulement à favoriser
de toute manière l'enrichissement illimité des églises,
hospices et monastères. Par une conséquence toute naturelle, il pense qu'il est également bon de les empêcher de
se ruiner. Aussi, après la liberté la plus vaste d'acquérir,
vient la prohibition la plus générale et la plus formelle
d'aliéner. Pour sanctionner cette prohibition et mettre
obstacle à toute aliénation, les acquéreurs des biens ecclésiastiques sont soumis à un régime sévère et excep-
tionnel (1).

Le système général du Code et des Novelles peut
donc se résumer en ces quelques mots : faciliter les
acquisitions, entraver les aliénations par tous les
moyens possibles : privilèges quand il s'agit d'acquérir,
incapacité quand il s'agit d'aliéner.

Que ressort-il de la législation impériale à l'égard des
établissements de la religion chrétienne et de la situation qui leur était ainsi créée ?

Le fait manifeste, c'est la toute-puissance de l'Église.
La conséquence immédiate et la plus importante, celle
qui se présente naturellement à l'esprit, c'est l'immense
développement du patrimoine ecclésiastique. L'Église
inspire, dicte, modifie et renouvelle sans cesse les lois.
Elle concentre chaque jour entre ses mains des propriétés nouvelles, tandis que les biens des cités tendent
à disparaître peu à peu. Comme on l'a si justement fait
observer, on peut déjà prévoir le temps où elle prendra,
dans la société du moyen âge, une place plus grande
encore : elle-même alors fera sa loi, de même qu'elle
l'interprétera. (2)

(1) Voy. au Code Just. les Constit. 17, 21, 24 § 2 et 3, 25, 64, *De Sacr,
Eccl.*, Liv. I, Tit. II.

(2) Voy. *Revue hist. du Droit français et étranger*, 1860, t. VI : *De l'aliénation et de la prescription des biens des églises, dans le Droit du Bas-
Empire et des Capitulaires.*

Nous connaissons les causes du rapide enrichissement des églises, établissements de bienfaisance et monastères. Trois siècles de luttes et de persécutions avaient appris aux fidèles qu'ils ne devaient compter que sur eux-mêmes, et que leurs libéralités et leurs pieuses offrandes constituaient le seul moyen d'existence des *venerabiles loci*. Les sentiments d'humanité et de fraternité étaient dans tous les cœurs, et la charité fut toujours considérée comme la première des vertus. Aussi de toutes parts vers l'Église affluaient des dons de toutes sortes. Après le triomphe de la foi chrétienne, la puissance et la richesse du clergé, les secours aux pauvres et aux deshérités de ce monde furent encore le but unique de toutes les pensées. A ces libéralités vinrent alors se joindre les largesses que les empereurs, dans leur zèle de néophytes, adressaient aux établissements religieux. On comprend aussi la faveur qui leur fut accordée par un pouvoir qui sur son déclin avait besoin, plus que jamais, d'être soutenu par l'alliance étroite entre le Sacerdoce et l'Empire.

La législation impériale répondait donc aux vœux des fidèles, à un irrésistible courant d'idées généreuses. Sujets et empereurs rivalisaient de zèle envers l'Église.

En général, nulle plainte, nul murmure de leur part ne se fit entendre, en présence de l'accroissement excessif des richesses des *venerabiles loci*. Nulle jalousie, nulle crainte ne parut les arrêter dans la voie des libéralités. Nul soupçon ne vint effleurer le prestige de l'Église et la confiance qu'elle avait su inspirer.

Seul, le clergé comprit le danger et en mesura la grandeur. Comme il arrive toujours, le privilège n'avait pas tardé à engendrer l'abus, et la faveur à entraîner les plus tristes conséquences pour la dignité et la conduite des clercs et des religieux. La constitution de 321, en per-

mettant aux établissements religieux d'acquérir des
biens, avait amené de grands désordres et Saint-Jérôme
a pu dire que l'Église était à la vérité devenue plus
puissante et plus riche sous les empereurs chrétiens,
mais qu'elle était aussi moins vertueuse : « *potentia
quidem et divitiis major, sed virtutibus minus facta
est.* » (1)

Certes, Constantin ne pouvait se douter qu'il inaugu-
rait, à l'égard de la religion nouvelle, une politique et
une législation qui devaient aboutir à de tels résultats !
Du reste, dans la pensée de l'empereur, la plainte d'inoffi-
ciosité, qui subsistait toujours, était suffisante pour
protéger les droits de la famille contre des libéralités
trop considérables faites à l'Église. De plus, à l'origine, si grande que fut la liberté de disposer au profit des *venerabiles loci*, le danger n'était ni immédiat
ni apparent. L'autorité épiscopale exerçait un contrôle
des plus actifs et des plus minutieux. Les évêques,
chargés de l'administration des biens ecclésiastiques,
étaient, en cette qualité, délégués pour accepter ou refuser les donations ou les legs adressés aux établissements religieux. Toutefois, les communautés ne recon-
nurent jamais l'ingérence épiscopale dans l'administration de leur fortune (2). Nous connaissons les belles
paroles de Saint-Augustin qui refusait les donations
pieuses faites au détriment des familles (3) Malheureusement tous les évêques n'eurent pas la grandeur
d'âme de Saint-Augustin. Ce contrôle tout moral et qui

(1) *Hieron., In Vita S. Malchi.*

(2) Guizot, *Hist. de la civilisation en France*, t. I, p. 429 ; — Trochon,
Du régime légal des communautés religieuses en France, p. 8.

(3) Voy. ci-dessus, Chap. III, Sect. VII : *Reliquas eum hereditates re-
cusasse novimus, non quia pauperibus inutiles esse possent, sed quoniam
justum et æquum esse videbat, ut a mortuorum vel filiis, vel parentibus,
vel affinibus magis possiderentur. (Possid., in vita Aug., cap. 24).*

faisait appel à la conscience seule devint insuffisant. Les évêques ne mirent bientôt plus obstacle à l'exaltation religieuse qui entraînait les fidèles à se dépouiller de leurs biens et à dépouiller leurs parents au profit des églises, hospices et monastères. Ils se prêtaient à la violation des lois sur les successions, en raison de la sainteté du but, et acceptaient les biens qui leur étaient donnés par fidéicommis (1). « Quoi qu'il en soit, dit M. Trochon, l'"extrême liberté laissée aux testateurs n'était restreinte par aucun texte. Et si l'on réfléchit que chaque ecclésiastique, chaque religieux, conservant la jouissance pleine et entière de ses droits civils, pouvait faire à l'établissement auquel il appartenait toutes les dispositions testamentaires qu'il jugerait convenable, sans qu'on pût leur faire subir la moindre réduction, on comprendra facilement les abus qui devaient nécessairement résulter d'une pareille situation, et quelle atteinte funeste un tel état de choses devait porter à l'intérêt de la famille et au crédit social par la spoliation des héritiers naturels et la constitution de la mainmorte..... De plus les évêques n'étaient chargés de surveiller que les libéralités faites à la communauté et non celles faites au clerc, à l'individu en particulier. On usait à outrance de cette liberté de donner d'un côté, de recevoir de l'autre, que les lois avaient jusqu'alors prohibée en faveur des associations des chrétiens. L'entraînement était d'autant plus immodéré que l'on jouissait du droit depuis moins longtemps. L'exagération des libéralités donnait la mesure de l'effervescence et de l'exaltation des esprits (2).

---

(1) Voy. Paul Bernard, *Étude hist. sur le droit de réduction dès libéralités faites aux établissements publics*, broch., p. 5, Auguste, Durand, Paris, et *Revue hist. du Droit français et étranger*, 1864, t. X.

(2) *Op. cit.*, p. 7-8.

Saint-Jérôme n'était point seul à dire que l'immense développement des richesses de l'Église avait enfanté les plus regrettables abus et que la société religieuse avait participé à la corruption générale. Les mœurs des clercs et des moines avaient perdu de leur pureté et de leur simplicité premières ; une vocation religieuse sincère et profonde n'était plus toujours la cause déterminante de l'entrée dans un cloître. Les monastères n'abritaient plus seulement des âmes avides de recueillement et de prières, mais des personnes que la perspective du bien-être et d'une existence paisible attirait de toutes parts. Les écrits des Docteurs et des Pères de l'Église contiennent les plaintes les plus amères et les plus sombres tableaux. Saint-Chrysostôme décrit en détails la situation fâcheuse des évêques et autres ecclésiastiques, qui, depuis que l'Église a acquis de grands biens, délaissent leurs emplois pour vendre les produits de leurs domaines, avoir soin de leurs métairies, et passent une partie de leur temps à plaider. Son plus ardent désir est de voir l'Église revenir à l'état où elle était au temps des apôtres, alors qu'elle n'obtenait que les aumônes et les offrandes des fidèles (1). Saint-Jérôme rapporte qu'il n'y avait pas d'artifices dont les moines de son temps ne se servissent pour attirer à eux les biens des particuliers : « *ecclesiam auro,* dit-il, *non strui, sed potius destrui.* » (2). Saint-Hilaire (3), Saint-Ambroise (4), Saint-Grégoire de Nazianze, Saint-Bazile, en un mot, tous les grands Docteurs de l'Église s'élèvent avec énergie contre les tendances nouvelles des clercs et des moi-

(1) Voy. Jérôme Acosta, *De l'origine et des progrès des revenus ecclésiastiques,* t. I, p. 45 et suiv.

(2) Sulp. Sévère, *Dial.* — Hiéron., *Epist. 22 ad Eustoch.; Epist. 2 ad Nepotian.*

(3) *Comm. in Psal.* Matth., 23, 14.

(4) *Sermo VII, De Cleric.*

nes (1). Les reproches, les plaintes si vives et si amères que fit entendre, chose fort remarquable ! le clergé lui-même, les quelques lois de restriction promulguées par des empereurs absolument dévoués à la cause de la foi nouvelle, au sein d'une société obéissant au plus impérieux des entraînements religieux, sont un signe des temps.

Sous Justinien, l'Église possédait les plus vastes domaines et l'influence cléricale et monastique arrivait à son apogée. « On était loin déjà de ces temps primitifs, a fort bien dit M. Paul Bernard, où les évêques étaient à la fois les représentants des héritiers lésés et du domaine ecclésiastique, les défenseurs des parents injustement exhérédés aussi bien que des pauvres. Ce pouvoir de transaction entre des intérêts également sacrés, que les premiers évêques, dans leur charité évangélique, avaient pris pour règle suprême dans l'exercice de leur délégation, était aboli par la volonté souveraine chargée de le faire respecter. Désormais la loi du testateur était absolue quant à la faculté de dépouiller ses héritiers ; et malheur à l'évêque qui voudrait, à l'exemple du grand Augustin, ne pas accepter l'hérédité qui blessait les droits de la piété paternelle ou filiale, car outre les malédictions du ciel il souffrirait le courroux du souverain. La conciliation des droits des pauvres de la cité et des pauvres de la famille méconnue, l'intérêt des familles fut bientôt foulé aux pieds, et, dans ces nombreuses constitutions où les règles les plus minutieuses sont établies pour assurer l'exécution des legs pieux, il n'est pas nommé

____

(1) Jérôme Acosta, *loc. cit.*. — Naudet, *Admin. de l'Empire romain*, t. II, p. 263. — Brissonnet, *Des dons et legs aux établissements religieux*, p. 54, Th. Doct., Poitiers, 1881. — Troilon, *op. cit.*, p. 11, *op. cit.*, p. 7.

une seule fois. L'intérêt de tous, c'est l'intérêt de l'É-
glise..... » (1).

Le législateur romain ne comprit pas le péril que
créait, pour les établissements religieux, une situation
privilégiée entre toutes. L'Église ne sut point se rendre
compte que, par l'abus de cette situation et l'accumula-
tion des richesses, elle se faisait à elle-même le plus
grand tort et qu'elle allait bientôt appeler, avec le mécontentement général, la jalousie des grands et la haine
de ceux qu'elle avait dépouillés.

Terribles conséquences dont l'histoire des siècles à
venir va nous permettre de constater de si nombreux
exemples !

(1) *Op. cit.*, p. 7.

ANCIEN

DROIT FRANÇAIS

Du v⁰ au xix⁰ siècle, la législation des établissements religieux a subi une transformation complète. Partie de la liberté, elle aboutit presque à l'asservissement.

Pendant les premiers siècles, l'Église vit sous la loi romaine. C'est dire qu'elle jouit de la capacité la plus vaste d'acquérir. Elle est toute puissante et son domaine est immense. Telle nous l'avons vue en face des empereurs romains, telle nous la retrouvons en face des rois barbares. Elle donne au pouvoir séculier l'appui moral qui lui manque. En retour, elle lui demande aide et protection.

Plus tard, la capacité consacrée par la doctrine romaine disparaît peu à peu. Dès le xi⁰ siècle, l'ère des restrictions est ouverte. A la liberté absolue de fonder des établissements religieux et de recueillir les libéralités offertes par les fidèles, va succéder l'obligation d'obtenir l'assentiment du roi, des lettres-patentes enregistrées au Parlement, et cela, non seulement pour la fondation et l'existence juridique des maisons religieuses, mais encore pour la validité de l'acceptation de chaque donation pieuse. L'interdiction qui frappait jadis le religieux va faire place à une incapacité radicale, à une véritable mort civile. Et chose étrange, c'est au moment même où, après la renaissance du Droit romain au XIVe siècle, les légistes s'appliquent à extraire du Digeste les formules du pouvoir absolu, que nous voyons les jurisconsultes français, d'innovation en innovation, prendre à l'égard de l'Église le contre-pied des décisions romaines !

Enfin la Révolution de 1789 porte le dernier coup à la puissance matérielle des établissements religieux. Leurs biens sont confisqués et mis à la disposition de la nation, à la charge de pourvoir aux frais du culte, à l'entretien de ses ministres et à l'assistance des pauvres.

Pour étudier avec méthode et clarté l'histoire des acquisitions de biens par les établissements religieux et charitables sous notre ancienne jurisprudence, nous diviserons notre travail en quatre parties correspondant aux quatre périodes distinctes que comprend l'ancien Droit français.

    I.   Epoque franque.
    II.   Époque féodale.
    III.   Monarchie absolue.
    IV.   Révolution.

Nous rechercherons quel est, au point de vue qui nous occupe, le caractère distinctif de chacune de ces périodes et nous répondrons aux questions suivantes :

1° Quelles sont les conditions requises pour la fondation et la naissance à l'existence civile des établissements religieux ?

2° Quelle est leur capacité d'acquérir ?

PREMIÈRE PÉRIODE

ÉPOQUE FRANQUE

Cette première période est marquée par un trait
caractéristique qui est la prépondérance absolue de
l'Église..

Apr s l'édit de Milan (313) qui consacrait la liberté
des cultes et assurait le triomphe de la foi chrétienne,
on vit apparaître de toutes parts en Gaule, les trois
classes d'établissements religieux qui ont fait l'objet
de nos études en Droit romain : églises, hospices et
monastères. En l'année 360, Saint-Martin de Tours
jette à Ligugé, près Poitiers, les fondements du premier
monastère de la Gaule. Les églises et les hospices
étaient déjà en nombre considérable. M. Guizot a indiqué les causes du rapide développement des fondations pendant le $\mathrm{iv^e}$ et le $\mathrm{v^e}$ siècle (1).

Dans le naufrage universel qui suit l'invasion des
Barbares, alors que s'effondrent à la fois les institutions
et les forteresses du vieux monde romain, l'Église chrétienne seule reste debout au milieu de tant de ruines.
Par la puissance de son dogme et de son organisation,
par sa discipline et son énergie, par la splendeur de
son culte et la magnificence de ses cérémonies, elle
étonne et convertit les Barbares. Elle oppose à l'ignorance des vainqueurs la science de son clergé ; aux
violences si fréquentes en ces temps de barbarie, elle

(1) *Histoire de la civilisation en Europe*, 6ᵉ Leçon.

répond par l'enseignement de la charité et de la fraternité : « Les Barbares s'inclinent devant cette force supérieure, qui subjugue les guerriers en dédaignant les armes. Incapables de se gouverner, ils se plient d'eux-mêmes sous cette domination bienfaisante qui leur donne, avec les sciences du vieux monde, ces notions d'ordre, de vertu, de justice, fondements nécessaires d'une société durable. Les évêques sont les conseillers des rois. Les conciles deviennent des assemblées politiques autant que religieuses, et la distinction des Capitulaires et des Canons est difficile à indiquer. C'est l'Église qui rédige les uns et les autres ; le prince les reçoit de ses mains et assure, par la force matérielle, l'efficacité des seconds comme des premiers » (1). « Il faut, dit le roi Gontran (585), pour assurer à la justice et à l'équité leur universel empire, que la répression du juge comprime ceux que ne corrige pas la parole du prêtre. *Convenit ergo ut justitiæ et equitatis in omnibus vigore servato distringat legalis ultio judicum quos non corrigit canonica prœdicatio sacerdotum* » (2).

Au jour du danger, quand l'Église est en butte aux attaques des grands et des rois qui envient ses richesses et ses biens et ne s'immiscent dans ses affaires que pour les lui ravir, elle proclame hautement, pour se défendre, la séparation du pouvoir spirituel et du pouvoir temporel, et leur indépendance réciproque (3). Elle sort victorieuse de ces premières luttes, et sa puissance est telle que l'on voit sous les faibles successeurs de Charlemagne, le concile de Paris (825) décréter la supériorité du pouvoir des prêtres sur celui des rois et les

(1) Laisné Deshayes, *op. cit.*, p. 17.
(2) Baluze, *Capitul.*, t. 1, p. 9-10.
(3) Voy. Guizot, *op. cit.*, 5e et 6e Leçon.

conciles de Compiègne (833) et de Saint-Denis (834) déposer un empereur et disposer de la couronne.

Ainsi, par son omnipotence et sa bienfaisante influence, l'Église jette les germes de la civilisation dans la société nouvelle. Les moines contribuent pour une large part à cette œuvre, et jouent un grand rôle pendant cette époque si tourmentée. « Du fond des déserts d'Orient et d'Afrique, écrit M. de Montalembert, Dieu fait sortir une nuée d'hommes plus intrépides et plus patients, plus infatigables et plus durs à eux-mêmes, que ne furent jamais ni romains ni barbares. Ils se répandent sans bruit dans tout l'Empire, et quand l'heure de sa ruine a sonné, ils sont debout, en Occident comme en Orient. Les barbares arrivent, et à mesure qu'ils avancent, à côté d'eux, devant, derrière, partout où ils ont passé avec l'incendie et la mort, d'autres armées viennent camper en silence, d'autres colonies se forment, se groupent et se dévouent à réparer les misères de l'invasion et à recueillir les fruits de la victoire. Puis, quand les exterminateurs auront tout envahi, tout ravagé, tout conquis, un grand homme paraîtra. Benoît sera le législateur du travail, de la continence et de la pauvreté volontaire; il comptera par milliers ses enfants qui seront ses soldats. Il lui en viendra de parmi les barbares; le chef de ceux-ci se prosternera devant lui. Il le relèvera à titre de vassal et d'auxiliaire. Il écrira une règle, qui pendant six siècles luira sur l'Europe comme un phare de salut, et qui sera la loi, la force et la vie de ces légions pacifiques destinées à inonder à leur tour l'Europe, mais pour la féconder, pour relever ses ruines, cultiver ses champs dévastés, peupler ses déserts et conquérir ses conquérants. L'Empire romain sans les barbares, c'était un abîme de servitude et de corruption. Les barbares, sans les moines, c'était un chaos. Les barbares et les moines réunis vont refaire un monde qui s'appellera la chrétienté » (1).

Après l'invasion, les peuples vaincus conservèrent leur législation. La personnalité des lois, à cette époque, est un fait historique incontesté. Les établissements religieux continuèrent à être régis par le Droit romain, c'est-à-dire par le Code Théodosien.

En effet, la Gaule n'était plus sous la dépendance de l'Empire, quand parut le Recueil des lois de Justinien. Par suite, ce Recueil ne put pas s'y substituer, dans la pratique, au Code Théodosien, qui resta en usage chez les Gallo-Romains et dans l'Église.

La loi des Ripuaires dit expressément que l'Église vivait sous la loi romaine. « *Jubemus ut qualiscumque Francus Ripuarius servum suum pro animæ suæ remedio libertare voluerit... et Episcopus Archidiaconum jubeat ut ei tabulas secundum legen romanam,* quâ Ecclesia vivit, *scribere faciat* » (Titre 58, § 1). Le premier concile d'Orléans (511), can. 1, et le second concile de Tours (567), can. 20, en donnent une nouvelle preuve. (Labbe, t. IV, col. 1404; t. V, col. 859). « Je termine, dit Pardessus dans la seconde *Dissertation* sur la loi salique, en faisant observer que les établissements ecclésiastiques et tous les membres du clergé, quelle qu'eût été leur loi d'origine, étaient régis par le Droit romain. Ce principe n'est l'objet d'aucune controverse » (2).

(1) *Les Moines d'Occident*, t. I, p. 35 et s.

(2) *Lex romana, sive Codex Theodosianus erat... adeoque propter hanc causam et Principes Ecclesiis concesserunt usum hujus Legis...* (Baluze, Capitul.; Notæ, t. II, p. 995-996). — Adde : De Laurière, *Origine du Droit d'Amortissement*, p. 8. — Du Cange, Voc. *lex romana*. — Montesquieu, *Esprit des lois*, Liv. XXVIII, ch. IV : « Le pays qu'on appelle aujourd'hui la France fut gouverné, dans la première race, *par la loi romaine ou le Code Théodosien...* »

La situation juridique des établissements religieux, à l'époque franque, était donc telle que l'avait crée la législation romaine. Nous devons en conclure :

1° Le pouvoir civil n'intervient pas pour autoriser la fondation des églises, hospices et monastères. Le consentement seul de l'évêque est exigé. Par l'unique fait de leur fondation, ces établissements naissent à l'existence civile ;

2° Ils ont la capacité absolue d'acquérir à titre gratuit et à titre onéreux.

Reprenons avec quelques détails ces conclusions que n'admettent pas tous les auteurs, et étudions-les dans le domaine du droit et dans le domaine des faits.

CHAPITRE I

I. *Autorisation de l'évêque.*

Nul ne peut fonder un établissement religieux, s'il n'a préalablement obtenu le consentement de l'autorité épiscopale. Les conciles et les capitulaires sont formels sur ce point.

Le canon 27 du concile d'Agde, convoqué par Alaric en 506, porte : « *Monasterium novum, nisi episcopo aut permittente, aut probante, nullus incipere, aut fundare præsumat* » (Labbe, t. IV, col. 1387).

Le IVᵉ concile de Chalcédoine (451), canon 4, montre que la prohibition s'étendait également aux églises « *Visum est nullum usquam ædificare nec cons- truere posse monasterium, vel oratoriam domum, præ- ter sententiam ipsius civitatis episcopi* ». Charlemagne, dans son premier capitulaire de 789, sanctionna cette prohibition (1).

Il en est de même des établissements de bienfaisance. « Les hôpitaux, écrit Fevret, ne pouvaient être bâtis sans la permission de l'évêque. Le Canon 15 du saint Concile d'Orléans fait voir comme le roy Childebert et Ultrote, sa femme, ayant fondé un hôpital dans Lyon, en eurent la

(1) Labbe, t. IV, col. 757. — *Capitul. Aquisgranense,* cap. 22 (Baluze, t. I, p. 222). — Adde : *Concil. Aurelianense* I, can. 22 (511) (Labbe, t. IV, col. 1408) — *Concil. Bacarense* III, can. 5 (572) (Labbe, t. V., col. 397) — Guy du Rousseaud de Lacombe, *Recueil de jurispr. canonique, Monastère,* sect. II, art. I. — Fevret, *Traité de l'Abus,* t. I, p. 97, nº 3.

permission de l'archevêque et des évêques circonvoisins. Et sans doute il est très raisonnable que l'évêque donne la permission de bâtir des hôpitaux, églises et oratoires qu'on veut construire dans l'étendue de son diocèse : car c'est œuvre de piété qui ne se peut entreprendre ni exécuter légitimement que par sa participation. D'ailleurs c'est à luy de pourvoir du lieu où l'église doit être construite et de prendre garde que *œdificetur in loco decenti*. C'est aussi du devoir de sa sollicitude pastorale d'adviser que la nouvelle église ne préjudicie point aux anciennes déjà bâties ».

II. *Autorisation du roi.*

Il est certain qu'au XVIIe siècle les monastères ne pouvaient se fonder sans une autorisation royale. Un édit de Louis XIII, en date du 21 novembre 1629, contient une prohibition formelle dans l'article 1er : « Il ne pourra ci-après être fait aucun établissement de monastères maisons et communautez régulière et religieuse de l'un ou l'autre sexe, en quelque ville et lieu que ce soit, même des ordres ci-devant reçus et établis dans le roïaume, *sans notre expresse permission*, par lettres signées par l'un de nos secrétaires d'État, et scellées de notre grand sceau, afin que nous puissions juger de l'utilité d'iceux, et selon les occasions, ordonner et assigner les lieux et villes auxquelles nous jugerons plus à propos de les faire établir, pour l'utilité de nos sujets et avancement de la foi et religion catholique, apostolique et romaine. »

Mais la permission du roi était-elle nécessaire dès les premiers temps de la monarchie ? C'est un point fort débattu.

Nous avons vu qu'une question analogue et très controversée est celle de savoir si, dans le Droit du Bas-Empire, l'État intervenait pour autoriser la fondation des communautés religieuses. Nous avons, on se le rappelle, admis la négative et posé comme principe que le consentement de l'autorité épiscopale était seul requis. En conséquence, dès le début de cette nouvelle étude, nous avons conclu qu'à l'époque franque, l'Église vivant sous la loi romaine, les monastères, comme tous les autres établissements religieux, se fondaient librement.

Tous les auteurs modernes ne partagent pas cette opinion. Quant aux auteurs des XVIIe et XVIIIe siècles, ils sont unanimes à repousser notre doctrine et ils enseignent qu'à l'autorisation de l'évêque devait se joindre, dès le VIe siècle, l'autorisation du roi. « Personne n'ignore, dit Rousseaud de Lacombe, qu'il ne se peut faire d'assemblée dans le royaume sans l'autorité du souverain. *Cette maxime est écrite dans les anciennes lois et dans les ordonnances de nos rois.* » (1) « L'on ne peut, en ces mêmes établissements de Monastères et Collèges religieux ou séculiers, écrit Fevret, *obmettre sans abus la permission du roy*, duquel il faut obtenir lettres patentes à cet effet : car en premier lieu, il y va de l'intérest de sa Majesté, d'interposer son authorité en tels établissements *parce que les Loix romaines... D'ailleurs c'est une maxime politique de tout temps approuvée de ne point admettre aucunes Religions, ny souffrir aucuns établissements de Monastères, sans le vouloir et approbation du prince.* Car non seulement en France, mais dans tous les Éstats et Républiques du monde, il n'a point été permis d'admettre ou reconnaître pour citoyen l'étranger, s'il n'avait la permission du Souverain ou de ceux qui avaient l'authorité du Gouverneur ; n'est-il pas bien raisonnable que les nouveaux ordres qui se veulent loger et bâtir dans les Villes du Royaume, ayent

____

(1) *Op. cit., Monastère,* sect. II, art. III.

en main les lettres-patentes de sa Majesté contenans pouvoir et permission de ce faire ? » (1). Dans la suite du texte l'auteur donne, à l'appui de la maxime qu'il invoque, plusieurs arguments dont nous examinerons bientôt la valeur. Ferrière n'est pas moins affirmatif. « Comme le roi est à la république, comme l'âme est au corps, il ne se doit rien faire de public dans l'État, sans la permission de celui qui en est l'âme, le chef, le soutien. *C'est pourquoi on a toujours tenu pour maxime indubitable, que personne ne peut établir aucune congrégation, corps, collège ou communauté, soit pour la religion, soit pour la police civile, sans la permission du prince* » (2).

Dans son Traité du régime légal des communautés religieuses, M. Trochon a présenté la liste complète des arguments sur lesquels se fondent les auteurs anciens et modernes, pour établir que le principe de l'autorisation royale fut introduit dans notre Droit, dès les premiers temps de la monarchie. Ces arguments sont-ils la condamnation de notre doctrine ? Prouvent-ils qu'on avait dérogé, en cette matière, aux règles du Droit du Bas-Empire ? Telle est la question à laquelle nous allons essayer de répondre.

M. Trochon, d'après Fevret, invoque plusieurs textes (3) :

1° Surius, qui a composé un Traité *De probatis sanctorum vitis*, rapporte qu'au VIIe siècle Saint-Valéric, voulant construire un monastère à Amiens, s'adressa

---

(1) Fevret, *Traité de l'Abus*, t. I, p. 99, n° 8 et 9.

(2) *Nouv. Comment. sur la Cout. de la prév. et vicomt. de Paris.* — Adde: Le Vayer de Boutigny, *Dissert. sur l'autor. légit. des rois en matière de régale*: « Nous tenons pour maxime, qu'on ne peut, *sans permission expresse du roi*, instituer des communautez ni des confrairies nouvelles, encore que c[e] ne soit que pour faire des prières. » — Domat, *les Lois civiles*, t. III, *Du droic[t] public*, liv. L tit. II, sect. II, n° 14.

(3) Trochon, *op. cit.*, p. 42 et suiv. — Fevret, *loc. cit.*

au roi Clotaire II : *Porrò Clotarius rex*, dit cet auteur, *consensu Ambianensis antistitis, ita ut petierant, locum eis secretum largitus est... et monastico instituto bene opportunum.* Le roi Clotaire, du consentement de l'évêque d'Amiens, concéda à des religieux, conformément à leur demande, un lieu de retraite très favorable à l'établissement d'un couvent » (1). Et de ce texte on conclut que Saint-Valéric demanda à Clotaire l'autorisation de fonder un monastère, ce que permit le roi.

Les auteurs qui argumentent de ce passage de Surius se sont montrés fort laconiques. Ils ne disent pas où ils voient dans le texte que Clotaire autorisa la fondation de l'établissement religieux. J'y vois l'application de la règle que le consentement de l'évêque était nécessaire *(consensu antistitis)*. J'y vois encore que le roi fit donation d'un emplacement pour la construction d'un lieu de retraite *(locum secretum largitus est)*. Mais je ne trouve rien qui concerne l'autorisation royale. Bien plus, ce texte est la réfutation même de la doctrine qui l'invoque. Le roi n'accorde le terrain que du consentement de l'évêque. N'est-ce pas dire qu'en la matière l'autorité royale était sous l'étroite dépendance de l'autorité épiscopale ? Enfin, le texte montre que Saint-Valéric s'adressa à Clotaire, non point parce qu'il devait obtenir l'autorisation du roi, mais parce qu'il s'agissait d'un emplacement très favorable à la construction d'un monastère *(monastico instituto bene opportunum)*, et que cet emplacement était en la possession du roi. Nous en concluons que, non seulement notre texte ne parle pas de l'autorisation royale, mais encore qu'il semble bien impliquer que le consentement de l'évêque était seul requis.

(1) V, *Vita Sanct. Vualerici, primo April*, p. 11.

2° Dans une lettre adressée à Saint-Boniface, arche-vêque de Mayence, légat en Allemagne, au sujet d'un monastère que ce prélat avait fait construire sur les bords de la Fulda, en Franconie, Pépin le Bref s'exprime ainsi : « De même qu'en vertu de l'autorité de Saint-Pierre, prince des Apôtres, le Saint-Siège, dont tu es le légat, a doté d'un important privilège le monastère que tu as récemment élevé, de même nous voulons consolider ton œuvre par un acte de notre puissance. *Sicut ex auctoritate sancti Petri principis Apostolorum, pro quo legatione fungeris, privilegio Sedis Apostolicæ sublimatum esse constat monasterium, a te noviter constructum, ita etiam nostræ auctoritatis præcepto quod actum est roborari convenit.* » Fevret, après avoir cité ce passage de la lettre de Pépin, ajoute : « Ainsi, Sigebert *ad annum 1198 (Chronicon de Sigebert de Gemblours)* observe que pour la construction du Monastère de Cisteaux, Robert, Abbé de Molesme, rechercha le *consentement* d'Odo, duc de Bourgogne, l'authorité et approbation du Légat Apostolique et de Vualtétus, Évêque de Châlons-sur-Saône, dans le diocèse duquel cette Abbaye fut construite. »

Nous touchons ici au point capital de la discussion. Ces deux textes, ainsi que bien d'autres (1) où on voit intervenir le pouvoir séculier dans la fondation des monastères, forment l'argument principal invoqué par les partisans de la doctrine que nous combattons. Mais ces textes impliquent-ils qu'un monastère ne pouvait se fonder sans l'autorisation du roi? Prouvent-ils que l'intervention du gouvernement civil était considérée

---

(1) Form. Marculfi, lib. I, n°s 3, 4, 15, 16, 17 (Canciani, *Barbarorum leges antiquæ,* t. II, p. 186, 190, 199, 200). — Appendix Marculfi, n° 44 (Canciani, t. II, p. 262).

comme une nécessité juridique? C'est, nous semble-t-il, ce qu'on ne saurait admettre.

Fevret et les auteurs des XVIIe et XVIIIe siècles ont commis une erreur. Ils ont pris pour une autorisation royale ce qui n'était en réalité qu'une confirmation, une simple protection ou faveur accordée par le roi. Pendant les premiers siècles de la monarchie, à une époque où la force primait souvent le droit, l'Église dut, pour se mettre à l'abri des violences et des usurpations, rechercher l'appui et la protection des souverains. Aussi les fondateurs d'établissements religieux s'adressaient-ils au roi et lui demandaient-ils de confirmer leur œuvre. Cette confirmation était donnée sous forme de *lettres de garde et de protection,* qu'on appelait lettres *De Emunitate,* dans la moyenne et la basse latinité (1). Ce nom leur venait de leur conclusion : « *Sub omni emunitate hoc ipse monasterius vel congregatio sua sibimet omnes fredos concessos debeant possidere* » (2). L'usage des lettres *De Emunitate* était devenu si général, que Marculfe fait suivre la formule usitée pour l'autorisation de l'évêque, d'une autre contenant la confirmation royale (3). « *Clementia nostra pro quiete ipsorum servorum Dei præceptionem vigoris nostri placuit propalare, sub quo tranquillitatis ordine, domino protegente, ipsi Monachi juxta religionis normam perpetim valeant residere, elegimus ut et hac serie debeat plenius declarari : quia nihil de canonica institutione convellitur, quicquid ad domesticis fidei pro tranquillitatis pace conceditur.* »

Du Cange, au mot *Emunitas,* nous dit : « *Generatim*

____

(1) Laurière, *Préface aux Ordonnances de nos Rois,* § 63.

(2) Form. Marculfi, Lib. I, n° 2 (Canciani, t. II., p. 186. — Baluze., t. II, p. 375).

(3) *Ibid.,* Lib. I, n° 2 (Canciani, t. II, p. 185).

*est quodvis privilegium a principe concessum, vi cujus,
viri Ecclesiæ ac prædia sub ejus protectione esse intel-
liguntur* » (1). Il n'y avait donc là qu'une protection
facultative, et non une intervention nécessaire pour la
fondation de tout monastère et la concession de la personnalité juridique. « Cet usage, écrit M. Laisné Deshayes, n'acquit jamais, à cette époque, le caractère
d'une loi ni même l'autorité d'une tradition. La congrégation, qui dédaignait de recourir au souverain, n'en
était pas moins revêtue de la personnalité juridique.
Si le roi intervenait, c'était pour prendre l'engagement
personnel de protéger contre toute usurpation des droits
préexistants et reconnus, pour garantir à la communauté la paisible jouissance d'avantages civils que déjà
elle possédait légitimement. La formule déclare même
que, par cette confirmation, l'autorité royale n'entend
ni limiter, ni amoindrir l'effet de l'institution canonique » (2).

Les établissements religieux étaient ainsi placés dans
une situation toute privilégiée ; ils pouvaient se soustraire aux vexations des seigneurs et aux rigueurs des
guerres si fréquentes sous les deux premières races.
Toutefois, il pouvait en résulter pour eux de graves
inconvénients. Les protecteurs avaient sous leur garde,
à titre de *sauvement*, les biens des monastères, ce qui
leur permettait de s'immiscer dans l'administration de
leur temporel. Nous verrons que ce fut une des causes
qui facilitèrent, sous le régime féodal, l'établissement
du droit d'amortissement des biens de main-morte.

(1) *Glossarium mediæ et infimæ latinitatis, Emunitas*, t. III, p. 44.
(2) *Régime légal des communautés religieuses*, p. 19 et note 3. — Voyez
la suite de la formule : *Adicientes ut nulli penitùs judicum vel cuilibet
hominum licentia sit de rebus præfati monasterii absque voluntate ipsorum servorum Dei in aliquo iniquiter defraudare aut temerario spiritu
suis usibus usurpare ne...*

La lettre de Pépin le Bref à Saint-Boniface offre un exemple de ces confirmations données par le roi à l'époque franque. *Quod actum est roborari convenit,* dit le texte. Il nous plaît d'affermir, fortifier, consolider, en un mot confirmer l'érection du monastère. Il n'est nullement question d'autorisation. On ne peut donc conclure de cette lettre à la nécessité juridique d'une permission royale pour la fondation des communautés religieuses.

3° Rousseaud de Lacombe et Fevret invoquent « le Canon 6 du premier Concile d'Orléans et les Capitulaires de Charlemagne et de Louis Le Débonnaire, son fils, compilez par Ansigisus et Benedictus Levita, lib. V, cap. 27, d'après lesquels aucun sujet du royaume ne pouvait anciennement faire vœu et profession de religieux sans permission du Roy ou de ses officiers. Que si l'intérêt du Roy, quant au particulier qui se liait à l'Ordre religieux, était en telle considération que le pouvoir et authorité de sa Majesté fut requise pour la validité de profession ou admission aux Ordres sacrés, qui doute qu'étant encore bien plus grand, en la réception et établissement des Monastères entiers dans les meilleures Villes du Royaume, la permission du Roy n'y soit par conséquent d'autant plus nécessaire. »

Fevret s'est trompé. Les deux textes qu'indique cet auteur sont absolument muets sur la question. Il n'y est pas fait la moindre allusion à l'autorisation royale (1). Cependant on trouve dans Baluze un capitulaire qui édicte la prohibition d'entrer dans un monastère sans le consentement du roi, et qui a pu servir de base à l'argument d'analogie présenté par Fevret. « *De his qui ex*

***

(1) Voy. : *Concil. Aurelianense* I (Labbe, t. IV, col. 1407). — Adde : Beaudouin, Th. Doct., *De la Tutelle administrative des établissements religieux, Rennes*, 1877, p. 8 et suiv.

seculo ad monasteria converti volunt — Liberi homi-
nes qui ad servitium Dei se tradere volunt, prius hoc
non faciant quam a nobis licentam postulent ». La
suite du texte (1) contient le motif de cette prohibition.
Certaines personnes se vouaient à la vie religieuse, non
pas tant par vocation que pour fuir certaines charges,
notamment le service militaire ; d'autres se laissaient
circonvenir par ceux qui, poussés par la cupidité, con-
voitaient leur fortune.

De ce qu'un homme libre ne pouvait être admis dans
un cloître sans la permission du roi, faut-il en conclure
que les monastères ne pouvaient se fonder librement ?
Nous ne le pensons pas. Autre chose est l'entrée au
couvent, autre chose la fondation d'un monastère. On
comprend très bien que le roi en ait interdit l'accès aux
personnes qui voulaient se soustraire au service militaire ; mais cette interdiction ne suffisait-elle pas pour
réaliser le but poursuivi ? Etait-il besoin d'y joindre
encore un contrôle de l'autorité civile pour la fondation
du cloître lui-même ? Il est essentiel en effet de se rendre
compte de la portée exacte du capitulaire précité. Non
seulement il ne parle pas de la nécessité d'une autorisation royale pour l'établissement d'une communauté,
mais encore le danger qu'il cherche à prévenir est amplement écarté par l'obligation des religieux de demander l'assentiment du roi avant de prononcer les vœux.
J'ajoute qu'il serait bien singulier, si la nécessité juridique d'une permission du pouvoir civil existait à
l'époque franque, qu'aucun texte ne l'ait expressément
mentionné. Et nous venons de voir à quels arguments

______

(1) *Capitul.*, Lib. V, cap. CCLV (Baluze, t. I, p. 874) « *Hoc vero idco*
præcipimus quia audivimus aliquos ex illis non tam causa devotionis quam
exercitum sive aliam functionem regalem fugiendo, quosdam vero cupi-
ditatis causa ab his qui res illorum concupiscunt circumventos audivimus.
Et hoc fieri prohibemus. »

de textes en sont réduits ceux qui professent cette doctrine.

4° « Les édits royaux sur la matière, à partir du xviie siècle, dit M. Trochon (1), proclament eux-mêmes l'antiquité du principe qu'ils renouvellent. On lit dans le préambule de la déclaration du 7 juin 1659 : Les rois nos prédécesseurs ayant jugé combien il était important pour l'ordre de l'État et le bien de leur service, qu'il ne se fît dans ce roïaume aucun établissement de maisons régulières, communautez, séminaires et confrairies, sans leur autorité et permission portées par lettres-patentes, scellées du grand sceau, ils ont de temps en temps..... fait défenses par diverses ordonnances, de faire aucun établissement de cette nature, sans leur permission expresse....... Les considérants de l'ordonnance de 1666 reproduisent fidèlement ceux de l'acte précité. L'ancienneté de la règle est encore rappelée par l'édit (2) du mois d'août 1749 : Nous sçavons, dit Louis XV, ou plutôt d'Aguesseau, que les rois nos prédécesseurs, en protégeant les établissements qu'ils jugeaient utiles à leur État, ont souvent renouvelé les défenses d'en former de nouveaux sans leur autorité....... Ne ressort-il pas évidemment de tous ces textes que les prohibitions qu'ils renferment existaient bien avant le grand roi, bien avant Louis XIII lui même, qu'elles datent de notre existence comme nation, qu'elles furent longtemps religieusement observées, et que diverses ordonnances les rappelèrent de temps en temps ? Ces ordonnances nous manquent aujourd'hui. Mais elles ont existé, nos rois l'attestent en les renouvelant ».

Est-il exact de dire que les rois attestent, en les re-

---

(1) M. Trochon, loc. cit., p. 49 et suiv.

(2) La prohibition d'établir une communauté religieuse sans l'autorité et la permission du roi fut renouvelée en juin 1671, juillet 1738, juin 1739.

nouvelant, l'existence de ces anciennes ordonnances qui nous manqueraient aujourd'hui? C'est vrai, nous venons de le voir, pour les monuments législatifs à dater de la déclaration du 7 juin 1659, mais c'est inexact pour l'époque qui a précédé cette déclaration. L'édit du 21 novembre 1629, dont nous avons donné la teneur, ne rappelle aucune prohibition antérieurement promulguée. Et cependant, si ces prétendues ordonnances avaient réellement existé et si elles étaient aussi connues au xviie siècle qu'on veut bien le dire, il est à croire que Louis XIII ne les eût point passées sous silence. Bien plus, où voit-on dans l'édit de 1629 que Louis XIII renouvela les défenses précédemment portées contre la fondation de monastères sans l'assentiment royal» ? Voici le texte même de l'édit. « Il ne pourra *ci-après* être fait aucun établissement..... sans notre expresse permission.... » N'est-ce pas dire que le législateur innove en la matière ? Désormais, *ci-après*, la permission du roi sera-nécessaire. C'est donc qu'elle ne l'était pas avant 1629, et que la législation sur la fondation des maisons religieuses subit une transformation complète par la création d'un contrôle de l'autorité royale. Remarquons enfin que l'argument tiré de l'édit de 1749 n'est pas probant. Par les mots « les rois nos prédécesseurs » Louis XV veut parler de Louis XIII et Louis XIV. Par les mots « ont souvent renouvelé les défenses d'en former de nouveaux sans leur autorité », d'Aguesseau vise les nombreuses prohibitions édictées depuis l'ordonnance de 1629. Il n'est nullement besoin pour expliquer ces termes de faire appel à des monuments législatifs antérieurs à 1629.

5° Enfin, on invoque que tous les auteurs de l'ancienne jurisprudence, qui ont traité ces matières, sont unanimes à repousser notre doctrine. Nous répondrons

avec M. Jacquier: « le témoignage de ces auteurs si unanimes, si affirmatifs qu'on oppose, est-il plus concluant?
Ils ont répété le langage des rois, qui ont à leur tour
emprunté leurs formules, et ainsi s'est forgée une antiquité factice que les faits paraissent bien démen-
tir » (1).

Notre conclusion générale est donc, qu'en l'absence
de texte édictant la prohibition d'établir une communauté religieuse sans l'autorisation du roi, les monastères avant 1629 se fondaient librement et devenaient
des personnes juridiques sous le seul contrôle de l'autorité épiscopale.

____

(1) *De la condition légale des Communautés religieuses en France,* Th.
Doct., p. 120, Paris 1869.

CHAPITRE II

Les églises, établissements de bienfaisance et monastères, devenus des personnes juridiques par le seul fait de leur fondation, peuvent acquérir à n'importe quel titre.

Les acquisitions à titre onéreux ne nous retiendront pas longtemps. La capacité des établissements religieux est absolue. Seule l'autorisation préalable de l'évêque est nécessaire. Les capitulaires de Charlemagne et de ses successeurs en font foi : « *Placuit ut presbyteri non vendant rem Ecclesiæ ubi sunt constituti, nescientibus episcopis suis* » Ou encore « *Ut nec presbyteri rem Ecclesiæ sine licentia vel scientia sui episcopi vendant, nec cuiquam tribuant* » (1).

Quant aux acquisitions à titre gratuit, leur nombre infini, leur diversité et le rôle considérable qu'elles ont joué, sous les rois des deux premières races, appellent une étude attentive et minutieuse.

Pour dissiper toute équivoque dans les développements qui vont suivre, il importe de préciser le sens du mot *fondation*. Cette expression, à l'époque franque, ne s'applique pas seulement à la création d'un établissement religieux nouveau, mais encore à toute donation faite pour augmenter la richesse d'une église ou d'un monastère déjà institués. Il est usité dans ce dou-

(1) Capitul. Karoli Magni, Lib. VI, cap. 31 et 57.

ble sens dès le v⁰ siècle, et on s'en sert pour exprimer et l'érection et la dotation d'un nouvel établissement religieux (1).

Quelques auteurs ont soutenu que, dès les premiers temps de la monarchie, les églises, hospices et monas-tères ne pouvaient acquérir sans l'autorisation du roi, et que le contrôle de l'État pesait sur toutes les libéralités pieuses. « La puissance civile, dit Portalis, a toujours été en droit et en possession de régler la nature des biens que les ecclésiastiques pouvaient posséder, parce que ce point intéresse essentiellement l'État » (2).

Dans son Traité des droits du domaine de la couronne de France, Bacquet, l'un des plus ardents défenseurs de cette doctrine, pose comme règle indéniable, la nécessité de solliciter l'assentiment du roi : « Il convient noter, dit cet auteur, ainsi qu'en toutes disciplines, arts et sciences, il y a certaines règles et maximes, lesquelles il faut tenir pour fermes et stables, sans qu'il soit licite de les révoquer en doute, ny mettre en dispute. « *Aussi pour maxime, il est besoin tenir pour certain, ferme et stable que par les anciennes ordonnances, loix et statuts du royaume de France, de tout temps inviolablement gardez en iceluy, il est défendu à gens d'églises, communautez et autres gens de main-morte, d'acquérir, tenir et posséder aucuns héritages féodaux, alaudiaux ou roturiers, ny aucunes rentes et droits immobilieus dedans le royaume, sans permission, congi ou licence des rois de France* » (3). On ne

<hr>

(1) Thibaut-Lefebvre, *Essai histor. sur les dons et legs faits aux établissements publics. (Revue de Droit. franc. et étr.,* 1850, t. VII, p. 392 et s.)

(2) Voy. De Salverte, *Essais sur les libéralités en faveur des établissements publics. (Revue critique* t. VII, p. 410.) — Laferrière, *Essai sur l'histoire du Droit français,* t. II. p. 63 et s.

(3) *Œuvres,* t. II, *Troisième partie, du Droict des Nouveaux-Acquests,* ch. XXV, p. 366.

saurait, en vérité, être plus affirmatif. Cependant ce même auteur, quelques pages plus loin, avoue que l'antiquité de ces ordonnances, lois et statuts est telle qu'on ne peut les retrouver. « Et est à penser, dit-il, en parlant de Saint-Louis, que semblablement auraient fait ses prédécesseurs, jaçoit ce que par la langueur du temps et par diverses mutations on ne puisse à présent trouver les ordonnances » (1). Cet aveu a permis à Laurière de dire, non sans quelque ironie : « Mais il faudrait nous citer ou nous rapporter ces anciennes ordonnances et c'est ce qu'on n'a pas fait encore et qu'on ne fera point parce qu'elles sont imaginaires » (2).

Dans la préface aux ordonnances des roys de France § 63, cet auteur contredit formellement l'opinion de Bacquet. « *C'est, dit-il, un fait constant et connu de tout le monde, que sous nos rois de la première et de la seconde race, l'Eglise acquérait librement des fonds, et que nos rois qui, par pitié, favorisaient ces acquisitions, lui accordaient des lettres de garde ou de protection qui étaient nommées de emunitate, dans la moyenne et la basse latinité.* » L'affirmation de Laurière, on le voit, ne le cède en rien à celle de Bacquet.

De ces deux doctrines, quelle est celle qui doit prévaloir ? En l'absence de textes qui confirment l'opinion de Bacquet, le choix ne paraît pas douteux. Les établissements religieux jouissaient de la pleine capacité d'acquérir.

C'est tout d'abord la conséquence forcée de ce qu'à l'époque franque l'Église vivait sous la loi romaine. Nous savons que la célèbre constitution de Constantin, en l'année 321, reconnaissait aux églises, hospices et

---

(1) *Œuvres*, t. II, *Quatrième partie, du Droict d'amortissement.* Cité par M. Trochon. p. 106.

(2) De Laurière, *Origine du Droict d'amortissement*, p. 11.

monastères, la faculté la plus grande d'acquérir à titre gratuit. Aucune limite, restriction, entrave, n'était apportée à leur droit de recueillir des libéralités. La législation romaine ne connut jamais la condition, imposée par les législations postérieures, que chaque libéralité fût l'objet d'une autorisation spéciale (1).

En second lieu, les lois barbares contiennent plusieurs dispositions qui sont des preuves irrécusables de la capacité absolue des établissements religieux. A ces preuves s'en joignent d'autres tirées des formules. Examinons-les.

1° « Si un homme libre, dit la loi des Alamans, veut donner ses biens ou sa personne à l'Église, *que nul ne s'y oppose, ni duc, ni comte, ni autre personne* ; mais qu'il soit permis à tout chrétien de se consacrer au service de Dieu et de faire l'abandon de ses biens pour le salut de son âme....: Que la propriété des biens ainsi donnés appartienne à l'Église à perpétuité » (2).

2° La loi des Bavarois est encore plus explicite. Elle parle formellement du roi : « *Ut si quis liber persona voluerit et dederit res suas ad Ecclesiam pro redemptione animæ suæ, licentiam habeat de portione sua, postquam cum filiis suis partivit.* Nullus eum prohibeat, non Rex, non Dux, nec ulla personna habeat potestatem prohibendi ei. *Et quidquid donaverit, villas, terram, mancipia, vel aliquam pecuniam, omnia quæcumque donaverit, pro redemptione animæ suæ, hoc*

______

(1) La constitution de 321 se trouve au Code Theod., *l.4, De Épisc.et Cler.* — Laurièr, *Orig. du droit d'amortiss.* p. 9 : « Et comme les affaires et les matières ecclésiastiques se règlaient anciennement en France par le Code Théodosien, cette loi y fut reçue, et il s'y fit tant de dons aux églises entrevifs et par testaments.....»

(2) *Lex Alamannorum (630),* Tit. I.,cap. I. (Walter, *Corpus juris germanici,* t. I, p. 198.)

per epistolam confirmet propria manu sua ipse ». On ne pourrait assurément trouver un texte qui consacre, d'une façon plus absolue, la capacité illimitée de l'Église d'acquérir à titre gratuit. Le roi lui-même ne peut apporter la moindre entrave à la générosité des fidèles (1).

3° « *Nulli liceat*, dit la loi des Saxons, *traditionem hœreditatis suœ facere prœter ad Ecclesiam, vel Regi, (ut hœredem suum exhœredem faciat) (2)* ». Il est donc permis d'exhéréder ses héritiers en faveur de l'Église, et la loi ne restreint en rien ce privilège.

4° La *Constitutio generalis* de Clotaire I, en l'année 560, porte: « *Quœcumque Ecclesiœ vel clericis aut quibuslibet personis a gloriosœ memoriœ prœfatis principibus munificentiœ largitate conlata sunt, ommi firmitate perdurent* » (3).

5° On trouve, dans le recueil de M. de Rozière, une formule qui prouve que la faculté de disposer des biens en faveur des *venerabiles loci* était absolue : « *Licet unicuique de rebus suis, quas in prœsente seculo viditur (habere), tam ad sanctorum loca seu parentum meliorare, et lex manet et consuetudo longinquam percurrit facere quod voluerit* » (4).

6° Enfin le novice, au seuil de la vie monastique, a la liberté de donner toute sa fortune au monastère. Dans ce cas, aucune autorisation n'est exigée. N'est-ce pas, comme le fait très judicieusement remarquer M. Laisné Deshayes, la plus forte preuve de la capacité illimitée des établissements religieux (5).

(1) *Lex Bajuvariorum* (630), Tit. I, cap. I. (Walter, t. I, p. 243).
(2) *Lex Saxonum*, Tit. XV, cap. II (Walter, t. I, p. 389.)
(3) Cap. XII. (Walter, t. II, p. 2.)
(4) *Recueil général des formules usitées dans l'Empire des Francs du Ve au Xe siècle* N° 171, t. I, p. 218.
(5) Form. Marculfi, Lib. II, N° 2 § 3 (Canciani, t. II, p. 222.) — Walter, t. III, p. 314, — Laisné Deshayes, *op. cit.*, p. 23.

Il y a là plus de preuves qu'il ne faut pour établir que la théorie de Laurière est exacte, et que l'autorité royale n'intervenait pas plus pour la dotation des établissements religieux que pour leur fondation (1). L'erreur de Bacquet et des partisans de sa doctrine est née d'une nouvelle confusion entre la faculté, pour les églises et monastères, de demander la protection du roi par la confirmation des libéralités pieuses, confirmation destinée à mettre le patrimoine de l'Église à l'abri des usurpations, et la nécessité juridique d'une autorisation préalable du gouvernement civil, pour la régularité de leurs acquisitions, autorisation qui ne devint obligatoire que bien après l'époque franque. Nous avons vu que Laurière, parlant du pouvoir de l'Église d'acquérir des fonds en toute liberté, a soin d'ajouter aussitôt, pour prévenir une erreur, que les rois se montraient très favorables à ces acquisitions, par la concession de lettres de garde ou de protection, appelées lettres *De Emunitate*. Dans son *Traité de l'origine du droit d'amortissement* (page 20), cet auteur insiste sur la confusion commise par certains jurisconsultes. Il déclare que les confirmations n'étaient pas faites « pour rendre l'Église capable de posséder, comme l'ont cru MM. Bignon et Auteserre, mais pour rendre ces acquisitions plus stables et pour empêcher que l'Église n'en fût dépouillée dans la suite par chicane ou par violence, ce qui arrivait assez souvent dans ces siècles barbares et peu policez ».

J'ai montré, dans le chapitre précédent, que les

(1) Les lois Lombardes ordonnent aux héritiers de respecter les dons faits aux *vénérabilia loca*, sans indiquer de restrictions. (Walter, t. I, p. 787 et 833) ; il n'est pas douteux que le droit de donner des acquêts n'y soit illimité, comme dans la loi Bourguignonne (Walter, t I, p. 304-305). Les lois Salique et Ripuaire sont muettes sur les libéralités pieuses. (M. Boissonade, *Histoire de la réserve héréditaire*, p. 192.).

lettres *De Emunitate* n'étaient qu'une menace d'intervention directe adressée par le roi à ceux qui tenteraient
à l'avenir de dépouiller de leurs biens les établissements religieux. Un fragment d'une formule déjà étu-
diée en fait foi. Le roi s'exprime ainsi : « *Adicientes
ut nulli penitus judicum vel cuilibet hominum licentia
sit de rebus præfati monasterii absque voluntate ipsorum servorum Dei in aliquo iniquiter defraudare,
aut temerario spiritu suis usibus usurpare ; ne, quod
primitus est, et Dei iram incurrat et nostram offen-
sam, vel a fisco grave damnum sustineat* (1) ». Je ne
reviendrai pas sur ce point. J'ajouterai simplement,
comme nouvelle preuve du caractère purement faculta-
tif de l'intervention du souverain, qu'on trouve dans
Marculfe des formules de donations, où l'auteur de la
libéralité pieuse, au lieu de s'adresser au roi, implore
la protection de Dieu ou d'un saint. Il n'y est nullement question d'une confirmation royale. Ainsi, l'une
de ces formules *(Donatio de parva re ad Ecclesia)* (2)
porte : « Si quelqu'un, contre notre attente, que ce soit
nous-même, ou l'un de nos héritiers, ou toute autre
personne, poussé par la fourberie ou la cupidité, ose
attaquer ou anéantir la présente donation, consentie
par nous à cause du nom de notre Dieu, qu'il encoure
la colère de la Sainte-Trinité, et qu'il s'arrange avec le
susdit saint devant le tribunal du Christ. Qu'il paye en
outre à l'Église, sur les poursuites du fisc, tant de livres
d'or et tant de livres d'argent ».

Est-ce à dire qu'à l'époque franque, la capacité de
l'Église d'acquérir des biens a toujours été absolue et

----

(1) Form. Marculfi, lib. I, n° 2. (Canciani, t. II, p. 186. — Walter, t. III,
p. 290).

(2) Form. Marculfi, lib. II, n° 6. (Walter, t. III, p. 318. — Canciani, t. II,
p. 226). — *Ibid.*, n° 39 (*ibid.*, p. 336).

que jamais aucune loi ne vint restreindre les libéralités des fidèles envers les établissements religieux ? On pourrait presque répondre affirmativement. En effet, dans le domaine du Droit, des deux restrictions dont parlent les auteurs anciens ou modernes, l'une fut de très courte durée, l'autre est à juste titre contestée. Nous verrons, au contraire, dans la suite de cette étude, qu'il en fut tout autrement dans le domaine des faits. L'Église, sous les rois des deux premières races, n'a pas joui paisiblement de ses innombrables acquisitions. Ses richesses firent naître l'envie et la convoitise ; son immense patrimoine devint l'objet de violences et de spoliations auxquelles les rois eux-mêmes ne demeurèrent pas étrangers.

Nos anciens auteurs rapportent qu'au vi^e siècle une ordonnance de Chilpéric Ier interdit aux églises et monastères le bénéfice des dispositions par testament. « Et comme les affaires et les matières ecclésiastiques, écrit Laurière, se réglaient anciennement en France par le Code Théodosien, cette loi (constitution de Constantin de 321, loi 4, *De Episc. et Cler.*) y fut reçue, et il s'y fit tant de dons aux églises entre-vifs et par testaments, qu'au rapport de Grégoire de Tours, Chilpéric, pour empêcher une partie de ces libéralités, défendit les substitutions d'héritier qui se faisaient au profit de l'Église » (1).

L'historien Grégoire de Tours, dans un passage curieux qu'a paraphrasé M. Augustin Thierry, nous apprend, en effet, que le roi Chilpéric, jaloux de la puissante influence et des richesses du clergé, s'efforça de limiter l'accroissement toujours plus grand de la propriété ecclésiastique :

____

(1) Laurière, *De l'Origine du Droit d'amortissement* p. 8 et 9.

« Sacerdotes Domini assiduè blasphemabat ; nec aliundè magis, dum secretius esset, exercebat ridicula vel jocos, quam de ecclesiarum episcopis. Illum ferebat levem, alium superbum ; illum abundantem, istum luxuriosum ; illum asserebat elatum, hunc timidum. Nullum plus odio habens quam ecclesias ; aiebat enim plerumque : « Ecce pauper remansit fiscus nóster, ecce divitiæ nostræ ad ecclesias sunt translatæ ; nulli penitus nisi soli episcopi regnant : periit honor noster, et translatus est ad episcopos civitatum. » Hæc aiens, assiduè testamenta, quæ in ecclesias conscripta erant,

« Le roi Hilpéric, sorte d'esprit fort à demi sauvage, n'écoutait que sa propre fantaisie, même lorsqu'il s'agissait du dogme de la foi catholique. L'autorité du clergé lui semblait insupportable, et l'un de ses grands plaisirs était de casser les testaments faits au profit d'une église ou d'un monastère. Le caractère et la conduite des évêques étaient le principal texte de ses plaisanteries et de ses propos de table ; il qualifiait l'un d'écervelé, l'autre d'insolent, celui-ci de bavard, cet autre de luxurieux. Les grands biens dont jouissait l'Église et qui allaient toujours croissants, l'influence des évêques dans les villes, où, depuis le règne des barbares, ils possédaient la plupart des prérogatives de l'ancienne magistrature municipale, toutes ces richesses et cette puissance qu'il enviait, sans apercevoir aucun moyen de les faire venir à lui, excitaient vivement sa jalousie. Les

plerùmque disrupit, ipsasque patris sui præscriptio-
nes, putans quod non re-
maneret qui voluntatem
ejus servaret, sæpè calca-
vit » (1).

plaintes qu'il proférait dans son dépit ne manquaient pas de bon sens, et souvent on l'entendait répéter:«Voilà que notre fisc est appauvri ! Voilà que nos biens s'en vont aux églises! Personne ne règne, en vérité, si ce n'est les évêques de villes » (2).

La prohibition dont l'Église se trouvait ainsi frappée ne dura que quelques années. A la mort de Chilpéric, son frère Gontran rétablit l'ancien état de choses. « Mais, poursuit Laurière, outre que l'Église pouvait toujours continuer d'acquérir à tout autre titre et recevoir des legs, le même auteur remarque que cette défense fut révoquée par Gontran, peu de temps après la mort de Chilpéric, son frère ; et d'ailleurs on trouve dans le cinquième concile de Paris, tenu sous Clotaire II, fils de Chilpéric, l'an 615 de Jésus-Christ, une disposition autant favorable à l'Église que celle de Chilpéric lui avait été contraire, puisque le dixième canon de ce concile déclare bonnes et valables toutes les libéralitez qui lui seraient faites, bien que toutes les solemnitez requises par les loix pour la validité des testaments n'y eussent pas été observées (3).

---

(1) Greg. Turon., *Historiæ Ecclesiasticæ Francorum*, t I., Lib VI, cap. 46, p. 461 et 462.

(2) Augustin Thierry, *Récits des Temps Mérovingiens*, t. I, *Premier récit*, p. 262.

(3) « Guntchramnus vero rex omnia quæ fideles regis Chilperici non rectè diversis abstulerant, justitia intercedente, restituit, multa et ipse ecclesiis conferens ; testamenta quoque defunctorum, qui ecclesias heredes instituerant, et ab Chilperico compressa fuerant, restauravit; multisque se benignum exhibens, ac multa pauperibus tribuens. » Grég. Turon., *op. cit.*, t. II, cap. 7, p. 13.)

« Ainsi la défense de Chilpéric n'ayant eu lieu que pendant son règne, non seulement les princes et les peuples continuèrent de faire des dons aux églises comme auparavant, mais les aumônes augmentèrent tellement dans la suite, que bien des gens après s'être dépouillez de tous leurs biens en faveur de l'Église se donnèrent encore eux-mêmes, ou plutôt se donnèrent eux-mêmes avec leurs biens (1), persuadez, comme il se lit dans plusieurs anciens actes, que par la servitude de leurs corps ils acquéraient la liberté de leurs âmes ; et les legs pieux, qui dans les premiers temps n'étaient qu'une aumône, étant devenus une dette, on alla jusqu'à refuser, en France, la sépulture à ceux qui étaient décédez sans vouloir laisser une partie de leurs biens à l'Église.

« Il résulte donc invinciblement de ce qui vient d'être observé que, par les anciennes loix du royaume, les églises n'étaient point incapables d'acquérir et de posséder des immeubles » (2).

L'interdiction qui atteignit l'Église, sous le règne de Chilpéric, ne porta donc que sur un point, l'institution d'héritier. De plus, sa durée n'excéda pas une période de dix-sept années. Certes, il y a bien loin de cette incapacité si limitée et toute passagère à l'incapacité absolue et perpétuelle dont Bacquet fait une règle indubitable.

A cette première restriction faut-il en ajouter une seconde ? Quelques auteurs modernes enseignent que la capacité absolue des établissements religieux d'acquérir à titre gratuit disparut au commencement du

____

(1) Beaumanoir, p. 254 et 257. — *Preuves des Antiquités. Historiques de Saint-Aignan d'Orléans*, p. 99-100.

(2) Laurière, *op. cit.*, p. 9 à 11. — De Héricourt, *Les lois ecclésiastiques*, H, ch. III, N° 6. — Lebret, *Traité de la souveraineté du Roy*, Liv. I ch. 13, p. 101-102.

ixe siècle. « Plus tard, dit M. Gayet, un capitulaire de Charlemagne, renouvelé par Louis le Débonnaire et par Charles le Chauve, limite pour l'Église la capacité de recevoir à titre gratuit. Il exige que l'héritier consente à la donation ou tout au moins qu'il y soit présent, en même temps qu'il consacre pour la première fois peut-être ce principe de notre Droit public qui défend aux communautés ecclésiastiques de recevoir des dons sans l'aveu de la puissance civile » (1).

De même, M. de Salverte prétend que Charlemagne, qui fit tant pour l'Église, ne lui rendit même pas la capacité absolue de recevoir. Il voulut que l'héritier consentît à la donation ou du moins qu'il y fût présent (2). L'auteur cite, à l'appui de son opinion, un passage extrait du premier capitulaire d'Aix-la-Chapelle, de l'année 817 : « *Et postquam hœc traditio ità facta fuerit, heres illius nullam de prædictis rebus valeat facere repetitionem.* » Pris isolément, ce texte est en lui-même insuffisant pour démontrer que la présence de l'héritier et, par suite, son consentement étaient nécessaires. Il indique que la tradition faite d'une certaine façon (*ita facta*) mettait l'héritier dans l'impossibilité de réclamer les biens donnés, mais il ne dit rien de plus. Quant au capitulaire dont il fait partie et auquel renvoie M. de Salverte (3), il contredit nettement la doctrine soutenue par cet auteur.

(1) *Des dons et legs faits aux Communautés religieuses autorisées*, p. 22.

(2) *Op. cit.*, (Revue critique, t. VII, p. 410) — Paul Bernard, *Etude historique sur le droit de réduction des libéralités faites aux établissements publics,* p. 12. : « Aussi, (Charlemagne) s'inspirant des traditions germaniques et des droits qu'elles conféraient aux héritiers, il chercha à les faire prévaloir, afin de restreindre la capacité absolue de recevoir que l'on avait reconnue au clergé. Il voulut que l'héritier consentît à la donation, ou du moins qu'il y fût présent, afin de mettre le donateur à l'abri de la captation. »

(3) Voici le texte même de ce capitulaire qui fut renouvelé par Louis le Débonnaire et par Charles le Chauve. (Baluze, Lib. IV, cap. 19, t. I, p. 778) :

Tout d'abord, la rubrique de ce texte est ainsi conçue:
« *De homine libero ut potestatem habeat ubicumque
voluerit res suas dare, et qualiter hoc facere debeat.* »
Comment supposer qu'il s'agit d'une restriction ? Ne
semble-t-il pas au contraire que la capacité d'acquérir
reçoit une extension, et que l'homme libre peut désormais faire donation de ses biens *partout, ubicumque
voluerit*, tandis qu'il ne le pouvait autrefois ? En second
lieu, le texte met les donations faites *pro saluteani-
mœ vel ad aliquem venerabilem locum* sur le pied des
donations ordinaires faites *propinquo suo vel cuilibet alteri* : il subordonne sans distinction aux mêmes
règles la validité de ces deux classes de libéralités.
C'est donc que la capacité des établissements religieux
était aussi large que celle des simples particuliers.
Enfin, il suffit de lire ce capitulaire pour voir que le
tradens est seul en cause, et que rien ne révèle la présence de l'héritier à l'acte de donation. S'il est question
de celui-ci dans les dernières lignes du texte, c'est uniquement pour dire qu'il ne pourra pas plus tard attaquer
la donation accomplie suivant les formes prescrites.
Mais alors que conclure du silence du texte, sinon que
l'empereur maintient la législation antérieure, c'est-à-
dire, la liberté absolue pour les églises et monastères
d'acquérir à titre gratuit ?

Loin de consacrer une restriction, le capitulaire,

« Si quis res suas pro salute animæ suæ, vel ad aliquem venerabilem locum
vel propinquó suo, vel cuilibet alteri tradere voluerit, et eo tempore intra
ipsum Comitatum fuerit in quo res illæ positæ sunt, legitimam traditionem
facere studeat. Quod si eodem tempore quo illas tradere vult, extra eumdem
comitatum fuerit, id est, sive in exercitu, sive in palatio, sive in alio quolibet
loco, adhibeat sibi de suis pagensibus, vel de aliis qui eaden lege vivunt quà
ipse vivit, testes idoneos ; vel si illos habere non potuerit, tunc de aliis quales
ibi meliores inveniri potuerit, et coram eis rerum suarum traditionem faciat;
et fidejussores vestituræ donet ei qui illam traditionem accipit, ut vestituram
faciat. Et postquam hæc traditio ita facta.......»

invoqué par MM. Gayet et de Salverte, nous parait
avoir eu pour but de favoriser l'Église, en assurant l'irrévocabilité des donations pieuses. Voici comment.
Nous avons vu que le Ve concile de Paris, en 615,
déclarait bonnes et valables toutes les libéralités adressées aux établissements religieux, bien que les solennités requises par les lois pour leur validité n'y eussent
pas été observées. Dès le VIe siècle, le concile de Lyon,
de 547, en avait déjà décidé ainsi. Il est donc certain
qu'en fait, toutes les donations pieuses, quel que fût le
défaut de formes, étaient considérées comme valablement faites. Cependant, ainsi qu'on l'a fait remarquer (1),
il était de l'intérêt de l'Église elle-même, qui devenait propriétaire, d'avoir un titre à produire. Aussi
voyons-nous les lois des Alamans et des Bavarois, dont
la seconde rédaction (630) est de près de deux siècles
antérieure à notre capitulaire (819), régler avec un grand
soin les formalités dont l'accomplissement assurera
l'irrévocabilité de la donation pieuse.

« Que le disposant, dit la loi des Alamans, constate
et confirme la donation de ses biens faite à une église,
par une charte rédigée en présence de six ou sept
témoins et contenant leurs noms. Qu'il dépose ensuite
cet écrit sur l'autel devant le prêtre qui dessert l'église
ainsi gratifiée. » La loi des Bavarois contient des dispositions analogues, mais elle ajoute que l'écrit, la *charta
traditionis vel donationis*, doit être rédigée de la main
même du donateur. « *Et quicquid donaverit, villas,
terram, mancipia, vel aliquam pecuniam, omnia quæcumque donaverit pro redemptione animæ suæ, hoc
per epistolam confirmet propria manu sua ipse, et
testes adhibeat sex vel amplius si voluerit, et imponant*

______

(1) Marc Sauzet, *De la capacité d'acquérir à titre gratuit des personnes
civiles*, Th. Doct., p. 131, Paris, 1877.

manus suas in epistola, et nomina eorum notent ibi quos ipse rogaverit. Et tunc ipsam epistolam ponat super altare, et sic tradat ipsam pecuniam coram sacerdote qui ibidem servit. » Ces formalités accomplies, la libéralité devient irrévocable. « *Et proprietas de ipsis rebus ad ipsam Ecclesiam in perpetuum permaneat. — Et posthæc nullam habeat potestatem (exinde quicquam auferre),nec ipse nec posteri ejus* »(1).

Une requête adressée par le peuple à Charlemagne en 803, montre que les formalités, exigées par les lois des Alamans et des Bavarois pour la validité des donations pieuses, avaient été acceptées dans la pratique, et que l'Église, désireuse avant tout de rendre légalement inattaquables les libéralités des fidèles envers les établissements religieux, s'était efforcée de les faire prévaloir : « Quiconque fait tradition de ses biens à l'Église, les offre et les donne à Dieu et à ses saints et pas à un autre, doit s'exprimer et agir ainsi qu'il suit. Il indique par écrit les biens qu'il désire donner à l'Église. Puis, l'écrit rédigé, il le tient à la main devant ou au-dessus de l'autel, et il dit en s'adressant aux prêtres : J'offre et dédie à Dieu toutes les choses contenues dans cette charte, pour la rémission de mes péchés et des péchés de mes parents et de mes fils (et de toute autre personne pour le salut de laquelle il a résolu d'en faire l'offrande à Dieu), afin qu'on les employe à l'usage des cérémonies et solennités des messes, en prières, en cierges, à l'entretien et à la nourriture des pauvres et des clercs, au service divin et à la sauvegarde des intérêts de cette église. Si quelqu'un dans la suite, ce que je suis loin de supposer, ravit les biens donnés, qu'il soit

_____

(1) *Lex Alamannorum*, Tit. I, cap. 1 (Walter, t. I, p. 198.) — *Lex Bajuvariorum*, Tit. I, cap. I (Walter, t. I, p. 143.) — Sur les formes des donations voy. Lœning, *Geschichte des Kirchenrechts*, t II, p. 661 à 666.

puni comme sacrilège et qu'il en rende compte à la juste sévérité de Dieu à qui j'offre et dédie ces biens » (1).

Ceci posé, il est facile d'expliquer le capitulaire de 819. Il s'agit uniquement dans ce texte des formalités requises pour assurer à jamais la validité de la donation. C'est bien, en premier lieu, ce qu'indique la rubrique : « De la faculté qu'a l'homme libre de faire en tous lieux donation de ses biens, *et de la façon dont il doit l'accomplir : et qualiter hoc facere debeat* ». Quant au texte même, il reproduit pour les donations en général les règles de formes que nous venons d'énoncer pour les donations pieuses. Il faut distinguer, dit le capitulaire. Le donateur est-il *eo tempore intra ipsum Comitatum in quo res illœ positœ sunt ?* La donation s'accomplit *per legitimam traditionem.* Au contraire, le donateur est-il *eodem tempore quo res suas tradere vult, extra eumdem Comitatum, id est, sive in exercitu, sive in palatio, sive in alio quolibet loco ?* La donation *s'opère en présence de témoins : adhibeat sibi de suis pagensibus, vel de aliis qui eâdem lege vivunt quâ ipse vivit, testes idoneos ; vel si illos habere non potuerit, tunc de aliis quales ibi meliores inveniri potuerit, et coram eis rerum suarum traditionem faciat.* J'ajoute que la fin du texte est on ne peut plus décisive. Ces formalités accomplies, quel est en effet le résultat obtenu ? La donation devient irrévocable : *Et postquam hœc traditio ita facta fuerit, heres illius nullam de prœdictis rebus valeat facere repetitionem.* Il n'est donc question ni de la présence de l'héritier à l'acte de donation, ni de son consentement. On ne saurait vraiment voir dans ce capitulaire une restriction quelconque à la capacité pour l'Église d'acquérir à titre gratuit.

Un capitulaire de Louis le Débonnaire porte : « Il est

____
(1) Baluze, t. I, p. 407.

désormais interdit à tout ecclésiastique de recevoir de ceux qui ont des enfants ou des proches des fondations assez considérables pour constituer, par une offre inconsidérée, une exhérédation contre ceux-ci. Si quelqu'un accepte une libéralité en violation de cette défense, qu'une sentence synodale ou impériale le frappe d'une peine sévère et que les biens retournent aux personnes ainsi exhérédées » (1). Chose remarquable, ce capitulaire oppose l'intérêt des parents à l'intérêt des gens d'église. Cependant, bien des siècles devaient encore s'écouler, avant que la loi ne veillât à la conservation des biens dans les familles et ne les mît à l'abri d'injustes spoliations en faveur de l'Église.

La mesure édictée par Louis le Débonnaire restreignait-elle la capacité d'acquérir des établissements religieux ? Nous ne le pensons pas. Le texte ne parle que des ecclésiastiques, et il n'y est fait aucune allusion aux églises et aux monastères. « Cette prohibition, dit M. Boissonade, ne concernait sans doute que les ecclésiastiques pris individuellement et non les églises et les monastères. Quoi qu'il en soit, l'Église continua à sévir contre les résistances, les fraudes et le mauvais vouloir des héritiers » (2). D'ailleurs, en supposant même que le capitulaire de 816 fût applicable aux établissements religieux, la défense fut de si courte durée, qu'en réalité les acquisitions de l'Église ne subirent pas une diminution sérieuse. Le premier capitulaire, d'Aix-la-Chapelle, en 819, rapporta cette prohibition (3).

(1) « Statutum est ut nullus quilibet ecclesiasticus ab his personis res deinceps accipere præsumat quarum liberi aut propinqui, hac inconsulta oblatione, possint rerum propriarum exheredari. Quod si aliquis deinceps hoc facere tentaverit, ut et acceptor, synodali vel imperiali sententia districte feriatur, et res ad exheredatos redeant. » (*Capitulare Aquisgranense, ann.* 816, cap. 7, Walter, t. II, p. 303).

(2) M. Boissonade, *Histoire de la réserve héréditaire*, p. 193.

(3) *Capitulare primum ann. 819 apud Aquisgranum*, cap. 6 *in fine* (Walter, t. II, p. 331).

« Au commencement de son règne, écrit M. Tardif,
Louis le Débonnaire, maintenait encore le principe des
coutumes germaniques qui interdisait l'aliénation des
propres au préjudice des enfants et proches parents, et
il était défendu aux ecclésiastiques de recevoir des libéralités qui porteraient atteinte aux droits de propriété
de la famille. Mais trois ans plus tard, dans le capitulaire d'Aix-la-Chapelle, de l'an 819, il déclare que si
quelqu'un veut faire une donation, pour le salut de son
âme à un lieu saint, et qu'il en ait fait tradition légitime en présence de témoins, l'héritier ne pourra
exercer aucune répétition. Si l'on a disposé d'un bien
qui est encore indivis, le cohéritier sera forcé par le
Comte ou le Missus de partager avec l'Église, à qui le
défunt a voulu faire parvenir ce qui lui revenait dans
la succession. Mais les Francs qui, doivent au fisc
royal un cens sur leurs biens, ne peuvent les donner à
l'Église sans la permission du roi : « *ut respublica
quod de illis habere debet non perdat* » (1).

Si nous nous demandons maintenant quels biens pouvaient être l'objet des acquisitions faites par les églises
et monastères, les formules montrent que sur ce point
encore l'Église jouissait d'une capacité pleine et entière. Je
prends l'une d'elles (*Donatio de parva re ad Ecclesia*)
et j'y lis : « *Dono donatumque in perpetuum esse volo
ad basilica illa, in honore sancti illius constructa, por-
tionem meam in villa nuncupante illa, in pago illo...,
cum terris, domibus, œdificiis, accolabus, mancipiis,
campis, vineis, silvis, pratis, pascuis, aquis, aqua-
rumve decursibus, vel reliquis quibuscunque benefi-*

---

(1) *Etude historique sur la capacité civile des établissements ecclésiastiques et religieux. (Revue de législation,* 1872, p. 500-501). — *Capitul.
Karoli Calvi* XXXVI, cap. 28 (Walter, t. III, p. 150).

ciis... » (1). De même, nous avons vu que la loi des Bavarois reconnaissait au disposant la faculté la plus vaste quant à l'objet des libéralités pieuses. « *Et quic- quid donaverit, villas, terram, mancipa, vel aliquam pecuniam, omnia quæcumque donaverit pro redemp- tione animæ suæ...* » Ainsi, les églises, hospices et monastères pouvaient acquérir toutes sortes de choses.

Concluons donc que, sous les rois des deux pre- mières races, la capacité des établissements religieux était illimitée, et que l'autorisation du pouvoir royal ne fut jamais exigée pour la régularité des donations pieuses. Cette première époque marque l'ère de la plus absolue liberté : acquisitions à titre onéreux ou à titre gratuit, entre-vifs ou par testament, mobilières ou immobilières, toutes étaient permises.

L'Église, avons-nous dit au début de cette étude, exerçait une immense influence sur l'esprit des barba- res. Aussi, la conséquence de l'absolue liberté de donner aux établissements religieux est-elle facile à prévoir. Les libéralités devaient prendre un grand essor, et les richesses du clergé une grande extension. Tel fut bien le résultat (2). Jamais la générosité des fidèles n'avait été aussi grande. De toutes parts affluaient vers l'Église des dons de toutes sortes. En tous lieux s'élevaient de nouvelles églises, de nouveaux monastères richement dotés et entourés de la faveur de tous. Les grands et les rois contribuaient pour une large part au développe- ment du patrimoine ecclésiastique. Non seulement après la victoire ils attribuaient aux établissements religieux

(1) *Form. Marculf.*, Lib. II, n° 6 (Walter, t. III, p. 318-319). La for- mule n° 4, *eod. lib.*, donne une énumération beaucoup plus longue et ajoute : « Cum adiacentiis, adiunctis, appendiciis..., farinariis, cum pastoribus gregis, peculium utriusque sexus majore vel minore, mobilibus et immobilibus, vel quicquid dici aut nominari potest. »

(2) Voy. Loening, *geschichte des kirchenrechts*, t. II, p. 653.

la meilleure partie du butin et du territoire conquis, mais encore ils prenaient souvent de leur propre domaine pour les gratifier. « On a déjà vu, dit M. Guizot, que la force même était à l'usage des évêques aussi bien que des laïques, et que Charlemagne avait eu plus d'une fois à réprimer les envahissements violents qu'ils se permettaient sur leurs voisins. Mais quand le clergé n'eût jamais employé la force, il ne manquait pas d'autres moyens. La grossière imagination des barbares convertis se prêtait aisément aux séductions de l'Église, et elle avait peu de peine à se faire donner des terres par des hommes encore peu éloignés du temps où ils offraient des sacrifices humains pour se concilier la faveur de leurs dieux. Aussi, les premières lois barbares défendirent-elles expressément d'apporter aucun obstacle à de semblables donations. Elles se multiplièrent rapidement tant de la part des simples particuliers que de celle des rois (1).

Nous avons vu le roi Chilpéric se plaindre amèrement que les donations pieuses avaient appauvri le fisc, et que les richesses du domaine royal étaient passées dans le patrimoine de l'Église, « ce qui ne l'empêcha pas, aux jours de danger et de détresse, ajoute M. Lœning, de faire lui-même de riches donations à l'Église, pour s'acheter son appui dans le ciel et sur la terre (2) ». Les formules que nous a transmises le moine Marculfe, contiennent un grand nombre de modèles d'actes de donations faites aux établissements religieux par les rois et les simples particuliers (3). C'est dire combien devaient être fréquentes les libéralités envers l'Église. L'une de ces formules, dont

(1) *Essais sur l'histoire de France, IV* Essai,* ch. I, p. 96-97.
(2) Lœning, *op. cit.,* t. II, p. 667.
(3) *Form. Marculf.,* Lib. I, n° 15. — Lib. II, nᵒˢ 1, 2, 3, 4, 5, 6, 39, 40. — *Appendix,* nᵘˢ 11, 26, 27, 28, 40, 41, 43. (Walter, t. III, p. 297, 311 et suiv., 336-337, 349, 356-357, 362-363, 364).

nous avons déjà indiqué la substance, est intitulée :
« *Donatio de parva re ad Ecclesiam* », ce qui montre
que les donations pieuses n'avaient pas seulement pour
objet de riches domaines, mais encore de simples champs,
de petits biens (*parvæ res*). Riches et pauvres mettaient
un égal empressement à obtenir ainsi la bienveillance
du saint, de l'évêque ou de l'abbé voisin de leur rési-
dence. On donnait à l'Église pour le salut de son âme,
la rémission de ses péchés, pour s'assurer la protection
divine, ou encore pour s'amasser des trésors dans le
ciel (1).

Les libéralités pieuses ne se présentaient pas seulement sous la forme de donations entre-vifs. Les barbares, à leur lit de mort, oubliaient rarement de disposer
de tout ou partie de leurs biens en faveur des *venerabiles loci*. « Les testaments, dit M. Boissonade, inspirés
en général par la crainte des peines futures, contenaient
le plus souvent des legs pieux aux églises et aux monastères ; ils étaient faits avec une forme pénitentielle :
*pro remedio, pro compendio animæ, pro redemptione,
pro salute animæ.* » (2)

Cependant, il ne faudrait pas croire que la piété fût
l'unique mobile des libéralités faites à l'Église. Au
sentiment religieux s'ajoutaient fréquemment des considérations d'un ordre moins élevé. En général, les
donations pieuses offraient aux fidèles le moyen d'obéir
à la fois aux aspirations de leur âme et aux exigences
des intérêts matériels. M. Guizot, dans ses Essais sur
l'histoire de France, nous donne l'énumération des
causes diverses qui favorisèrent les acquisitions réalisées par les établissements religieux et l'immense développement de leur patrimoine : « Et comme rien n'est

(1) Guizot, *IVᵉ Essai*, p. 97.
(2) *Op. cit.*, p. 192.

simple ni pur ici-bas, dit cet auteur, l'influence des intérêts matériels venait se joindre aux motifs de piété et
aux espérances de l'avenir. Tant que dura l'anarchie de
l'invasion, dans les siècles qui s'écoulèrent avant l'établissement un peu régulier du régime féodal, la protection d'une église ou d'un monastère était presque la
seule force dont les petits propriétaires pussent espérer
quelque sécurité. On la recherchait par des donations.
Les églises étaient des lieux d'asile ; on les enrichissait
pour les récompenser du refuge qu'on s'en promettait
ou qu'on y avait trouvé. Les domaines de certaines
églises étaient exempts de tout tribut ou redevance
envers le roi. On donnait ses terres à ces églises, en
s'en réservant l'usufruit, afin de participer ainsi à leurs
immunités, et ce fut là une des causes qui multiplièrent surtout ce dernier genre de donations. Enfin, un
assez grand nombre d'églises étaient exemptes et exemp-
taient leurs vassaux, ou ceux qui cultivaient leurs biens,
du service militaire ; et quand les goûts de la vie erran-
te eurent un peu cessé, cet avantage devint si précieux
que les souverains furent obligés de réprimer par des
lois l'empressement des sujets à se le procurer : « Nous
ordonnons, dit en 824 l'empereur Lothaire, que les
hommes libres, qui, sans être pauvres et par artifice,
délèguent leurs biens aux églises pour échapper aux
services publics, et en reprennent ensuite la possession
moyennant une redevance, aillent à l'armée et soient
tenus de toutes les autres fonctions, tant qu'ils possèdent réellement leurs terres » (1). Les capitulaires de

____

(1) *Capitul. Lotha.Imp.*, *ann.* 824, tit. III, cap. 22 (Baluze, t. II, p. 324).
« Placuit nobis ut liberi homines, qui non propter paupertatem, sed ob
vitandam reipublicæ utilitatem, fraudulenter ac ingeniosè res suas Ecclesiis
delegant, easque denuò sub censu utendas recipiunt, ut quousque res suas
possident, hostes et reliquas publicas functiones faciant. »

Charlemagne contenaient déjà des dispositions analogues. » (1)

Le clergé, pour réchauffer le zèle des croyants et augmenter encore le nombre des donations pieuses, avait recours aux exhortations et aux encouragements, aux menaces et à la crainte. Tantôt il invoquait les textes de l'Écriture, et rappelait qu'on n'obtient le salut et le bonheur éternels que par l'abandon des biens terrestres ; tantôt il usait d'ingénieuses comparaisons, et insistait sur les liens étroits qui unissent Jésus-Christ à l'Église. Les formules nous offrent de curieux exemples de ces appels à la générosité des fidèles.

Faciat in pauperes eleemosynam qui vult tartari evadere supplicia.

Qu'il fasse l'aumône aux pauvres, celui qui veut échapper aux tourments de l'enfer.

Vende omnia quæ habes et da pauperibus, et habebis thesaurum in cœlo.

Vends tous tes biens et donne-les aux pauvres, tu auras ainsi un trésor dans le ciel.

Abscondite eleemosynam in corde pauperis, et ipsa pro te deprecabitur Domino.

Cache ton aumône dans le sein des pauvres, et cette aumône priera Dieu pour toi.

Sicut aqua extinguit ignem, sic eleemosyna extinguit peccatum.

De même que l'eau éteint le feu, ainsi l'aumône éteint le péché.

Bona Ecclesiæ sunt patrimonia pauperum et pretia peccatorum.

Les biens de l'Église sont le patrimoine des pauvres et le prix des péchés.

____

(1) *IVᵉ Essai*, p. 97-93. — *Capul. Ca. Magni, ann.* 805, cap. 15 (Baluze, t. I, p. 427. — Walter, t. II, p. 206). Ce capitulaire a été déjà cité ci-dessus, chapitre I.

Thesaurizate vobis thesauros in cœlo ubi nec fur effodit, nec tinea sulcat.

Amassez-vous des trésors dans le ciel où les vers ni la rouille ne gâtent rien, et où les larrons ne percent ni ne dérobent point.

Date eleemosynam et omnia munda vobis fiunt.

Faites l'aumône, et tout vous appartiendra.

Mundi terminum adpropinquantem indicia certa manifestant.

Des indices certains annoncent l'approche de la fin du monde.

Quæ Ecclesiæ sunt Christi sunt, et quæ Ecclesiæ offeruntur, Christo offeruntur, et quæ ab Ecclesia ejus tolluntur, procul dubio Christo tolluntur.

Les biens qui appartiennent à l'Église, appartiennent à Jésus-Christ; ceux qu'on donne à l'Église, sont donnés à Christ; et ceux qu'on ravit à l'Église sont, sans aucun doute, ravis à Christ.

Ut quæ Ecclesiæ sunt, sine dubio Christi, qui sponsus ejus est, sint (1).

Il est bien certain que les choses qui sont la propriété de l'Église sont la propriété du Christ, qui est l'Époux de l'Église.

Dans les formules, chacune de ces maximes est le prélude d'une libéralité faite à un établissement religieux. Elles sont l'image exacte des idées auxquelles obéissaient les Barbares, et montrent l'empire que l'Église exerçait sur leur esprit et leur imagination.

Les fidèles ne restaient pas indifférents aux pressants appels du clergé, et leur réponse se traduisait par des libéralités aussi nombreuses qu'importantes. Nous avons cité un passage extrait du Traité de l'origine du

______

(1) *Form. Marculf.* Lib. II, nᵒˢ 1, 2, 3. (Walter, t. III, p. 311-314-315. — Canciani, t. II, p. 221-223.) — Baluze, t. I, p. 1269.

droit d'amortissement, par Laurière, où l'auteur nous dit que ceux-mêmes dont la pauvreté était telle qu'ils ne possédaient aucun bien, ou dont la pieuse générosité les avait poussés à se dépouiller de tout leur patrimoine, donnaient leur personne à l'Église, persuadés que, par la servitude de leur corps, ils acquéraient la liberté de leurs âmes. Les legs pieux qui, à l'origine, n'étaient qu'une aumône, devinrent une dette, et on alla même jusqu'à refuser la sépulture à ceux qui étaient décédés sans vouloir laisser une partie de leurs biens à l'Église. Plus loin, Laurière revient sur les abus commis par le clergé. « En ce temps-là, l'avarice des gens d'église était si excessive, qu'ils ne pensaient qu'à s'enrichir par toutes sortes de voyes, abusanz de la crédulité des simples pour usurper leurs biens et même leur liberté ; car, comme on a déjà remarqué, ces pauvres gens se donnaient encore eux-mêmes et la corde au col, barbare solennité qui se pratiquait en cette occasion » (1). Cette vive critique n'a rien d'exagéré. Nous verrons que l'abus des donations pieuses fut la cause des spoliations et violences dont la propriété ecclésiastique eut si souvent à souffrir.

Faut-il une nouvelle preuve de l'autorité et du prestige de l'Église à l'époque franque ? Nous la trouvons dans un discours adressé par le peuple à Charlemagne, en l'année 803. Le peuple demande à l'empereur de veiller à ce que nul ne porte une main sacrilège sur les biens donnés aux établissements religieux, biens dont il regarde la propriété comme inviolable : « *Scimus res Ecclesiæ esse sacratas, scimus eas esse oblationes fidelium* ». Il déclare que, non seulement on ne le verra jamais prendre part à des tentatives criminelles contre le domaine ecclésiastique, mais encore qu'il n'aura

(1) Laurière, *De l'origine du Droit d'amortiss.*, p. 10, 11, 57, 58.

aucune société avec les spoliateurs, avant qu'ils n'aient donné entière satisfaction aux réclamations de l'Église; bien plus, avec l'aide de Dieu, il saura leur résister. « Qui ne voit poindre dans ce langage la formule d'excommunication dont le clergé fera un si fréquent usage pour ses intérêts temporels » (1)? Ainsi, pour sauvegarder ses droits et sa propriété, pour appuyer d'une façon plus redoutable ses revendications, l'Église se sert de l'intermédiaire du peuple. Cette curieuse requête donne l'idée parfaite des sentiments et opinions de ce temps-là et de l'influence du clergé sur la société (2).

Ces notions générales connues, nous aborderons avec quelques détails l'étude des libéralités adressées aux églises, hospices et monastères, sous les rois des deux premières races, et nous traiterons successivement : des immunités et privilèges concédés par les rois aux établissements religieux, des dîmes, des libéralités testamentaires, des donations et conventions de précaire, des attaques dirigées contre le patrimoine de l'Église et de la sécularisation des biens ecclésiastiques *(precariæ verbo regis);* enfin, nous terminerons cette première étude par l'exposé sommaire des conséquences de la situation privilégiée créée aux établissements religieux par la législation de l'époque franque.

SECTION I.

Des immunités et privilèges.

Les rois ne se contentaient pas de donner aux églises et aux monastères des biens de la couronne, des terri-

<hr>

(1) P. Bernard, *op. cit.*, p. 45.

(2) Baluze, t. I, p. 405 à 408, 987 et 988. — Voy. la traduction des principaux passages de cette requête dans Beaudoin, *op. cit.*, p. 74-75.

toires conquis, des sommes d'argent ou des objets précieux destinés à l'ornementation ; ils enrichissaient encore les établissements religieux, en leur concédant des exemptions de tout tribut ou redevance, ou bien en leur attribuant les revenus des droits de douane ou d'autres impôts.

Ainsi, Grégoire de Tours rapporte que Théodebert, roi d'Austrasie, accorda cette exemption aux églises d'Auvergne, et que Childebert en fit autant pour la cité de Tours (1). Les immunités, concédées à titre de libéralités par le roi, portaient, soit sur certains droits de douane, soit sur le service militaire. « Le plus souvent en effet les biens donnés aux églises par les rois, l'étaient en qualité de bénéfices, ce qui emportait par suite les obligations fort diverses et assez vagues attachées à ce titre ; aussi l'exemption des services bénéficiers était-elle fréquemment jointe à la concession du bénéfice. Les diplômes des princes mérovingiens en offrent une multitude d'exemples » (2). Charlemagne, qui se montra toujours si généreux envers l'Église, accorda aux établissements religieux de nombreuses exemptions de ce genre (3). Son fils, Louis le Débonnaire, dans le capitulaire d'Aix-la-Chapelle de 816, décida que le patrimoine de chaque église comprendrait une propriété entièrement affranchie de toute charge : « *De mansis uniuscujusque Ecclesiæ. — Statutum est ut unicuique Ecclesiæ unus mansus integer absque ullo servitio adtribuatur* » (4).

(1) *Greg. Tur.*, Lib. III, cap. 25 ; Lib. X, cap. 7 (*Collect. des Mémoires*, t. I et II). — Guizot, *I.Ve Essai*, p. 93.

(2) Sauzet, *op. cit.*, p. 129. — *Greg. Tur.*, Lib. IV, cap. 2. — *Form. Marculfi*, Lib. I, nᵒˢ 3, 4. — Bouquet, *Recueil des historiens des Gaules et de la France*, t. IV, p. 616, 630, 633, 718.

(3) *Capitul.*, ann. 807 (Baluze, t. I, p. 461-462).

(4) *Capitul.*, ann. 816, cap. X. (Baluze, t. I, p. 565-566. — Walter, t. II, p. 303).

A ces exemptions de tout tribut ou redevance, les rois joignaient souvent des dons d'importants revenus. M. Lœning (1) nous apprend qu'à dater du règne de Dagobert 1ᵉʳ (628), les cloîtres les plus célèbres, tels que ceux de Saint-Denis Stavelot, Malmédy, Corbie, reçurent des rois mérovingiens les revenus des douanes de certaines villes. Ainsi Dagobert, après avoir fondé, en 630, l'abbaye de Saint-Denis, lui accorda le droit de prélever annuellement cent solidi sur le rendement de la douane de Marseille, et d'envoyer dix chariots qui devaient apporter au cloître les marchandises libres de toute imposition, car le payement des droits de douane consistait non en argent, mais en marchandises mêmes. Plus tard, ce cloître échangea ce droit pour une terre que le roi Childebert III lui donna en 695 ; toutefois on retrouve bientôt après l'abbaye en possession de ce privilège, que lui rendit Chilpéric II en 716. En outre, Dagobert concéda à ce même cloître le droit à une redevance de cent vaches que la contrée du Mans avait à compter. Le roi Clovis II donna à l'abbaye de Saint-Denis le péage que devaient payer les paysans qui suivaient la messe célébrée le jour de la Saint-Denis. Il s'engagea également à ce que ces personnes ne seraient plus imposées dans toute la contrée et dans la ville de Paris. Sigebert II accorda aux cloîtres de Stavélot et de Malmédy, en 651, les droits de douane de plusieurs villes et les revenus d'un cours d'eau. Le cloître de Corbie obtint du roi Clotaire III de percevoir un droit sur de grandes quantités de marchandises payées à la douane ; ces marchandises consistaient spécialement en épices et fourrures. Le cloître devait envoyer chaque année des personnes chargées de prendre les marchandises, et douze chariots étaient mis à leur disposition pour

(1) Loening, *op. cit.*, t. II, p. 669, 670, 671.

le transport. Ce ne fut qu'un fait purement isolé, quand le roi Dagobert I, à titre de libéralité, concéda à l'église épiscopale de Tours le droit de prélever, pour son propre usage et par l'intermédiaire de ses administrateurs, les impôts qui, dans cette ville, étaient perçus par le fisc ; concession qui, dès cette époque, eut un grand retentissement. Néanmoins, dans la première moité du VIIIe siècle, l'Église était encore en possession de cet important privilège. Enfin, à la situation toute favorable, créée aux églises et monastères par le privilège de l'immunité, vint se joindre le droit de percevoir tous les impôts, amendes et prestations par l'intermédiaire d'employés spéciaux et pour l'usage particulier de l'établissement religieux (1).

SECTION II

Des dîmes.

De tous les souverains, Charlemagne est celui dont le souvenir est resté le plus cher à l'Église. Il entoura les établissements religieux et les membres du clergé de la plus grande sollicitude, les combla d'honneurs et de bienfaits, et fut le véritable fondateur de leur puissance temporelle. A son lit de mort, l'empereur n'oublia ni les églises et monastères, ni les pauvres. Sa volonté dernière fut encore tout en leur faveur (2). L'une des manifestations les plus importantes de sa piété et de sa générosité envers l'Église fut de prescrire aux

---

(1) Pertz, *Dipl.*, p. 54, 59, 73, 74, 68, 23, 76. — Guérard, *Polyptique de l'abbé Irminon* (Paris 1844). I, *Prolégomènes.* p. 806. — Pardessus, *Dipl.*, II, 320.

(2) Voy. Montesquieu, *Esprit des lois*, liv. XXXI, ch. 12, p. 555-556.

fidèles l'obligation au payement de la *dîme,* et de sanctionner sur ce point les décisions des conciles.

La dîme est la portion des fruits de la terre ou des troupeaux, que les fidèles devaient prélever sur les produits de leurs biens et payer à l'Église pour l'entretien des ministres du culte. Cette portion ne consistait pas toujours, comme son nom semblerait l'indiquer, en la dixième partie des fruits, la *decima pars.* Elle variait suivant l'usage de chaque paroisse, *secundum morem regionis,* dit un capitulaire. En certains endroits, c'était la douzième gerbe de blé, en d'autres, la quinzième, enfin en d'autres, la vingtième ou la trentième (1).

La dîme constituait une source fort importante de revenus pour les établissements religieux. Elle se présenta pendant longtemps sous la forme d'un don purement volontaire. L'obligation de payer le dixième des fruits ne fut imposée par l'autorité ecclésiastique qu'au milieu du vie siècle, et reconnue par l'autorité civile qu'à la fin du viiie.

Nous savons qu'à l'origine, les offrandes des chrétiens étaient entièrement libres, et n'avaient d'autre règle que leurs pieux désirs. Mais bientôt, l'aumône ne donnant pas un revenu assuré, l'Église demanda, avant tout, la régularité dans les apports des fidèles. Aussi, dès le iie siècle, les familles chrétiennes prenaient-elles l'engagement de payer des cotisations mensuelles. Cependant la dîme avec son caractère propre n'apparut que plus tard.

Au ve siècle, l'église d'Occident, poursuivant toujours le même but, réclamait hautement des fidèles le don annuel du dixième des fruits produits par leur biens.

____

(1) *Leges Langubardicæ Caroli Magni,* cap. 60 (Watter, t. III, p. 593). — De Héricourt, *Les lois ecclésiastiques,* IVᵉ partie, H., ch. I, p. 193.

Les juifs, par l'ordre de Dieu, avaient été soumis au payement de la dîme. Le clergé fit l'application de ce commandement judaïque à la communauté chrétienne. « Donnez aux pauvres de votre bien, disait Saint-Augustin à son peuple, et offrez en une portion aux ministres de la nouvelle loi. Quoique vous ne soyiez point obligés, comme les juifs, à payer la dixme par une disposition précise de la loi, vous devez imiter Abraham, qui la payait avant la loi et par le seul mouvement de sa piété. » Saint-Jérôme, par sa traduction des Écritures, par ses commentaires et ses remarquables écrits, répandait dans le monde la connaissance de l'ancien Testament et exhortait les chrétiens à consacrer à Christ les prémices et la dixième partie des fruits qu'ils recueillaient. « Le Seigneur, écrivait cet éminent docteur, a prescrit de vendre tous ses biens, de les donner aux pauvres et de suivre le Maître. Si les chrétiens ne veulent pas se conformer à ce précepte, ils peuvent bien tout au moins imiter l'exemple des juifs et donner la dîme aux ecclésiastiques et faire l'aumône aux pauvres. » (1) En 567, peu de temps après le concile de Tours (566), l'évêque Euphronius de Tours et trois autres évêques écrivirent une lettre, dans laquelle ils annonçaient que le jugement de Dieu était proche ; ils exhortaient les fidèles à sauver leurs biens par le payement de la dîme et obtenir ainsi la rémission de leurs péchés.

Ces exhortations ne suffirent point, et l'Église, pour établir l'usage de la dîme, dut menacer de peines sévères ceux qui refuseraient de l'observer. Le premier

---

(1) Hieronymus, *Comment. in Maleach.*, cap. 3. « Quod si facere nolumus, saltèm judœorum imitemus exordia, ut pauperibus partem demus ex toto, et sacerdotibus ac levitis honorem debitum referamus ». (VI, 978). — (Lœning, t. II, p. 676).

règlement, que nous trouvons dans les conciles à ce sujet, est celui du concile de Mâcon, tenu vers la fin du vi^e siècle (585). « Le second concile de Tours, dit Héricourt, écrivit une lettre (1) très pressante pour engager les peuples à payer la dixme, à l'exemple d'Abraham. Offrez à Dieu la dixième partie, disaient les évêques de ce concile, afin de conserver les neuf autres parties. Si vous refusez de remplir ce devoir, craignez de vous voir réduits à la pauvreté, pour avoir négligé de sacrifier au Seigneur une petite portion. Ces exhortations ne firent point apparemment assez d'impression sur les peuples, qui étaient accoutumés à regarder la dixme comme un sacrifice volontaire qu'il était bon d'offrir au Seigneur, mais qu'on pouvait omettre sans péché. Le concile de Mâcon, tenu quelques années après celui de Tours, fit de la dixme une loi générale, et ordonna de prononcer la peine d'excommunication contre ceux qui manqueraient à l'observer. « *Si quis autem,* dit le concile (canon 5), *contumax nostris statutis saluberrimis fuerit, de membris ecclesiæ omni tempore separetur* ». Pour autoriser ce décret, les évêques supposent que les dixmes sont de droit divin dans la nouvelle loi, comme elles l'étaient dans l'ancienne, afin que les ministres des autels, n'étant point occupés d'affaires temporelles, puissent se livrer entièrement au culte du Seigneur et à l'instruction des fidèles » (2). « C'est, dit l'abbé Fleury, parlant du concile de Mâcon, c'est la première loi pénale pour la dixme, que j'aie remarquée. » (3)

Si sévère que fût la peine édictée contre ceux qui ne

______

(1) D'après M. Lœning, on ne doit pas attribuer cette lettre au second concile de Tours (566). Elle est, dit cet auteur, de quelques mois postérieure à ce concile (567) (t. II, p. 677, not. 1).

(2) *Op. c t.*, Introduction à la IVe partie, H , p. 193.

(3) *Histoire ecclésiastique*, t. VII, liv. 34, p. 632.

se conformeraient pas à la nouvelle prescription, des années devaient s'écouler avant que l'Eglise obtînt une complète satisfaction. Le concile de Mâcon fut en effet mal observé jusqu'à Charlemagne. Toutefois l'usage de payer la dîme se répandit peu à peu, dès la seconde moitié du vi^e siècle. Ainsi, Mabillon rapporte que la reine Radegonde, femme de Clotaire I, donnait à l'Eglise la dixième partie de tous les biens qu'elle recueillait. *« Cum sibi aliquid de tributis accideret seu ex omnibus, quæ venissent ad ea, ante dedit decimas quam recepit »* (1). Grégoire de Tours nous apprend que des guérisons miraculeuses donnaient souvent lieu au payement annuel de la dîme, en reconnaissance de la santé rendue. De même, la promesse de donner la dîme était un moyen d'obtenir la protection d'un Saint (2). En 580, on regardait comme un signe d'impiété et d'hérésie, que les Lombards, qui étaient encore ariéens, ne payaient pas la dîme (3). Enfin, au viie siècle, le roi Sigebert II prit l'engagement d'offrir chaque année à l'Église de Spire le dixième des fruits des terres du domaine royal comprises dans le territoire de Spire (4). Mais s'il est vrai que, sous les premiers rois de la seconde race, les fidèles payaient en général la dîme, il faut cependant remarquer qu'elle n'était encore qu'un don volontaire, et que le payement n'en était soumis à aucune règle déterminée. Le cas de Sigebert II est un fait absolument isolé dans l'histoire des temps mérovingiens.

(1) *Vit. Radegundis*, cap. 3 (*Acta Sanct.*, I, 320).
(2) Grégor. Tur., *De gloria confessorum*, cap. 103. — Lœning, t. II p. 678, note 2.
(3) Gregor. Tur., Lib. VI, cap. 6.
(4) Pertz, *Dipl.*, p. 24. « Ut de omnes fructus terre infra pago Spirense, quantumcumque fiscus noster continet, tam de annona quam de vino, mel, sive jumenta, de porcos quam et de omni reliqua solucione ad nos aspicienda... annis singulis ad ecclesiam Nemetense..... decimus caput debeat offerre... in stipendia clericorum vel alimonia pauperum. »

Chacun avait le choix de l'Église et de l'époque à laquelle il consentait à faire don du dixième des fruits. Le roi n'avait point encore fait de la dîme une obligation générale, et l'Église n'avait pas renouvelé les décisions du concile de Mâcon (1).

Ce n'est qu'à la fin du viiie et au commencement du ixe siècle qu'on voit les capitulaires imposer aux fidèles l'obligation de payer cette redevance aux ecclésiastiques (2). Dès lors, la dîme ne fut plus une véritable donation, car, étant obligatoire, l'élément essentiel de toute libéralité, *l'animus donandi*, faisait le plus souvent défaut.

Dans les premières années de son règne, Charlemagne, à la pressante sollicitation des évêques, permet d'employer l'autorité des juges séculiers contre les laïques qui refusent de consacrer à Dieu les prémices et la dixième partie des fruits qu'ils recueillent. Un capitulaire de 779 est ainsi conçu : « *De decimis, ut unusquisque homo suam deciman donet, atque per jussionem Épiscopi sui dispensetur* ». Désormais, toute personne devra donner la dîme à son église, et la répartition des biens ainsi recueillis sera faite par l'évêque du diocèse. La loi règle cette répartition. Le produit des dîmes est divisé en quatre parties égales qui sont allouées : l'une à l'évêque, l'autre aux clercs, la troisième aux pauvres, la dernière à l'église même (3). L'empereur donne l'exemple et soumet ses propres biens au payement de la dîme. Le capitulaire *De Villis*, de l'année

(1) Lœning, t. II, p. 678-679.

(2) *Traité historique de l'origine et de la nature des Dixmes*, Valleyre, Paris 1762.

(3) *Capitul. ann.* 779, cap. 7. (Walter, t. II, p. 59). — *Leges Langobardicæ Caroli Magni,* cap. 7, cap. 60, cap. 95 : « Ut decimæ Populi in quator partes dividantur. Prima pars Episcopis detur, alia Clericis, tertia Pauperibus, quarta in fabrica ipsius Ecclesiæ. » (Walter, t. III, p. 584, 593, 598).

800, porte : « *Volumus ut judices nostri decimam, ex omni conlaboratu, pleniter donent ad ecclesias quæ sunt in nostris fiscis, et ad alterius ecclesiam nostra decima data non fiat, nisi ubi antiquitùs institutum fuit* » *(1)*.

Il est à présumer que le capitulaire de 779 ne fut pas rigoureusement observé. Nous voyons en effet Charlemagne et ses descendants renouveler l'ordre, jadis donné aux fidèles, de payer régulièrement la dîme. Le premier capitulaire de 813 contient deux dispositions en ce sens (2). Louis le Débonnaire, avec un soin minutieux, s'occupe du payement de la *décima pars*. Il exige la présence de deux témoins « *De decimis, ut dentur, et dare nolentibus...., a Ministris Republicæ exigantur : et eligantur quatuor vel octo homines optimi...., ut ipsi inter Sacerdotes et Plebem testes existant, ubi datæ vel non datæ fuerint.... Duos autem testes, si adfuerint, sufficere credimus* ». On interdira l'entrée de l'église à ceux qui, après trois avertissements donnés par les prêtres, ne s'acquitteront point aussitôt de leur dette. Si cette peine ne suffit pas, l'autorité publique interviendra et les *Ministri Republicæ* contraindront les délinquants, non seulement à donner la dîme, mais encore à payer six solides à l'église. A cet effet, on agira contre leurs maisons ou leurs métairies (3). Lothaire I décide que nul ne peut, pour quelle cause que ce soit, payer la dîme à une église autre que celle à qui il la doit. Celui qui contreviendra à cette disposition de la loi, devra restituer à son église la quantité voulue de fruits, en y joignant six solides. L'empereur ordon-

---

(1) *Capitul. De Villis, ann.* 800, cap. 6. (Walter, t. II, p.132-133. — Baluze, t. I, p. 832).

(2) *Capitul. primum ann.* 813, cap. 7 et 19. (Walter, t. II, p. 257-258).

(3) *Leg. Langob. Ludovici Pii,* cap. 34. (Walter, t. III, p. 632).

ne ensuite de citer en sa présence ceux qui ne se soumettront pas aux ordres donnés par les comtes ou les commissaires royaux (*Missi Dominici*) pour faire observer l'usage de la dîme (1). Les Capitulaires de Louis II contiennent des dispositions analogues (2).

Ajoutons, pour terminer cette étude sur les dîmes, qu'en 909, le concile de Troli, dans le Soissonnais, étendit à toutes les productions, industries, professions et commerces l'obligation de payer la *decima pars* aux églises « *Ecce audistis*, dit ce concile, *cujus sint, et cui sacrificentur, et cui dari, scilicet Deo, decimæ debeant, sed et quæ sibi dari præcipiat : scilicet non tantùm omnes omnium quæ nascuntur in terra decimas, sed etiam universas frugum quas gignit humus premitias, necnon et decimas boum... : manum quoque vestrarum decimas, ac premitias, insuper et vota, atque munera, quæ omnia vobis offerre præcipit ad locum templi sui, ut cedant in usus sacerdotum pro ministerio quo serviunt in tabernaculo domini* ». Nul ne peut, à raison de sa situation, se dispenser de payer la dîme. « Quelqu'un dira peut-être : je ne suis pas laboureur, je n'ai ni terres ni troupeaux dont je puisse donner la dîme. Que chacun sache, qu'il soit militaire, négociant ou artisan, que l'intelligence dont il tire sa nourriture, lui vient de Dieu, et qu'il lui en doit la dîme » (3).

La dîme n'était pas l'unique source des revenus dont disposaient les établissements religieux. L'Église acquit en outre de grands biens par donation et par tes-

---

(1) *Leg. Langob. Lotharii I*, cap. 46 et 47. (Walter, t. III, p. 645).

(2) *Leg. Langob. Ludovici II*, cap. 1. (Walter, t. III, p. 659).

(3) « Fortassis vero, dicet aliquis : non sum agricola, non habeo un dè-possim dare decimas fructuum terrenorum, vel etiam armentorum. Audiat quicumque est ille, miles sit, negotiator sit, artifex sit : Ingenium, quo pas, ceris, Dei est, et ideo indè ei dare debes decimas. » Conciliun Trosleianum can 6 et 9. (Labbe, t. IX, col. 538-539).

tament. Nous avons, en effet, indiqué que les libéralités par actes entre-vifs et les libéralités testamentaires des particuliers envers les églises, hospices et monastères étaient très fréquentes à l'époque franque. Etudions maintenant ces deux classes de libéralités.

SECTION III

Des libéralités testamentaires.

Les testaments des laïques, aussi bien que des ecclésiastiques, contenaient souvent des dispositions en faveur des *venerabiles loci*. Ils étaient faits selon les formes du Droit romain qui, nous le savons, était alors en usage dans l'Église. Les exemples en sont nombreux (1). La loi bourguignonne consacre formellement la validité des dispositions testamentaires « *Hoc ordine in populo nostro donationes factæ et testamenta valebunt, ut quinque aut septem testes donationi aut testamento, prout possunt, aut signa aut subscriptiones adiiciant. Quod si minor testium numerus interfuisse probetur, facta donatio, aut conditum testamentum, nullam habere poterit firmitatem* » (2).

Les conciles faisaient de fréquents appels au zèle et à la générosité des fidèles, et les exhortaient à ne point oublier l'Église dans leur testament, afin d'obtenir ainsi la rémission de leurs péchés et le salut de leur âme, en même temps qu'ils menaçaient de peines sévères ceux qui contreviendraient aux volontés dernières du défunt. « Indépendamment du secours que lui prêtèrent

______

(1) Voy. Lœning, t. II, p. 661-672. — Pardessus, *Dipl.*, I, 81, 104, 137 ; II, 15, 323, 370, 400. — Mabillon, *Acta Sanct.*, II, 439. — Greg. Tur., V, 37 ; *De glor. martyr.*, cap. 31 ; *Vit. Patrum*, VIII, cap. 5.

(2) *Lex Burgundionum*, tit. 43, cap. 1. (Walter, t. I, p. 324).

les lois, l'Église, dit M. Boissonade, usa des armes spirituelles, si puissantes à cette époque, pour sanctionner les dispositions testamentaires faites en sa faveur. Plusieurs conciles prononcent la peine de l'excommunication contre les héritiers qui n'exécuteraient pas les dispositions faites par leur auteur en faveur de l'Église, des monastères ou des pontifes ». En ce sens on peut citer : les Conciles de Vaizon (Vasense), en 442, Canon 4 ; d'Orléans (Aurelianense IV), en 541, Canons 14 et 19 ; de Reims (Remense), en 625-630, Canon 10 (1).

Pour accroître encore la source des acquisitions faites par testament et par legs, les conciles décidèrent que les libéralités, adressées aux évêques par les personnes avec lesquelles ils n'étaient pas parents, seraient censées faites à l'Église elle-même. Car on peut supposer avec juste raison, disent les conciles, que celui qui dispose de son bien en faveur d'un évêque, le fait pour le salut de son âme et pour constituer un avantage à l'Église. En outre, c'est le devoir des ecclésiastiques, surtout des évêques, de transmettre aux églises, dont ils ont la direction, une partie de leurs biens par donation ou testament. Afin d'assurer l'accomplissement de ce devoir, l'Église se prévalait d'un désistement tacite de la part de l'évêque. A l'inverse, pour déterminer les prélats à disposer de leurs biens en faveur des établissements religieux, on leur permettait de léguer des biens faisant partie du domaine ecclésiastique, mais à la condition de donner en retour à l'Église une quantité au moins égale de leur patrimoine (2).

(1) *Histoire de la réserve héréditaire*, p. 193. — Labbe, t. III, col. 1457 ; t. V, col. 384 et 1691.

(2) Lœning, t. II, p. 674-675. — Gregor. Tur., *Vit. Patrum*, VIII, cap. 5. — Concile d'Agde, can. 6 et 33 (506). — Concile de Reims, can. 20 (625-630). — Concile d'Epao, can. 17 (517). « Si episcopus condito testamento aliquid

Les empereurs carlovingiens sanctionnèrent les décisions des conciles, et assurèrent aux établissements religieux une partie des biens provenant de la succession épiscopale. L'Église fut de droit l'héritière de l'évêque. Un capitulaire de Charlemagne, de 754, établit une distinction. Les évêques n'auront désormais que la libre disposition des biens qui leur ont appartenu avant leur entrée dans les ordres. Tous les biens acquis après leur ordination, en leur nom ou au nom d'un tiers, à titre onéreux ou à titre gratuit, seront dévolus à leur église. Comme à l'époque franque, l'Église demeura en possession de ce droit pendant tout le moyen âge (1).

SECTION VI

Des donations et conventions de précaire.

Les libéralités testamentaires étaient loin d'être celles que préférait l'Église. Elle ne les acceptait qu'à défaut de libéralités entre-vifs. Saint-Augustin ne pouvait

---

de ecclesiastici juris proprietate legaverit, aliter non valebit nisi vel tantùm de juris proprii facultate suppleverit. » — IV⁴ concile d'Orléans, can. 9 (541).

(1) *Capitul. Karoli Magni, ann.* 794, cap. 39 (Walter, t. II, p. 120) : « Et propinqui vel heredes Episcopi res quæ ab Episcopo sunt adquisitæ, aut per comparationes, aut per traditiones, postquam Episcopus fuerit ordinatus, nequaquam post ejus obitum hereditare debeant; sed ad suam Ecclesiam catholicè. Illæ autem quas prius habuit, nisi traditionem ad Ecclesiam ex eis fecerit, heredibus et propinquis succédant. » — Baluze, lib. V, cap. 327, t. I, p. 894. « Fixumque abhinc et perpetuo mansurum esse decrevimus ut Episcopus res sui juris, quas aut antè Episcopatum aut certè in Episcopatu hereditaria successione adquisivit, secundum auctoritatem canonicam quicquid vult faciat, et cui vult conferat. Postquam autem Episcopus factus est, quascumque res de facultatibus Ecclesiæ, aut suo aut alterius nomine, qualibet conditione comparaverit, decrevimus ut non in propinquorum suorum, sed in Ecclesiæ cui præest jura deveniant. » — Hincmar, *Epist.* 7, cap. 35. — Tardif, *op. cit.*, p. 500. — Beaudouin, *op. cit.*, p. 85.

s'empêcher de manifester son mécontentement et sa
tristesse, en voyant la tiède piété de la plupart des
fidèles qui, de leur vivant, ne consentaient pas à se
séparer de leurs biens et attendaient le jour de leur mort
pour transmettre leur patrimoine à l'Église. Mais à
cette considération toute morale se joignait pour
l'Église un intérêt matériel des plus sérieux. En effet,
la donation entre-vifs confère d'importants avantages.
Le donataire devient immédiatement propriétaire, et
l'établissement religieux ainsi gratifié acquiert un droit
qu'on ne peut lui ôter. Il n'a point à craindre le changement de volonté du donateur, tandis que, s'il s'agit
de libéralités testamentaires, l'héritier et le légataire
sont sans cesse exposés à voir le disposant revenir sur
la décision prise et la libéralité s'évanouir. Enfin, les
contestations et les procès, qui s'élèvent si facilement
en matière de succession, étaient fort désagréables à
l'Église, indépendamment du préjudice considérable
que pouvait lui causer le refus des héritiers d'exécuter
les dispositions testamentaires faites en sa faveur. En
ce temps-là, il était souvent difficile d'obtenir justice.
L'Église voulait-elle avoir recours à la force et à la
violence ? Elle risquait de se heurter à une force et
une violence plus grande encore. Les donations entre-
vifs, au contraire, permettaient d'écarter toute difficulté
avec les héritiers. Aussi répondaient-elles bien mieux
au désir du clergé, qui s'efforça d'en augmenter le
nombre. Toutefois, ces sortes de libéralités devaient
être assez rares. Leur accomplissement rencontrait un
grave obstacle. Si la perspective d'une récompense
dans l'autre vie avait aisément raison des scrupules à
l'égard des héritiers, et déterminait les fidèles à faire
l'abandon de leurs biens pour le temps où ils ne
seraient plus, il est à croire qu'ils ne se montraient pas

aussi empressés à se priver pendant leur vie de la jouissance des biens terrestres. S'il est vrai que le plus souvent on hésite peu à sacrifier ses héritiers au donataire, en général on se préfère soi-même au donataire, et on consent difficilement à se dépouiller de son vivant. C'est ce qu'exprimaient communément les jurisconsultes romains en ces quelques mots : « *Magis quis habere se vult, quam eum, cui donat ; magisque eum, cui donat, quam heredem suum* » (1).

Il fallait donc, pour concilier l'intérêt de l'Église avec l'intérêt du donateur, trouver le moyen de laisser à ce dernier, pendant sa vie, la jouissance des biens donnés. A cet effet, on eut recours à divers procédés.

I. — *Cessiones post obitum.*

La conciliation nécessaire s'obtenait par une opération juridique qu'on a appelée *cessio post obitum*, et qui n'était autre que la *donatio mortis causa* du Droit romain. « *Donatum post diem obitus mei*, disait l'évêque Vigilius d'Autun en 670, *in perpetuum esse volo* ». (Pardessus, Dipl., II, 152).

La validité de la donation à cause de mort, on le sait, était subordonnée à la double condition de la survie du donataire et du maintien de la volonté du donateur jusqu'au jour du décès. La première condition était essentielle, mais nous avons vu que, dans le cas d'une libéralité faite à une personne juridique, à un établissement religieux, cette cause de révocation présentait fort peu d'intérêt. Quant à la seconde cause de révocation, il était loisible au donateur *mortis causa* de l'écarter. La renonciation au droit de faire tomber la donation par un simple changement de volonté pouvait résulter de l'ensemble de l'acte ou être

(1) D. XXXIX, 6,*ll*, 1 pr., 35 § 2. — Brissonnet, *Dons et legs aux établissements religieux*, p. 60, Th. Doct., Poitiers, 1881.— Lœning t. II, p. 654.

faite en termes formels (*Sic quoque potest donari mortis causa : ut nullo casu sit repetitio : ut nullo casu revocetur*. D. XXXIX, 6, *De mortis causa donat, ll.* 13 § 1; 27, 35 § 4).

Supposons qu'une telle renonciation, soit expresse, soit tacite, est intervenue. De plus, le bienfaiteur a donné la chose, non pas de manière à en rendre à l'instant propriétaire celui qui l'a reçue, mais avec cette condition que la propriété n'en sera transférée qu'à sa mort : « *non sic dat, ut statim faciat accipientis; sed tunc demum, cum mors fuerit insecuta* ». (*eod. tit., ll. 2,29*). L'acte était alors une *cessio post obitum*. Le donateur conservait, avec la propriété, la pleine jouissance du bien cédé, mais au jour de sa mort, la translation de propriété jusqu'alors suspendue s'opérait à l'instant au profit de l'établissement religieux. Ainsi se trouvait réalisé le but proposé. Le donateur qui voulait, par l'abandon de ses biens, obtenir le pardon de ses péchés, devait ajouter à la donation une clause de renonciation et la rendre par là irrévocable. Dans les formules et actes anciens, on ne trouve pas seulement la déclaration expresse que les biens resteront à jamais à l'Église, mais encore on voit le donateur appeler sur lui la colère divine, s'il tente plus tard de revenir sur sa donation et de porter atteinte au droit de l'Église, c'est-à-dire, pour le cas où « *nos ipsi aut ullus de heredibus nostris..... contra hanc testamen donacionis.... venire temptaverit..... et hoc quod repetit, nullatenus valeat evindicare et præsens testamentum firma et inviolata permaneat* » (1).

II. Donations avec réserve d'usufruit. Conventions de précaire.

(1) Voy. Lœning, t. II, p. 655 et not. 2. — Ortholan, *Législ. rom.*, t. II p. 379 et suiv. — *Formulæ Sirmondicæ*, n° 35. (Walter, t. III, p. 392).

Voici un second procédé qui, tout en présentant les mêmes avantages que la *cessio post obitum*, répondait mieux encore au désir de l'Église.

Une personne veut gratifier un établissement religieux. Elle lui donne tout ou partie de ses biens. La tradition est faite et l'aliénation consommée. L'établissement devient propriétaire. Mais à cette donation pure et simple, le disposant joint aussitôt une supplication, une prière (*preces*). Il demande au donataire de lui concéder les mêmes biens en usufruit, pendant un certain temps ou jusqu'à sa mort, (*sub precario*, ou *precario jure et usufructuario ordine*). Le recteur de l'Église, l'administrateur de l'établissement religieux entend cette requête. Le bienfaiteur est ainsi dépouillé de son droit de propriété, mais il reste en possession de la chose donnée et jouit de son bien sous l'autorité de l'Église. L'acte qui contient la demande de concession s'appelle *precaria* ou *carta precaria* proprement dite. L'acte de concession est intitulé *prœstaria*. Cependant il n'est pas rare de voir, dans les formules, l'expression *precaria* désigner l'opération tout entière, demande et concession. « En définitive, dit M. Demante, malgré des précautions de style, la convention, dont il s'agit, n'est rien autre qu'une donation avec réserve d'usufruit. Mais, en général, le donateur du fonds ne veut pas amoindrir le caractère de sa libéralité par une réserve formelle. Après s'être entièrement dépouillé de la propriété, il se met à la discrétion de l'Église et reçoit d'elle l'usufruit, à titre de bienfait, *per beneficium*, par une donation rémunératoire et réciproque. C'est à cette considération toute morale que je crois devoir rattacher le soin que mettent les rédacteurs d'actes à séparer le moment de la tradition du fonds et celui de la concession d'usufruit. Il est vrai cependant que cet

usage concorde avec une constitution des empereurs
Honorius et Théodose, qui exige formellement la tradition corporelle des choses données et statue : que la
réserve d'usufruit ne pourra tenir lieu de cette tradition : que si le donateur veut obtenir la jouissance de
la chose, ce ne pourra être qu'après la mise en possession du donataire....(l. 8, *De Donationibus*, C. Théod.,
VIII, 12). Mais cette constitution de l'année 415 avait
été abrogée deux ans plus tard par les mêmes empereurs ;
la nécessité d'une tradition corporelle avait été supprimée, le droit ancien rétabli : « *jus pristinum renova-
mus* » disent les empereurs, et en somme il avait pré-
valu que dans les donations la rétention d'usufruit
valait la tradition : « *omnino idem sit usumfructum retinere, quod tradere.* » (l. 9, *eod. tit.*). Bien que la constitution de l'année 415 soit restée textuellement insérée
au Code Théodosien, je ne puis croire qu'une loi sitôt
abrogée suffise à expliquer le style des actes sur ce
point. » (1) Ajoutons, à l'appui de cette opinion, qu'une
semblable façon d'agir devait être agréable à l'Église,
car elle n'était point ainsi seulement donataire, mais
jouait en même temps le rôle de donateur. Elle dut
chercher à répandre qu'il y avait, dans la concession de
l'usufruit, une véritable faveur accordée par elle à son
bienfaiteur. C'est bien ce que semblent indiquer les
expressions : « *ad beneficium — per nostrum beneficium aut successorum nostrorum* » (*form. Marculfi,*
lib. II, n° 40), qu'on rencontre dans les actes de concession, dans la *carta præstaria*.

Les donations avec réserve d'usufruit n'avaient rien

(1) *Des Précaires ecclésiastiques dans leur rapport avec les sources du
Droit romain.* (*Revue histor.*, t. VI, 1830, p. 46 et suiv.) — Loi 9, C. Théod.,
VIII, 12, Interpretatio : « Quia reservatio ususfructus, etiamsi stipulatio in-
serta non fuerit, pro traditione habeatur. »

d'illicite. Leur validité est même affirmée par quelques lois barbares, notamment par les lois des Wisigoths, des Bavarois et des Alamans. Dans le titre II de cette dernière loi, on lit : « *De liberis qui res suas ad Ecclesiam Dei tradunt, et in beneficium sub usufructuario accipiunt. — Si quis liber res suas ad Ecclesiam dederit... et post hæc a pastore Ecclesiæ per beneficium susceperit ad victualem necessitatem conquirendam diebus vitæ suæ, et quod spondit persolvat ad Ecclesiam censum de illa terra, et hoc per epistolam firmitatis fiat, ut post ejus discessum ullus de heredibus non contradicat* » (1). Il semblerait résulter de ce texte que le bien donné ne devait être concédé au donateur, que s'il voulait rester en possession et garder le bien pour en tirer sa nourriture et subvenir à son propre entretien. Nous verrons cependant que cette règle n'avait rien d'absolu, et que l'Église fit, moyennant le payement d'un cens ou redevance, de nombreuses concessions en toute liberté et sans que cette condition dût être observée. Ajoutons que la validité des précaires — de ces conventions où un propriétaire transmettait son bien à l'Église et, où celle-ci à son tour, lui en concédait la jouissance pendant sa vie ou même après sa mort à quelques-uns de ses héritiers, en retenant la propriété et moyennant certaines redevances de diverses natures, sous peine d'amende ou composition du double — est aussi attestée par les capitulaires des rois Francs (2).

______

(1) *Lex Alamannorum*, tit. II, cap. I. (Walter, t. I, p. 199). — *Lex Baiuvariorum*, tit. I, cap. 1 : « Ut si quis liber persona voluerit et dederit res suas ad ecclesiam pro redemptione animæ suæ.... et posthæc nullam habeat potestatem exinde quicquam auferre, nec ipse nec posteri ejus, nisi defensor ecclesiæ ipsius *per beneficium* et præstare voluerit. » — *Lex Wisigothorum*, Lib. V, tit. II, cap. 6 *in fine* (Walter, t. I, p. 516).

(2) *Capitul. Wormat.*, cap. 3, ann. 803, et *Capitul. tertium incerti anni* : « Præcipimus ut nullus res Ecclesiæ *nisi precatio possideat*, et postquam ipsæ precariæ finitæ fuerint, faciant potestative speculatores Ecclesiæ utrùm elegerint, aut ut ipsas recipiant, aut posteris eorum sub precario et censu habere permittant. » (Walter, t. II, p. 194 et 274).

Ces libéralités, où le disposant trouvait la sauvegarde de ses intérêts terrestres par la conservation jusqu'à sa mort de la jouissance du bien donné, mettaient l'Église à l'abri d'un double danger : le changement de volonté du disposant et les attaques dirigées par les héritiers. De plus, elles offraient, sur les donations appelées *cessiones post obitum*, cet avantage que la donation était sur le champ consommée et la propriété des biens immédiatement transmise à l'établissement religieux. L'usufruit était ensuite concédé, mais au jour du décès du donateur la pleine propriété appartenait au donataire, sans qu'il fût besoin d'aucune tradition : « *Totum et ad integrum*, dit une formule, *de jure meo in vestra vel sancti Martini jure proprietario trado atque transfundo, ea vero ratione ut quandiu advixero, sub usu beneficii vestri absque ullo præjudicio vel diminutione aliqua prædictas res tenere et usurpare debeam, et post meum quoque discessum, quicquid in jam dicta villa vel... rectores ipsus ecclesiæ agentesque illius absque ullius exspectata traditione,... tanquam si ad præsens absque usu nostro eorum fuisset obsecuta possessio, in eorum faciant revocare potestatem vel dominationem.* » (*Form. Sirmondicæ*, nº 1, Walter, t. III, p. 374). Il est vrai que l'Église, pendant la vie du donateur, perdait les revenus des biens donnés, mais cet inconvénient était peu de chose à ses yeux, parce qu'il se trouvait largement compensé par l'acquisition d'un droit ferme et stable.

Aussi les fidèles, sur la sollicitation du clergé, marquaient-ils leur générosité envers l'Église par des donations avec réserve d'usufruit. « Un grand nombre de donations étaient faites aussi à l'Église avec la réserve, par les donateurs, de la jouissance précaire du bien donné pendant leur vie, ou celle d'une personne désignée. » (1) Les recueils de formules anciennes contiennent de nombreux modèles de conventions de précaire, ce qui montre combien fréquentes devaient être, à l'époque franque, ces sortes de libéralités. (2)

Quelle était la situation du donateur auquel l'Église accordait la jouissance du bien donné? Sa situation était à peu près la même que celle d'un usufruitier. Il recueillait les fruits et pouvait en disposer librement; il avait les pouvoirs les plus étendus d'un administrateur. Cependant il existait une différence entre cet usufruit et l'usufruit du Droit romain. D'après la législation romaine, l'usufruitier devait donner certaines garanties au nu-propriétaire. Le droit prétorien lui imposait l'obligation de fournir, avant d'entrer en possession, une double promesse : celle de jouir en bon père de famille, et celle de restituer, à la fin de l'usufruit, ce qui restera de la chose : « *Usurum se boni viri arbitratu : et cum ususfructus ad eum pertinere desinet, restiturum quod inde exstabit* ». Ces promesses devaient être garanties par une satisdation qui était la condi tion préalable de l'entrée de l'usufruitier en jouissance (3). Cette règle du Droit romain ne paraît pas avoir été appliquée à l'hypothèse qui nous occupe, ou tout au moins elle dut tomber bientôt en désuétude. Il est vrai que l'Église prescrivit de bonne heure aux

(1) Pardessus, *Loi Salique, 8ᵐᵉ Dissertation,*, p. 553. — La Ferrière, *Ilis toire du Droit*, t. IV, p. 440 — Giraud, *Essais sur l'histoire du Droit Français au Moyen-Age*, t. I, p. 198 et s.

(2) Form. Marculfi, Lib. II, Nᵒˢ 56, 39, 40, 41. — Appendix, Nᵒˢ 27, 28, 41, 42- — Form. Sirmondicœ, Nᵒˢ 1, 7, — Form. Bignonianœ, Nᵒ 20. — Form. Lindenbrogii, Nᵒˢ 14, 19, 20, 22, 23, 25, 26, 27. — Form. Baluzianœ, Nᵒˢ 44, 45-46. — Form. Alsaticœ, Nᵒˢ 1, 2. (Walter, t. III, p. 317, 337, 357, 363, 364, 374, 377, 408, 416, 418, 420, et s., 524.)— De Roziére, *Recueil général des formules usitées dans l'empire des Francs* du vᵉ au xᵉ siècle, t. I p. 380 à 463

(3) M. Accarias, *Précis de Droit romain*, t. I, p. 665-666. — D. VII, 9. 1. — D. VII, 1, ll.13 pr. et § 2.

abbés et aux évêques de veiller à ce que les biens, dont la jouissance serait par eux concédée à des tiers, ne fussent point aliénés. Ainsi le 34me Canon du IVe concile d'Orléans (541) porte : « *Quisquis agellum ecclesiæ in diem vitæ suæ pro quacumque misericordia a sacerdote, cui potestas est, acceperit possidendum, quæcumque ibi profecerit, alienandi nullam habeat potestatem nec sibi parentes sui ex ea re aliquid existiment vindicandum* ». Le 1er canon du concile de Reims (625-630) contient une disposition analogue. Mais dans les monuments législatifs et les formules de l'époque franque, on ne trouve aucune trace de l'obligation pour l'usufruitier de donner caution à l'Église (1).

Le concessionnaire était libre de faire sur le fonds des améliorations, des constructions, des embellissements, en un mot, tout ce qui pouvait en augmenter la valeur sans le transformer, mais à l'expiration de la jouissance il ne pouvait ni les enlever, ni exiger aucune indemnité ; elles devenaient la propriété de l'Église. Par contre, toute diminution lui était interdite. Si le tenancier n'avait pas le droit de dégrader la chose dont il jouissait, à plus forte raison n'avait-il pas celui de la donner, la vendre, l'aliéner, la laisser à d'autres établissements religieux ou à ses héritiers. En général, les formules insistent longuement sur ces divers points. Je prends l'une d'elles et j'y lis : « *Quod ita et fecistis, sic taliter ut tempore vitæ meæ ipsas res habere et usare debeam, et post meum quoque discessum, cum omni re meliorata (quidquid ibidem undique adtrahere aut meliorare poterimus) agentes ipsius Ecclesiæ... in eorum revocent dominatione vel potestate. Propterea talem precariam ad ipsa casa Dei fieri et adfirmare rogavi ut res ipsus nec vendere,*

____

(1) Voy. Lœning, t. II p. 711-712.

*nec donare, nec commutare, nec per nullis modis nul-
lisque ingeniis de ipsa casa Dei abstrahere, nec mi-
nuare, pontificium non habeam, nec mea possessio
nullo prejudicio vobis nec ad ipsa casa Dei agere neque generare non debeam nec ego ipse...* » *(Appendix
Marculfi, n° 27).*

La durée de la concession était très variable et dé-
pendait de la convention des parties. La jouissance
pouvait être laissée pour un temps déterminé, ou bien
pendant la vie entière de l'usufruitier. L'époque du décès n'était même pas toujours le terme extrême. La concession s'étendait parfois aux descendants, pendant
une ou plusieurs générations, ou encore jusqu'à extinction de toute postérité. (1).

Les clauses et les divers points que nous venons
d'étudier ne sont pas spéciaux aux donations avec
réserve d'usufruit ; on les trouve aussi dans l'ensemble des actes qui portent le nom de conventions de
précaire. En effet, sous le titre de *cartœ precariœ* ou
prœstariœ, les textes traitent de diverses opérations,
dans lesquelles la concession de la jouissance d'un
bien ecclésiastique est tantôt accessoire à une donation,
tantôt l'objet unique de la convention des parties. Ces
combinaisons ne sont même pas les seules auxquelles
se prêtent, d'après les formules, la convention de précaire. Elle s'adjoint encore à la vente, au gage, au bail
de nourriture...... « Rien ne montre mieux, dit M. de
Rozière dans une note, comment un grand nombre de
conventions de natures diverses étaient revêtues de la
forme usitée pour les précaires. » (2).

Des développements qui précèdent, il résulte que les

____

(1) *Form. Marculfi*, Lib. II, n°ˢ 5, 39. — *Form. Lindemb.*, n°ˢ 19, 20, 25,
26. — *Form. Baluz.*, n°ˢ 44, 45, 46. — Pardessus, *Dipl.*, II, 360, 368, 369.
(2) M. Demante, *loc. cit.*, p. 46 et suiv.

conventions de précaire peuvent être classées en deux catégories distinctes : *précaires rémunératoires, précaires gratuites*. Les précaires rémunératoires sont celles où l'Église, après avoir reçu un bien d'une personne, lui en concède la jouissance, soit pour un temps déterminé, soit à vie, soit à titre héréditaire. Un nouveau bien est venu accroître le domaine ecclésiastique, et l'Église, pour récompenser son bienfaiteur, souscrit à sa requête. Telles sont les donations avec réserve d'usufruit.

Les précaires gratuites sont celles où l'Église concède à une personne, qui ne lui a rien donné, la jouissance d'un bien antérieurement entré dans son patrimoine. La concession de la jouissance peut être encore, il est vrai, la rémunération d'un bienfait, mais ce bienfait ne consiste pas en une cession de biens, et n'entraîne pas comme conséquence une augmentation du domaine ecclésiastique. Les intérêts matériels de l'Église ou l'accomplissement d'un devoir religieux sont ici la cause déterminante de l'acte. Dans ce cas, la concession de la jouissance est le plus souvent l'objet unique de la convention des parties. « Mais alors, ainsi que le fait remarquer M. Demante, s'agissant des biens de l'Église, la concession est nécessairement faite moyennant un cens, car l'Église ne peut aliéner un fonds à titre purement gratuit. L'opération est une amodiation pure et sauf le nom une véritable emphytéose » (1). Les précaires gratuites sont de simples actes d'administration. Toutefois, si l'Église n'acquiert point ainsi un nouveau bien, elle voit augmenter son trésor par les redevances que payent les concessionnaires.

Une fois en usage, la précaire, qui remonte au moins

____

(1) *Loc. cit.*, p. 46.

pour les établissements religieux (1) jusqu'au vi^e siècle (2), prit un grand développement aux viie et viiie siècles. De si fréquentes concessions de jouissance des biens ecclésiastiques avaient leur raison d'être. L'Église y fut amenée par diverses considérations.

Nous avons vu que les donations avec réserve d'usufruit permettent aux fidèles d'obéir à leurs aspirations religieuses par la conciliation de leur propre intérêt et de celui de l'Église. Ces sortes de libéralités offrent un autre avantage. Des hommes libres se sentent attirés vers l'Eglise et se mettent sous sa dépendance, pour profiter de la protection armée qu'elle leur offre et des immunités dont elle jouit. Ce sont les petits propriétaires trop faibles pour se défendre eux-mêmes. Ils cèdent leurs biens à un établissement religieux et ne demandent qu'à en conserver la jouissance, mais ils exigent en retour aide et protection.

Quant aux précaires gratuites, les causes sont multiples.

Le patrimoine ecclésiastique s'étant accru, la distribution des revenus aux ministres du culte, devenus de jour en jour plus nombreux, présentait des difficultés. On permit alors aux évêques de céder aux prêtres une partie des biens de l'Église. Les prêtres ne les possédaient pas comme propriétaires ; ils n'en avaient pas la libre disposition, mais seulement la jouissance, et cette jouissance finissait avec le titre auquel elle était attachée ou avec la vie du titulaire, et faisait retour à l'Église à qui les biens n'avaient cessé d'appartenir.

---

(1) Ce mode de concession ne fut point en usage pour les seuls biens du domaine ecclésiastique. Il y avait aussi des précaires faites par des laïques, par des *potentes*. Les petits propriétaires transmettaient de même leurs biens à de puissants protecteurs qui leur concédaient en retour la jouissance des biens donnés, et ainsi s'accrut la classe des grands propriétaires.

(2) Voy. Guérard, *Polyptyque de l'abbé Irminon*, p. 568.

Ces concessions furent, dès le vi⁰ siècle, réglées par les Canons des conciles de la Gaule, notamment des conciles d'Agde en 506, d'Orléans en 511 et 541 et du vi⁰ concile de Tolède en 638 (1).

Déjà le concile d'Agde déclare qu'il est convenable d'accorder de petits domaines, ou de ceux qui ne sont pas d'une grande utilité pour l'Église, en jouissance à des ecclésiastiques qui doivent les administrer en se conformant aux instructions données par l'autorité épiscopale (2). On laissait aux soins de l'évêque de décider s'il voulait, et dans quelle mesure, donner à son subordonné la jouissance d'un bien d'Église (3). Cependant on chercha de bonne heure à protéger, contre les mesures arbitraires de leurs évêques, les ecclésiastiques qui avaient obtenu des concessions de jouissance. Ainsi, d'après le Canon 17 du concile d'Orléans de 578, l'évêque ne peut reprendre le bien donné par son prédécesseur, si l'ecclésiastique ne s'est pas rendu coupable d'une faute, telle que la désobéissance ou autre; mais il peut, à la place dudit bien, en donner un autre, si toutefois ce dernier bien assure à l'ecclésiastique un même revenu (4). Par contre, il est permis à l'évêque de reprendre sans condition un bien que son prédécesseur aurait donné à un ecclésiastique d'un diocèse

---

(1) Voy. les textes de ces conciles dans Sirmond, *Concilia Galliæ*, t. I, et *dans les preuves de la théorie des lois politiques de la monarchie française.*, t. II, p. 320, de Mlle de la Lezardière—Ginoulhiac, *Histoire générale du Droit français public et privé*, p. 335.

(2) Can. 7 « Minusculas res aut ecclesiæ minus utiles... clericis salvo jure Ecclesiæ in usum præstari permittimus. » — Can. 22 « Clerici... rem Ecclesiæ, sicut permiserint episcopi, teneant »

(3) III⁰ concile d'Orléans, en 538, can. 17 « In arbitrio dantis est, ut tribuere, quibus voluerit, debeat. » — IV⁰ concile d'Orléans, en 541, can. 18 « In pontificis potestate consistat, qualiter pro conservando jure ecclesiastico rem possessam inter clericos debeat commutare. »

(4) « Si pro opportunitate episcopo placuerit, quod voluerit commutare sine accipientis dispendio, in locis aliis commutetur. »

étranger. De plus, les conciles ne tiennent pas pour obligatoire l'exécution des volontés énoncées par les évêques dans leurs testaments, au sujet des concessions de jouissance des biens d'église, car le testament est un acte privé et ne peut être considéré comme exprimant la volonté de l'Église (1). Ajoutons que le clerc ainsi gratifié est tenu d'administrer le bien avec le plus grand soin. S'il administre mal, non seulement le bien peut lui être retiré, mais il est encore passible d'une peine ecclésiastique (2).

Dans le même ordre d'idées, toujours pour accomplir un devoir religieux, l'Église voulait-elle subvenir, à titre tout particulier, à l'entretien d'ecclésiastiques pauvres, surtout de ceux qui étaient attachés à des églises de campagne, ou bien venir en aide à un cloître moins riche ou moins favorisé que les autres, ou encore secourir ceux qui s'étaient réfugiés dans son sein après les guerres entre Romains, Visigoths, Francs et Burgondes ? (3). Elle leur accordait de nouveaux biens dont les revenus assuraient leur existence. Ou bien cherchait-elle, parmi ses voisins et les grands un appui et une protection contre les spoliations dont son domaine était l'objet. ? Elle leur cédait encore des biens. Ces concessions devaient être souvent de véritables libéralités dites ou tout au moins, faites moyennant une faible redevance. « Plus d'une fois, sans doute, dit M. Guizot, pour s'assurer la protection d'un voisin, d'un guerrier ou quelque autre avantage analogue, les églises lui con-

---

(1) Voy. les décisions du IVe concile d'Orléans, en 541, can. 35 et 36, et du IIe concile de Lyon, can. 5.

(2) V^e concile d'Arles, can. 6 : « Ut clericis non liceat facultates quas ab Episcopo in usu accipiunt deteriorare : quod si fecerint, si junior fuerit, disciplina corrigatur ; si vero senior, ut necator pauperum habeatur. » — Sur ces divers points, voy. Lœning, t. II, p. 703 et suiv.

(3) Concile d'Agde, en 506, can. 7. — Voy. Lœning, t. II. p. 705, note 1.

cédèrent gratuitement cette jouissance temporaire de quelque domaine. Plus d'une fois aussi, le concessionnaire se prévalut de sa force, ne paya point le cens convenu et retint cependant la concession ». Enfin, il arriva que, dans les guerres si fréquentes à cette époque, les rois, contraints par la nécessité, s'emparèrent des biens de l'Église et les distribuèrent à leurs guerriers, mais à la charge par eux de payer une redevance déterminée à l'établissement religieux propriétaire. « A coup sûr, ajoute M. Guizot, l'usage et l'abus de ces precaria ou bénéfices temporaires sur les biens d'église devint assez fréquent; car, dans le cours du VIIIe siècle, on voit les rois et les maires du palais employer auprès des églises leur crédit ou plutôt leur autorité, pour faire obtenir à leurs clients, à titre de précaires, des jouissances de ce genre. Guntald avait donné à l'abbaye de Saint-Denis le domaine de Taverny, « à la recommandation de l'illustre Ebroïn, maire du palais; le nommé Jean obtint ensuite ce domaine, de ladite abbaye, à titre de précaire » (1). Le diplôme où je trouve ce fait, et plusieurs autres monuments, prouvent que les possesseurs de bénéfices de cette sorte les retenaient souvent au-delà du terme fixé, que l'Église propriétaire les réclamait vainement, et que les rois, dont le domaine épuisé ne pouvait suffire à de continuelles largesses, favorisaient, au profit de leurs fidèles, de semblables usurpations (2). Je reviendrai avec quelques détails sur ces sortes de concessions, connues sous le nom de *precariæ verbo regis*, en traitant de la sécularisation des biens ecclésiastiques.

---

(1) *Recueil des historiens de France*, t. V, p. 701. — Voy. aussi un diplôme de Dagobert III, qui contient des faits du même genre, *ibid.*, t. IV, p. 687.

(2) *IVe Essai*, p. 113-114. — *Chronicon centuleuse, dans le Recueil des historiens de France*, t. III, p. 352.

Aux divers motifs indiqués, il faut en joindre un dernier, le plus général et le plus important de tous, applicable aux concessions de jouissance tant rémunératoires que gratuites, et qui explique bien l'immense développement que prit la précaire à l'époque franque.

Lorsque, au VIᵉ siècle, avec les acquisitions toujours croissantes, le patrimoine ecclésiastique fut devenu très considérable, l'Église, dans l'intérêt d'une bonne administration, dut céder à des laïques, aussi bien qu'à des ecclésiastiques, la jouissance d'une partie de ses biens, contre le payement d'un cens correspondant aux avantages qu'ils en retiraient. Or, comme les concessions précaires n'avaient pour objet que la possession en laissant la propriété entre les mains du concédant, elles se conciliaient avec les lois ecclésiastiques qui ne permettaient pas d'aliéner les biens de l'Église, et en encourageant les libéralités en sa faveur, elles assuraient la culture et l'amélioration des terres de ses domaines. « Ces documents (chartes appelées précaires), a dit un auteur, sont particulièrement relatifs à des concessions d'usufruit faites par des établissements religieux. Ce qui y avait donné lieu était la nécessité de concilier les principes sur l'inaliénabilité des biens ecclésiastiques avec l'utilité de mettre en culture des terres que les chefs de ces établissements ne pouvaient faire valoir par des esclaves, des colons dans leur dépendance » (1). En conséquence, tout en maintenant le principe de l'inaliénabilité des biens de l'Église, les conciles reconnaissaient-ils la validité de ces sortes de concessions, et se montraient-ils très favorables à leur égard. Ainsi, le 7ᵐᵉ Canon du concile d'Agde, en 506, les per-

---

(1) Pardessus, *Loi Salique*, p. 553. — Voy. Laferrière, *Hist. du Droit* t. IV, p. 480. — Giraud, *Essais sur l'hist. du Droit français au moyen âge,* t. I, p. 198 et suiv.

mettait et les encourageait même, toutes les fois
que l'intérêt des établissements religieux les rendait
utiles ou nécessaires, mais il exigeait que l'évêque du
diocèse, où se trouvaient les biens cédés, obtînt le consentement de deux ou trois évêques voisins. Cependant
cette prescription ne se retrouve pas dans les conciles
qui suivirent; elle paraît avoir disparu de bonne heure.

Ce dernier motif permet d'expliquer une transformation fréquente dans la durée des précaires; le plus souvent les concessions de jouissance devenaient en fait
héréditaires, bien qu'elles ne fussent tout d'abord que
viagères et temporaires, car l'Église y avait tout intérêt.

Par le même motif s'explique encore la permission,
octroyée par les conciles et sanctionnée par les capitulaires, de concéder au bienfaiteur, non seulement la
jouissance de ce qu'il a donné, mais encore une partie
des autres biens ecclésiastiques. Dans ce cas, il y a,
du côté de l'Église, cession usufructuaire de quelque
chose de plus, d'une quantité égale, double ou triple de
la surface qui lui a été donnée (1). L'acte de concession
est alors plus complexe et la précaire est à la fois rémunératoire et gratuite (2).

Au commencement du ix⁰ siècle, les sujets de Charlemagne se plaignirent du nombre toujours croissant
des libéralités adressées aux établissements religieux.

(1) Form. Marculfi, Lib. II, Nᵒˢ 39, 40. — Form. Sirmond., Nᵒ 38. — Form.
Lindenb., Nᵒ 19 (Walter, t. III, p. 336, 337, 394, 413.) — De Rozière, t. I, Nᵒ
326 à 332.

(2) « Precariæ autem a nemine de rebus ecclesiasticis fieri præsumantur
nisi quantum de qualitate convenienti datur ex proprio, duplum accipiatur,
ex rebus Ecclesiæ, in suo tantum qui dederit nomine, si res proprias et ecclesiasticas usufructuario tenere voluerit. Si autem res proprias ad præsens
dimiserit, et rebus ecclesiasticis triplum fructuario usu in suo tantum quis
nomine sumat, quia sic eas quemque tractare oportet ut rerum ecclesiasticarum dispensatorem, non ut propriarum largitorem. » Concile de Meaux, en
845, can. 22. Reproduit dans le *Capitul. Caroli Calvi, in villa Sparnaco*, en
846, ch. 22 (Walter, t. III, p. 24).

Ils représentèrent à l'empereur la situation douloureuse de ceux qui, dans un moment d'entraînement religieux, s'étaient dépouillés de leurs biens et en avaient privé leurs héritiers. Charlemagne entendit leur requête, et dans un concile d'évêques réuni à Tours, en l'année 813, l'empereur fit examiner la question. Voici ce que répondirent les évêques : « Nous avons soigneusement étudié, suivant l'avertissement du prince, la situation de ceux que l'on prétend être dépouillés de leurs biens, mais nous n'avons trouvé sur ce sujet aucune plainte contre nous, car il n'y a presque personne qui donne de son bien à l'Église, *sans recevoir autant, ou le double, ou le triple des biens de l'Église... en usufruit.*

La précaire était donc pour les établissements religieux, non seulement un moyen d'accroître le nombre des libéralités pieuses par la conciliation des intérêts de l'Église et des donateurs, mais encore un moyen de cultiver leurs vastes possessions et en même temps une source importante de revenus domaniaux.

On voit fréquemment dans les formules (1) que le concessionnaire s'obligeait à payer un cens annuel. Cette redevance était imposée dans un double but : elle servait de titre de reconnaissance du droit de propriété du concédant et venait enrichir le trésor de l'Église.

Est-ce à dire que le cens offrait toujours ce double avantage, en d'autres termes était-il, dans tous les cas, une source importante de revenus pour les établissements religieux ? Nous ne le pensons pas. Il est à présumer que la quotité de la redevance variait avec les circonstances et la qualité des personnes qui sollici-

(1) Appendix Marculfi, n° 28. — Form. Sirmond., n° 7.— Form. Bignon., n° 20. — Form. Lindenb., n°ˢ 19, 20, 25, 26. — Form. Baluz., n°ˢ 44, 45, 46. — Form. Alsat., n°ˢ, 1, 2, — de Rozière, t. I, n°ˢ 319 à 324, 326-7-9, 331, § 2, 340-2-3-6-7-8-9, 350 à 354, 359, 364 à 368.

taient la concession d'un bien ecclésiastique. Lorsque, par l'abandon de l'un de ces domaines, l'Église voulait, non pas s'assurer un avantage matériel, mais accomplir, à l'égard des prêtres, un devoir qui lui incombait, ou bien lorsqu'un établissement religieux cherchait à obtenir la protection d'un puissant voisin, ou que, par un abus assez fréquent au VIII\e siècle, époque à laquelle les évêchés étaient administrés dans l'intérêt presque exclusif des évêques, la faveur fut le mobile de nombreuses concessions, la jouissance des biens ecclésiastiques était vraisemblablement accordée contre un cens nominal, ou tout au moins contre un cens qui n'était nullement en rapport avec le rendement des biens cédés. Dans ces divers cas, la redevance n'avait point pour but d'accroître les richesses de l'Église, mais servaient simplement comme titre de reconnaissance de son droit de propriété. Enfin, s'agissait-il d'une donation avec réserve d'usufruit ? L'église, l'hospice ou le monastère ainsi gratifié se trouvait, en quelque sorte ici, dans l'obligation de suivre la loi du donateur, qui ne devait le plus souvent consentir à payer qu'un cens peu élevé et dont la raison d'être était la même que dans les hypothèses précédentes (1). Au contraire, la mise en culture de ses domaines était-elle l'unique but que se proposait l'établissement religieux, le cens était fixé d'après le rendement que le bien concédé en jouissance donnait au tenancier. Toutefois, quelque logique et raisonnable que soit cette doctrine, nous ne pouvons l'énoncer qu'avec la plus extrême réserve. En effet, les formules n'indiquent ni la contenance, ni la valeur, ni le produit des terres, et ne déterminent pas en géné-

(1) Voy. en ce sens Lœning, t. II, p. 705, 706 et not. 1, 707 et not. 1, 708 et not. 3, 709 et not. 1, ainsi que les nombreux ouvrages cités par l'auteur.

ral le montant de la redevance à payer. Elles ne permettent donc pas d'établir avec certitude, par l'étude même des actes, si la quotité du cens était variable, et dans quel cas il était nominal, faible ou élevé, et en rapport ou non avec le rendement des biens.

Le défaut de payement du cens entraînait de graves conséquences. Non seulement le concessionnaire, s'il tardait à acquitter la redevance, encourait une amende, tantôt fixée par les tribunaux ecclésiastiques, tantôt déterminée par la convention elle-même, mais encore, en vertu de la loi, son refus ou une négligence prolongée lui faisait perdre le droit à la jouissance des biens. *« Quod si non fecerimus, et ob hoc neglegentes, tardi, aut contumaces fuerimus, publice per hanc prœcariam... condemnati, ut lex prœstat tardis aut negligentibus, et de ipse terra nos pontificium habeatis ejiciendi »* (1). Les conciles avaient grand soin de rappeler aux tenanciers quelle était la peine encourue par tout délinquant. Le 62ᵉ Canon du concile de Meaux, en 845, porte : *« Juxta legale et antiquum dictum : qui negligit censum perdit agrum »*. Telle était la règle générale ; mais en fait les exceptions étaient fréquentes, comme le révèlent de nombreuses formules. Le concessionnaire pouvait se soustraire à la perte de la jouissance par la déclaration expresse, dans l'acte de concession, que le défaut de payement du cens n'entraînerait pas la résolution de sa tenure, et il usait souvent de ce droit.

Nous trouvons à ce sujet une nouvelle et importante différence entre les précaires rémunératoires et gratuites. En effet, il semble bien résulter de l'étude des

______

(1) Form. Marculfi, lib. II, nº 41 ; — de Rozière, t. I, nº 325. — Voy. Cartæ precariæ de 730, 735, 736. (Pardessus, dipl., II, 360, 368, 369). — Voy. Lœning, t. II, p. 712 et les ouvrages cités dans la note 3.

formules, relatives à des concessions de jouissance de biens ecclésiastiques, que dans les précaires rémunératoires le défaut de payement du cens n'entraînait pas résolution : « *Et si de ipso censo neglegens apparueris, fidem exinde facias, et ipsas res perdere non debeas* » (1). Tout au moins, n'est-ce que dans cette catégorie de concessions qu'on trouve la clause précédente, car toutes les formules de précaires rémunératoires ne contiennent pas cette clause ; il en est où on ne la rencontre pas (2). Dans les précaires gratuites, au contraire, il n'est point stipulé que le tenancier qui ne paye pas le cens conservera la concession. S'il n'acquitte pas la redevance, l'Église reprend les biens, et on retombe dans la règle prescrite par le concile de Meaux (3).

Rien de plus logique et de plus équitable que cette distinction. Un établissement religieux a reçu un bien et en a concédé la jouissance à titre rémunératoire. Il est vrai que le désir d'accomplir une œuvre pie a été le mobile de la donation, mais cette considération seule n'a pas déterminé le donateur. Il a compté conserver la jouissance du bien donné pendant toute sa vie. L'établissement religieux n'est pas libre de la lui retirer. De plus, il répugne toujours de dépouiller son bienfaiteur. On comprend donc que l'Église ait eu des scrupules, et qu'elle se soit dans les formules, départie du droit de reprendre les biens dans le cas où le cens ne serait pas payé. Remarquons cependant que, si le concessionnaire ne perd pas le bénéfice de la con-

---

(1) Form. Sirmond , n° 38. — Form. Lindenb., n°ˢ 25, 26 ; — de Rozière. t. I. n° 320, 321 § 1 et 2, 323, 326, 327, 329 § 1 et 2, 331 § 2, 340 § 3, 342 § 2 et 3, 343, 346, 349)...

(2) De Rozière, t. I, n°ˢ 347, 348, 350 à 353, 359, 364, 365, 367.

(3) Form. Marculfi, n° lib. II, 41. — Form. Sirmond., n° 7. — De Rozière, I n°ˢ 319, 325.

vention, son refus ou sa négligence ne restent pas impunis. Il demeure soumis au payement de l'amende. Les mêmes raisons n'existent plus quand il s'agit d'une précaire gratuite. L'Eglise conserve ici sa pleine liberté.

Parfois les parties fixaient elles-mêmes, dans la *Carta precaria* ou *prœstaria*, l'amende que le tenancier aurait à payer si, dans la suite, il n'acquittait pas régulièrement la redevance convenue, amende qui était le plus souvent du double de la quotité du cens : « *Et quia censistis me annis singulis... argentum vel quidlibet solvere faciam, si de ipso censu ad eum placitum negligens fuero, spondeo ut ipsum in duplum solvam* » (1). Quelquefois aussi le disposant se réservait le droit de racheter les biens par lui donnés à un établissement religieux, en payant un prix que déterminait la convention des parties (2).

Les précaires rémunératoires se distinguaient encore des précaires gratuites au point de vue de la durée et de la transmission.

Les conciles du IXᵉ siècle nous apprennent que les actes de concession devaient être renouvelés tous les cinq ans et que c'était là un usage ancien. Le 6ᵉ Canon du concile de Beauvais, en 845, s'exprime ainsi : « Precariæ secundum antiquam consuetudinem et auctoritatem de quinquennio in quinquennium renoventur. » Le 22ᵉ Canon du concile de Meaux, en la même année, n'est pas moins formel (3).

Les précaires gratuites étaient soumises à cette règle ; elles étaient temporaires et essentiellement révo

____

(1) Form. Lindenb., nᵒˢ 25, 26. — De Rozière, t. I, nᵒˢ 320, 341, 351.

(2) Form. Baluz., nᵒˢ 44, 45, 46. — Form. Alsat., nᵒˢ 1, 2. — De Rozière, t. I, nᵒˢ 364 à 368.

(3) Voy. Lœning, t. II, p. 713 et les auteurs cités dans la note 4.

cables : « Proptereà hanc precariam dominationi vestræ emittimus, *ut quandiu vobis placuerit ut eam (terram vestram) teneamus*..... — Ea vero ratione ut....., sed sub vestro prætexto, *quatenus decretum vestrum manserit*, hoc tenere et usurpare faciam » (1).

Il semble au contraire résulter des formules, contenant des conventions de précaires rémunératoires, que celles-ci étaient viagères ou héréditaires, le plus souvent viagères et qu'elles n'étaient ni révocables, ni soumises au renouvellement tous les cinq ans. On lit, en effet, dans ces formules que la concession de la jouissance est faite pour la vie entière du tenancier et quelquefois même de ses descendants, à une ou plusieurs générations (*quandiu advixeris — dum advixero — dum pariter adviximus, aut qui ex nobis pare suo supprestis fuerit, dum advixerit — aeratiane ut ego et coujux mea illa easdem res tempus vitæ nostræ possidéamus)* : « Ego ille, dit l'une d'elles, omnem rem portionis meæ, in pago illo..... traditi atque transfirmavi ; sed posteà mea ut petitio et vestra non negavit voluntas, ut ipsam rem, *dum diu advixero*, per vestrum beneficium usufructuario mihi præstetissetis habere, quod ita et fecetis » (2).

Cependant la clause que l'inexécution de certaines conditions, prescrites par la convention, entraînera la perte de la jouissance se trouve dans quelques-unes des chartes de précaires rémunératoires. « Nihil exinde minuendi, aut alienandi..... non habeas potestatem.....

---

(1) *Form. Marculfi*, Lib. II, nᵒ 41 — *Form. Sirmond.*, nᵒ 7 — De Rozière, t. I, Nᵒˢ 319, 325.

(2) De Rozière, t. I, nᵒˢ 331 § 2, 320, 321, 326 à 333, 339 § 2 à 344, 345 à 354, 359, 361, 365, 367. — *Form. Marculfi*, Lib. II, nᵒˢ 39, 40. - *Appendix Marculfi*, nᵒˢ 28, 29, 41, 42. — *Form. Bignon.*, nᵒ 20. — *Form. Sirmond.*, nᵒ 38. — *Form. Lindenb.*, nᵒˢ 19, 20, 22, 23, 25, 26, 27. — Pardessus, II, 360, 368, 369. — Voy. Lœning, t. II, p. 713 et not. 5.

quod si feceris, aut in alio contrario aut iniquo ingenio
vel contrarietate aut tu ipse, aut aliquislibet homo de
ipsis rebus adesse aut adstare conatus fuerit, *in primis
ipsas res amittas vel perdas,* et alias tantas vel tales.....
componere et solvere facias » (1). Mais, en règle général, l'inaccomplissement des conditions qui incombent au concessionnaire n'entraîne pas pour l'Église
le droit de reprendre le bien, et ne donne lieu qu'à
une amende (2). Il est également stipulé, dans les actes
de concession de la même catégorie, que le défaut de
renouvellement tous les cinq ans ne nuira point à l'effet
du titre primordial : « *Et præsens præcaria firma ma-
neat, et ut alias præcarias de quinquennium in quinquennium renovantur, ista vero non sit necesse reno-
vandi, sed per semetipsa omnique tempore obteneat
firmitate cum stipulatione subnixa* » (3). Faisons toutefois une réserve. Quelques formules de précaires rémunératoires contiennent l'obligation de renouveler l'acte
tous les cinq ans, mais ces formules, du reste assez
rares, ont grand soin de dire que le renouvellement
quinquennal n'est exigé que pour donner plus de force
à la convention des parties et la rendre plus durable :
« *Et ut hæc præcaria firmior habeatur, de quinquennio vel in quinquennium sit renovata, quatenus
sic simperque valeat in efectum* » (4).

Pour terminer notre étude sur les donations avec réserve d'usufruit, remarquons que « quelquefois avec
cet usufruit on se réservait la faculté d'affranchir les

---

(1) *Form. Lindenb.*, n⁰ˢ 26, 23, 25. — De Rozière n⁰ˢ 320, 341.

(2) *Form. Marculfi*, Lib. II, n° 39. — *Appendix Marculfi*, n° 27. — De
Rozière, t. I. n⁰ˢ 326, 328 à 333, 339, 340, 342, 343, 347, 348.....

(3) De Rozière, t. I, n⁰ˢ 339 § 2, 340 § 2, 345 § 2, 321, 328, 342. — *Form.
Marculfi*, Lib. II, n⁰ˢ 5, 39. — *Appendix Marculfi*, n⁰ˢ 27, 41. — *Form.
Lindenb.*, n⁰ˢ 22, 27.

(4) De Rozière, t. I, n⁰ˢ 331 § 2, 346. — *Form. Lindenb.*, n⁰ˢ 19, 20.

esclaves ; le donataire conservait par là le droit aux services corporels et aux redevances pécuniaires dus par l'affranchi. L'affranchissement d'un esclave dans l'Église, en présence de l'évêque et des prêtres, était un moyen détourné de faire une libéralité à l'Église; les esclaves ainsi affranchis devenaient *homines ecclesiastici;* ils sont placés, eux et leur postérité sous la tutelle de l'Église et doivent s'acquitter envers elle de la redevance de leur état et des services d'affranchis (*reditum status aut servitium tabularii*) (1).

Du nombre considérable de formules qui contiennent des conventions de précaire, nous devons conclure que l'usage de concéder ainsi la jouissance des biens de l'Église à des ecclésiastiques ou à des laïques était très répandu dans toutes les parties du royaume franc. Cependant, il importe d'ajouter aussitôt que cet usage n'était pas exclusif. A côté de la précaire, on trouve, dans quelques contrées, un bail héréditaire des biens ecclésiastiques. Ce bail dut même être très fréquent, aux VIe et VIIe siècles, dans les pays de Tours et d'Angers (2).

Nous avons vu que dans la précaire, le concessionnaire obtenait parfois la jouissance pendant sa vie et celle de ses héritiers, à une ou plusieurs générations ; mais ce n'était que l'exception. En règle générale, la concession prenait fin au bout d'un nombre déterminé d'années ou à la mort du tenancier. Du reste une autre différence distinguait nettement le bail héréditaire de la précaire. Le fermier avait les pouvoirs les plus vastes. Il lui était permis de disposer de la terre en toute liberté. Il pouvait la transmettre, la vendre, l'aliéner, la donner, l'hypothéquer. Les formules, sur ce point, ne

______

(1) Sauzet, *op. cit.*, p. 129. — *Lex Ripuariorum*, tit, 58 (Walter, t. I, p. 180.)

(2) Voy. *Lœning*, t. II, p. 716 à 720.

laissent aucun doute. Il était même libre de se vendre lui même avec le bien. Une des formules employées dans le pays d'Angers est ainsi conçue : « *Incipit vindicio qui seipsum vindit. — Constat nus (ille et conjux sua illa) vindedisse et ita vendedimus a vobis estus nostros cum omni peculiare quod habemus aut locare poteremus...., quantumcumque ad die præsente possidere vidimur,, in fundo illa villa in se super terra ecclesiæ Andecavis, vel ubique habire visi sumus. Unde accipimus de vobis precium....., ut post hunc diem memorati emptores quicquid de nus ipsis vel de heredis nostris facere voluerint, habeant potestatem faciendi.* » (1) Mais en même temps les formules prennent grand soin de faire suivre l'aliénation de la réserve du droit du propriétaire, et d'indiquer expressément que le bien aliéné est et demeure la propriété du bailleur, de l'église ou du monastère. « *Salvo jure sancti illus, cujus terræ esse videtur — super terreturio sancti illius......., absque prejudicium sancti illius, cujus terra esse videtur.* » Bien plus, dans aucun des documents qui nous sont parvenus, il n'est dit que le consentement du propriétaire fût exigé pour l'aliénation. Quant au payement d'un cens, nous n'avons aucune indication. Les formules sont absolument muettes. On peut cependant avec quelque raison, croyons-nous, supposer qu'une redevance devait être payée au bailleur ; sinon, comme le fait très judicieusement remarquer M. Lœning, le fermier ayant la faculté d'aliéner et de transmettre le bien, la propriété de l'Église se serait complétement évanouie. Toutefois, il

____

(1) *Form. Andegavenses,* Nᵒ 25 (*Walter,* t. III, p. 508.) ; adde : Nᵒ 1. § 3, 8, 21, 22, 36, 39 (*Walter,* t. III, p. 499, 502, 503, 512, 513.) — *Form. Sirmond.,,* (Ces formules étaient employées dans le pays de Tours.) Nᵒ 8, 43 (*Walter* t. III, p. 378, 396.)

ne paraît pas invraisemblable qu'avec le temps les biens ecclésiastiques, aux mains des fermiers, soient devenus leur pleine propriété ; mais en l'absence de toute indication dans les textes, on ne peut malheureusement faire que des suppositions.

Pour terminer notre étude sur les libéralités pieuses, il nous reste à dire quelques mots des donations pures et simples, c'est-à-dire, de celles où le disposant transmettait à l'établissement religieux la pleine propriété, sans demander à conserver, pendant sa vie, la jouissance du bien donné. Dans ce cas, le donateur préférait le donataire non seulement à ses héritiers, mais aussi à lui-même et, de son vivant, se dépouillait entièrement des biens. Ces sortes de libéralités furent certainement moins fréquentes que les donations avec réserve d'usufruit. Nous en avons donné la raison. Néanmoins le nombre des formules qui y ont trait prouvent qu'elles devaient être encore d'un usage assez répandu (1). Il arrivait souvent qu'à ces donations, l'auteur de la libéralité joignait certaines charges et obligations de natures diverses, tantôt en faveur du donateur lui-même, tantôt en faveur d'un tiers. M. Lœning nous en donne quelques exemples. Ainsi, le donateur se réservait quelquefois un droit de rachat : « *In ea vero ratione,* dit un texte, *ut si mihi dominus ex legitima et amabile muliere infantem dederit et ego ipsam cartam redimere voluero, sol. 200 licentiam habeam.* » (2). Ou bien il déclarait expressément que les biens donnés feraient retour à ses héritiers, si l'évêque, l'abbé ou autre ecclésiastique les employait à son propre usage. Cette clause

---

(1) *Form. Marculfi,* Lib II, N° 4. — *Appendix,* N° 11, 26, 40. — *Form. Sirmond.,* N° 36. — *Form. Bignon.,* N° 17. — *Form. Lindenb.,* N° 13, 16, 17, 18. (*Walter,* t. III, p. 316, 349, 356, 362, 392, 407, 416.)

(2) *Lœning,* t. II, p. 660, note 2. — *Tradit. Wizenb.,* N° 52. (741.)

se trouve dans un acte de donation faite au cloître S. Benignus à Dijon, en 715 : « *Si quis autem de ipsa basilica domni B...... hœc a me collata in proprios usus retorquere gestiens, super hac re Lingonensem observare voluerit pontificem...... ipse res meas licenter per omnia revertantur hœredes.* » (1). Enfin, le donateur imposait quelquefois à l'établissement religieux l'obligation de laisser l'usufruit des biens donnés à une tierce personne, pendant sa vie, ou à ses héritiers. Dans une donation adressée aux cloîtres de Stavelot et de Malmédy, on lit : «*Et si nepus suus nomine G.illum superstis fuerit, absque prœjudicio et per prœcaria vel consensum ipsius monachis..... tenere vel excolere.* » (2). De même : « *Reolus* (évêque de Reims 670-696) *filiœ suœ* (qui était religieuse au cloître de Notre-Dame à Soissons) *villas quasdam eo tradidit jure, ut ad idem monasterium res ipsœ post ejus decessum proficerunt omni tempore* ». (3) Pour rendre aussi fréquentes que possible les donations, qui étaient les libéralités les plus avantageuses à l'Église, les conciles certifiaient aux croyants que les conditions prescrites par les donateurs recevraient une pleine exécution. En ce sens, on peut citer le 6ᵐᵉ canon du Concile d'Eauze (dans le Gers) en 551 : « *Si quis vero pro remedio animœ suœ mancipia vel loca sanctis ecclesiis vel monasteriis offerre curaverit, conditionem quam, qui donaverit, scripserit, in omnibus obsertur.* »

Des développements qui précèdent, il résulte que l'Église, à l'époque franque, acquit de grands biens. Loin de restreindre et limiter l'accroissement du patrimoine ecclésiastique, les lois en favorisaient au con-

---

(1) Pardessus, *Dipl.*, II, 300. — Lœning, *ibid.* note 3.
(2) Pertz, *Dipl.*, p. 102.
(3) Lœning, *ibid*, note 5.

traire le développement. L'Église jouissait de la plus vaste capacité d'acquérir. Les libéralités se multipliaient tous les jours, et une portion considérable du sol passa dans le domaine des établissements religieux. Si on joint à cela qu'il était interdit d'aliéner les biens ecclésiastiques, on comprendra aisément que l'Église fût devenue la plus importante et la plus riche propriétaire du royaume franc. « Vers la fin du ixe siècle, dit M. Émile de Laveleye, le tiers de toutes les terres de la Gaule appartenait encore au clergé » (1).

SECTION V

Des attaques contre les biens ecclésiastiques et des precariæ verbo regis.

Si grande que fût la foi religieuse en ces temps-là, elle ne fut pas toujours assez forte pour protéger l'Église contre les attaques dont son patrimoine fut l'objet.

L'acquisition de vastes domaines et d'immenses richesses ne pouvait être vue d'un œil favorable par les puissants, et devait exciter leur jalousie. De plus, si les donateurs et testateurs consentaient sans peine à se dépouiller de leur fortune, une égale générosité n'animait pas toujours leurs héritiers. Ceux-ci se montraient alors peu disposés à abandonner les biens héréditaires et à faire droit aux réclamations du clergé. Les auteurs eux-mêmes de la libéralité, le premier moment d'entraînement passé, revenaient parfois sur leur décision et déploraient amèrement un acte irréfléchi qui les dépouillait de leur patrimoine et en privait leur famille et leurs

____

(1) Emile de Laveleye, *Formes primitives de la propriété.*

héritiers. Tous alors s'unissaient dans un effort commun pour conserver ou reprendre les biens donnés, et ne craignaient pas de violer les lois sous l'empire desquelles ils vivaient. Ils avaient souvent recours à l'emploi de la force et de la violence pour échapper à l'envahissement légal des propriétés par les églises, hospices et monastères.

Il est vrai que, pour se soustraire à ces tentatives impies, les établissements religieux prenaient grand soin de faire insérer, dans les actes de disposition en leur faveur, une clause — et cette clause abonde dans les formules (1) — contenant une menace d'excommunication ou d'amende contre quiconque attaquerait la donation pieuse et porterait atteinte aux droits de l'Église. Mais la crainte de l'amende ou de l'anathème demeurait souvent insuffisante. Les revendications du clergé n'étaient pas écoutées. En ces temps de troubles et de guerres, il n'était pas facile d'obtenir justice (2).

Aussi, bien que la législation de l'époque franque fût toute favorable à l'enrichissement de l'Église, et ne contînt que fort peu de restrictions à sa capacité d'acquérir, en fait les établissements religieux ne jouirent pas paisiblement des droits et privilèges qui leur étaient conférés. Les spoliations, dont leurs biens furent l'objet du vɪᵉ au xᵉ siècle, furent très nombreuses, et il en résulta une diminution notable de leurs revenus.

Et certes si nous ne connaissions, par les récits des historiens (3), les violences et les attaques dirigées con-

____

(1) Voy. les formules citées ci-dessus et relatives aux donations, testaments et conventions de précaires.

(2) Voy. Brissonnet, *op. cit.*, p. 63 et suiv.

(3) *Recueil des historiens des Gaules et de la France*, t. III, p. 352; *Sancti Rigoberti Vita*, t. III, p. 658; *Lettre du pape Adrien à l'archevêque Turpin*, t. III, p. 658. — Mlle de la Lézardière, *Théorie politique des lois de la*

tre le patrimoine ecclésiastique, les plaintes et les réclamations du clergé, les menaces et les anathèmes des conciles (1), les défenses de toucher aux biens de l'Église et les mesures répressives édictées par les capitulaires (2) suffiraient à nous prouver combien l'Église eut à souffrir de l'envahissement de ses domaines.

Monarchie française, t. II, p. 334. — De Héricourt, *Les lois ecclésiastiques*, H, ch. III, p. 184 et s. — Laurière, *Orig du droit d'amortiss..*, p. 23 et s. — Guizot, *IV⁰ essai, loc. cit.* — Henri Martin, *Histoire de France*, t. II, p. 185 et s. — Lœning, *op. cit.*, t. II. p. 680 et s.

(1) Concile d'Agde (506), can. 4. — III⁰ Conc. d'Orléans (538), can. 22 — IV Conc. d'Orléans (541), can. 14 — V⁰ Conc. d'Orléans (549), can. 13 et 16. — Conc. de Clermont (Arvermense) (535), can. 14, can. 5 : « Qui reiculam Ecclesiæ petunt a regibus et horrendæ cupiditatis impulsu egentium substantiam rapiunt, irrita habeantur quæ obtinent, et a communione Ecclesiæ, cujus facultatem auferre cupiunt, excludantur. » (Labbe, t. IV, col. 1804) — III⁰ Conc. de Paris (557), can. 1 et 2 : « Perpetuo enim anathemate feriatur, qui res Ecclesiæ confiscare, ant competere, ant pervadere periculosa infestatione præsumpserit. » (Labbe, t. V, col. 814 à 817) — II⁰ Conc. de Lyon, can. 2 — II Conc. de Tours (567), can. 24 et 25 (Labbe, t. V, col. 863-864) — I⁰ Conc. de Macon, can. 4 — Conc. de Reims, can. 10 — V⁰ Conc. de Paris, can. 10. — Conc. de Compiègne (Conventus Compendiensis) (833) Labbe, t. VII, col. 1686) — Conc. de Thionville (Ad Theodonis villam) (844), can. 4 : « De rebus ecclesiasticis non pervadendis, prœter subsidium quod exinde cffertur reipublicæ. » (Labbe, t. VI, col. 1803) — Conc. de Meaux (Meldense) et de Beauvais (Belvacense) (845), can. 11 « de rebus ecclesiasticis non pérvadentis. » ; can. 17 : « ut res Ecclesiis ablatæ restituantur. » ; can. 24 : « ut Ecclesiæ contra oppressores defendantur. » ; can. 41 : « ut pervasores rerum ecclesiasticarum publicæ pœnitentiæ subjiciantur. » (Labbe, t. VII, col. 1823-26-28-32) — II⁰ Conc. de Soissons (Suessionense), can. 8, 9, 13 (Labbe, t. VIII, col. 83). — Conc. de Douzy (Duzicacense II⁰) (874) : « adversus rerum ecclesiasticarum pervasiones. » (Labbe, t. IX, col. 258). — Conc. de Troyes (Tricassinum II⁰), cap III : « Excommunicatio papæ et synodi adversus pervasores rerum ecclesiarum » et cap. VI, can. 2. (Labbe, t. IX, col. 310 et 312) — II⁰ Conc. de Fismes (apud sanctam Macram) (935) : « adversus rerum ecclesiasticarum pervascres » (Labbe, t. IX, col. 593). — Le II⁰ Concile de Tours de l'année 813 porte : « Si quelqu'un s'empare des biens de l'Église, un prêtre ira d'abord l'avertir de l'obligation où il est de restituer ; s'il refuse, les évêques de la province le préviendront eux-mêmes. Après cela s'il persiste, les évêques, les abbés, les prêtres et les clercs réciteront contre ce « meurtrier des pauvres » le psaume 108⁰, afin qu'il soit frappé de la malédiction qui tomba sur Judas. Il mourra excommunié et sous le poids de l'anathème. » *Hist. eccles.* abbé Guettée. Cité par Brissonnet, *op. cit.*, p. 64.

(2) Chlotarii regis *Constitutio generalis* (560), cap. 10 : « Ut oblationes defunctorum Ecclesiis deputatæ nullorum competitionibus auferantur præ-

Les rois eux-mêmes ne restèrent pas étrangers aux violences et aux spoliations dont la propriété ecclésiastique eut si souvent à souffrir. Leur intervention dans les affaires de l'Église ne se borna pas toujours à demander au clergé de concéder volontairement à leurs guerriers la jouissance de quelques-uns des biens composant le patrimoine des établissements religieux. Ces concessions accidentelles et purement gracieuses ne suffisant pas pour satisfaire les demandes qui leur étaient adressées de toutes parts, les souverains, dont la guerre avait épuisé le trésor, envahirent à main armée les biens de l'Église et s'en emparèrent pour les distribuer à leurs compagnons d'armes. C'est ainsi qu'eut lieu, au VIIIe siécle, la première sécularisation importante et géné-

senti constitutione præstamus. » (Walter, t. II, p. 2). — *Capitul. d'Ansegise*, lib. I, 83: « Comme les biens de l'Eglise, suivant la tradition des saints Pères, sont les oblations des fidèles, le prix des péchés et le patrimoine des pauvres, ni nous, ni nos fils, ni, avec la grâce de Dieu, aucun de nos successeurs, s'ils sont soucieux d'imiter notre exemple, ne souffriront qu'on y mette la main », 123; lib. V, 119, 223; lib. VI, 69, 110, 115, 133, 165; lib. VII, 341. — *Capitul. de 804* (Baluze, t. I, p. 415). — « Pour nous corriger nous-mêmes, porte un capitulaire, et pour donner le bon exemple à notre postérité, nous défendons d'une façon générale à tous, empereur, roi, préfet, comte ou qui que ce soit qui ait un pouvoir séculier, d'enlever par violence, ou de nous demander, ou d'envahir de quelque manière que ce soit le bien des monastères et les autres choses qui ont été acquises par le sang du Christ, car les anciens Pères appelaient un pareil homme ravisseur, sacrilège, homicide des pauvres, loup du diable entrant dans la bergerie du Christ, et digne d'être frappé d'anathème devant le tribunal de Jésus-Christ... Si de tels gens ne se soumettent pas à la correction de l'Eglise, ils sont semblables à des païens et des publicains, qui ne se sont jamais, ni vivants ni morts, en communion avec l'Eglise. » (*Capitul. de Baluze*, livr. VI, 427, t. I, p. 1007, 1008). — Voy. Baluze, t. I, p. 407, 522, 525 à 580, 649, 936, 939, 941, 951, 988, 997-998, 1000 à 1003, 1008-1009, 1006-1007, 1268-1269, 1244 ; t. II, p. 21, 118, 297, 354 1374. Voy. la traduction de quelques-uns de ces capitulaires dans Beaudouin *op. cit.*, p. 76 et suiv. — Charles le Chauve confirma les décisions du concile de Soissons (853) dans des capitulaires promulgués la même année (853 in mense Aprili) : « Sciunt etiam fideles nostri, quia.... ne super beneficia ecclesiastica vel præstarias, etiamsi..., præcepta confirmationis nostræ ullo modo faciamus. Et ideo ab irrationali petitione se unusquisque compescat. » (*Capitul. a Domno Carolo rege proposit.*, tit. XI. (Labbe, t. VIII, col. 92 à 95).

rale des biens ecclésiastiques, sécularisation dont l'histoire a depuis offert tant d'exemples.

Les spoliations accomplies par les rois créaient à l'Église une situation plus défavorable encore que celle qui lui était faite par les violences émanant de simples particuliers. Contre les attaques dirigées par les familles et par les héritiers, l'Église pouvait invoquer l'appui des tribunaux et chercher à défendre la validité de la donation ou du testament ; ou bien par des exhortations ou des menaces, par l'entremise d'influents protecteurs, l'établissement religieux pouvait amener les parents, si leurs prétentions étaient reconnues fondées, à un arrangement amiable. Tout autre et bien plus difficile était, on le comprend, la position de l'Église, quand il s'agissait de se défendre contre les empiétements et les violences exercées par les rois. La protection des tribunaux, qui ne suffisait pas toujours à réprimer les tentatives des particuliers, était le plus souvent inefficace contre l'envahissement du domaine ecclésiastique par les agents royaux. Il est vrai que, pendant les premiers siècles de la monarchie, sous les Mérovingiens, les rois ne prétendaient être en possession d'aucun droit sur les biens de l'Église, mais la nécessité les contraignit parfois à dépouiller de leur patrimoine les établissements religieux, et ceux-ci protestèrent vainement contre l'illégalité de semblables usurpations. Il est encore vrai que les églises et monastères conservaient la propriété de la fraction de leur patrimoine ainsi attribuée à des laïques. En droit, la jouissance seule leur était ravie ; un cens ou redevance annuelle, que le détenteur devait leur payer, était la compensation du préjudice causé. De plus, la concession était temporaire ; la restitution des biens devait avoir lieu à une époque déterminée, ou encore était subordonnée à certaines conditions dont la réalisation pouvait être plus ou moins lointaine, mais dans tous les cas le patrimoine de l'établissement religieux devait tôt ou tard recouvrer son intégralité. En fait cependant, les concessionnaires parvinrent fréquemment à se soustraire à ces obligations. L'autorité royale aussi bien que l'autorité ecclésiastique furent souvent impuissantes à obtenir la restitution des biens et à assurer le payement du cens, redevance connue sous le non de *neuvième, nona.*

C'est l'histoire des *precariœ verbo regis* ou concessions de biens ecclésiastiques faites par les rois à leurs sujets, dont nous nous proposons de présenter ici une étude sommaire.

Dès la fin du ve siècle, Clovis, cédant aux sollicitations des grands de son royaume, s'empara des biens de l'Église et en disposa en leur faveur. (1). Plus tard les fréquents partages de l'Empire franc firent courir aux églises et aux couvents de nombreux périls. Les propriétés des établissements religieux étaient souvent dispersés dans tout l'Empire. Or, la confiscation des biens, situés dans leurs États et appartenant aux églises d'un territoire étranger, d'une autre fraction de l'Empire, offrait aux souverains un moyen facile de remplir à nouveau leur trésor épuisé. Aussi voyonsnous le Ier concile de Clermont, en 535, adresser au roi Théodebert la pressante demande de n'avoir plus recours à de tels abus. (2). De même, dans le Congrès

____

(1) IIIe Conc. de Paris, can. 1 : « Accidit etiam ut temporibus Clodovei regis res ecclesiarum aliqui competissent ipsasque res... propriis heredibus reliquissent. »

(2) Quæsumus ut tam rectores ecclesiarum quam universi clerici atque etiam sæculares sub regni vestri conditione manentes necnon ad domnorum regum patrum vestrorum dominium pertinentes, de quod in sorte vestra est, extraneos de quod habere proprium semper visi sunt, non permittatis existere. » *Recueil des historiens....,* t. IV, p. 58. — Voy. *Lœning,* t. II. p. 688-689.

d'Andelot, en 587, les rois Gontran et Childebert II s'engagent à ne plus porter atteinte à la propriété des étrangers dans leurs royaumes. (1). Toutefois les plaintes et les anathèmes des conciles du vi⁰ siècle montrent que les revendications du clergé ne furent pas toujours écoutées. (2).

A dater de la seconde moitié du vi⁰ siècle, les rois déclarent solennellement et à plusieurs reprises que les libéralités adressées par eux ou leurs ancêtres aux établissements religieux seront à jamais respectées et que les biens dont ils ont été dépouillés leur seront rendus. (3). Ces prescriptions ne furent point fidèlement observées. Le chroniqueur Frédégaire rapporte qu'au commencement du vii⁰ siècle Dagobert I⁰ʳ, au mépris des lois édictées par ses prédécesseurs, chercha par tous les moyens en son pouvoir à accroître le trésor royal, et qu'il dépouilla de leur fortune les laïques aussi bien que les églises et les cloîtres (4). La biogra-

(1) « Et quidquid unicuique fidelium in utriusque regno per legem et justitiam redhibetur, nullum præjudicium patiatur. Et si aliquid cuicumque per interregna sine culpa sublatum est, audientia habita restauretur. » (*Grégor. Tur.*, IX, cap. 20).

(2) III⁰ Conc. de Paris, can 1 : « Neque quisquam per interregna res Dei defensare nitatur, quia Dei potentia cunctorum regnorum terminos singulari dominatione concludit. » — II⁰ Conc. de Tours, can. 24 et 25. — V⁰ Conc. de Paris, can. 11.

(3) Chlotarii regis *Constitutio generalis*, ann. 560, cap. 12 : « Quæcumque Ecclesiæ vel clericis aut quibuslibet personis a gloriosæ memoriæ præfatis principibus munificentiæ largitate conlata sunt, omni firmitate perdurent. » (Walter, t. II, p. 2). — Congrès d'Andelot (587) : « Similiter quicquid antefati reges ecclesis aut fidelibus suis contulerunt aut adhuc conferre... voluerint, stabiliter conservetur... Et de id quod per munificentiam præcedentium regum unusquisque usque ad transitum... Chlothocharii regis (561) possedit, cum securitate possideat. Et quod exinde fidelibus personis ablatum est, de præsenti recipiat. » (Lœning, t. II, p. 690 et not. 1.) — Edictum Chlotarii II regis in Conc. Parisiensi V datum, ann. 615, cap 16 : « Quicqind parentes nostri anteriores Principes vel nos per justitiam visi sumus concessisse et confirmasse, in omnibus debeat confirmari. » (Valter, t. II, p. 15). Vig. cap. 17 (ibid.).

(4) *Chron.*, Lib. V, cad. 60 : « Cum omnis justitiæ, quam prius delexerat,

phie — qui remonte au moins au VIIIe siècle — de Sainte-Gertrude, abbesse du cloître Nivelle, rapporte qu'après sa mort, en 658, les rois s'emparèrent par la violence des biens de ce cloître.(1). Nous savons aussi, par un diplôme de Dagobert III et plusieurs autres monuments, que dans le cours du VIIe siècle les rois et les maires du palais employaient auprès des établissements religieux leur autorité, pour faire obtenir à leurs clients, à titre de *précaires*, la jouissance d'une fraction de leur patrimoine, que les détenteurs retenaient souvent la concession au delà du terme fixé, et que les souverains, dont le domaine épuisé ne pouvait satisfaire à de continuelles largesses, favorisaient, au profit de leurs fidèles, de semblables usurpations. (2). Enfin, les conciles de l'époque mérovingienne menacent de l'excommunication quiconque ose solliciter des rois la concession de biens ecclésiastiques, ce qui suffirait amplement à prouver que le patrimoine de l'Église n'était point à l'abri des violences exercées par l'autorité royale. (3).

Il est à remarquer cependant que les attaques, dirigées par les rois contre les biens des établissements

esset oblitus, cupiditatis instinctu super rebus ecclesiarum et leudibus, sagaci disiderio, vellet omnibus undique spoliis novos implere thesauros » — Voy. Lœning, t. II, p. 690 et not. 2.

(1) Vit. Gertrudis, cap. 6 : « Contigit ex odio paterno, ut reges reginæ et etiam sacerdotes per invidiam diaboli illam de suo loco... vellent per vim trahere, ut res Dei, quibus benedicta puella præerat, iniquiter possiderent. » (Mabillon, Act., II, 446.)

(2) Voy, ci-dessus Sect. IV. — Guizot, *IVe Essai*, p. 114 — *Recueil des historiens...*, t. IV, p. 687 ; t. V, p. 701 — Lœning, t. II, p. 692 en not. 1.

(3) Conc. de Clermont, can. 5 — Ve Conc. d'Orléans, can. 14. — IIIe Conc. de Paris, can. 1.— IIe Conc. de Tours, can. 24 et 25.— Conc. de Valence (589) — « Nullus sibi exinde clericus... vel regalis sublimitas suis usibus usurpare aut minorare præsumat. » (659) (Pardessus, II, 113.) — IVe Conc. d'Orléans, can, 25 : « Si quis clericus aut laicus sub potentum nomine atque patrocinio res ad jus ecclериæ pertinentes contempto pontifice petere aut possidere præsumpserit. »

religieux, n'étaient que des faits isolés et n'aboutis-
saient qu'à des spoliations partielles. Le nombre restreint des actes, qui relatent des concessions de biens
ecclésiastiques faites par les souverains à leurs compagnons d'armes, ne permettent pas de penser que l'usage
des *precariæ verbo regis* ait pris une grande extension
sous les rois de la première race (1).

Au VIII⁸ siècle, Charles Martel, voulant fonder une
dynastie et trouvant la plus grandé partie des domaines
aux mains des gens d'Église, ne se contenta probablement pas de se plaindre, comme Chilpéric I au VI⁸ siècle, ou de faire accorder ou retenir, à titre de *précaires*
des biens ecclésiastiques, pour récompenser ses hommes
de guerre qui réclamaient le prix de leurs exploits.
Quand il voulut arrêter la marche des Sarrasins qui
avaient envahi la Provence, la Bourgogne et l'Aquitaine, ou s'opposer aux incursions des Saxons et des
Frisons, les finances du royaume étaient dans un état
tel que, pour subvenir aux frais de la guerre et aux
exigences de ses leudes, il prit le parti de dépouiller les
églises de leurs biens et de les conférer à ses guerriers
comme bénéfices émanés et tenus de lui. (2). Ce maire
du palais « poussant avec vigueur, dit la chronique, les
guerres qu'il avait à soutenir...., la nécessité le déter-
mina à enlever aux ecclésiastiques un grand nombre
de domaines ; il les réunit au fisc et les distribua ensuite à ses soldats. » (732,737). (3).

(1) Sur les attaques des rois contre les biens de l'Église à l'époque mérovingienne, voy. Lœning, t. II, p. 687 à 694.

(2) Guizot, *IV⁸ Essai*, p. 114. — Sur la sécularisation des biens de l'Église,
voy. la savante dissertation de Roth, *Beneficialwesen*, liv. IV, ch. 1.

(3) Denique rebus bellicis operosissime insistens... ob eamque rem plu-
rima juri ecclesiastico detrahens prædia, fisco sociavit, ad deinde militibus
propriis dispertivit. » *Recueil des historiens...*, t. III p. 352 ; voy. *ibid.*,
In sancti Rigoberti vita, t. III, p. 650. — De Héricourt, *Les loix ecclésiastiques*, IV⁸ part., H, p. 184. Henri Martin, *Histoire de France*, t. II, p. 186–187.

De tous côtés s'élevèrent aussitôt dans le clergé les plus vives protestations, mais elles n'aboutirent pas. Après la mort de Charles Martel, les évêques réclamèrent de nouveau contre cette spoliation et s'adressèrent au roi Pépin qui dut céder et restituer les biens à l'Église. Nous verrons qu'il ne put y parvenir et qu'en réalité la restitution fut purement nominale et fictive. Une lettre fort curieuse des évêques à Louis le Germanique, en 858, nous donne le récit de ce qui se passa à ce sujet entre Pépin et le clergé, et montre quel était, en ces temps-là, l'état des choses et la situation des esprits. Sans nous arrêter à la fameuse vision de Saint-Euchère et aux prétendus miracles rapportés dans la première partie de cette lettre (1), passons à la seconde partie, où il est fait mention d'un acte d'une authenticité incontestable qui fournit un témoignage irrécusable et complet de la concession, à titre de précaires, vers le milieu du VIIIᵉ siècle, d'une partie des biens du patrimoine ecclésiastique.

(1) « Saint-Euchère, évêque d'Orléans, disent-ils, qui repose maintenant dans le monastère de Saint-Trudon, étant en oraison, fut ravi dans la vie éternelle ; et là, entre autres choses que lui montra le Seigneur, il vit le prince Charles livré aux tourments des damnés dans les plus basses régions de l'enfer. Saint-Euchère demandant à l'ange, son guide, quelle en était la cause, l'ange lui répondit que c'était par le jugement des saints dont il avait dérobé les biens, et qui, au jour du jugement dernier, siègeront avec Dieu pour juger les hommes. En attendant que ce jour soit venu, le corps et l'âme de Charles sont d'avance en proie aux peines éternelles ; et il est puni, non seulement pour ses propres péchés, mais encore pour les péchés de tous ceux qui avaient donné leurs biens pour les nécessités des serviteurs du Christ et des pauvres, afin de racheter leur âme. Saint-Euchère, revenu à lui, envoya chercher Saint-Boniface, et Fulrad, abbé de Saint-Denis et premier chapelain du roi Pépin, leur raconta ces choses et leur dit d'aller visiter la sépulture de Charles, afin que, s'ils n'y trouvaient pas son corps, ils crussent à la vérité de son récit. Ceux-ci, se rendant audit monastère de Saint-Denis où avait été enterré Charles, firent ouvrir son sépulcre, et voilà qu'on en vit soudain sortir un dragon, et le sépulcre fut trouvé tout noirci en dedans comme s'il avait été consumé. Nous avons vu nous-mêmes ceux des témoins de ce spectacle qui ont vécu jusqu'à notre âge, et ils nous ont attesté de leur propre bouche ce qu'ils avaient vu et entendu.» Traduit par M. Guizot, IVᵉ Essai, p. 115. (Baluze, t. II, art. 7, p. 109). — Montesquieu, Esprit des lois, liv. XXXI, ch. 11. — Héricourt, op. cit., H, p. 184. — Roth, loc. cit.

« Informé de cela, Pépin, fils de Charles, convoqua
à Leptines le synode, où présida avec Saint-Boniface
un légat du Saint-Siège, nommé George..., et là, il fit
rendre aux églises tout ce qu'il put recouvrer des biens
ecclésiastiques que son père avait usurpés. Et comme
il ne pouvait faire tout restituer, à cause de la guerre
qu'il soutenait alors contre Waifer, prince d'Aquitaine,
il demanda aux évêques de céder lesdits biens à titre
de *précaires*, ordonnant que le cens en serait exactement payé aux églises, ainsi qu'il est prescrit dans le
livre des capitulaires des rois, jusqu'à ce que les biens
mêmes pussent leur retourner. »

On lit, en effet, dans les capitulaires de Pépin et de
son frère Carloman, rendus après le concile de Leptines :
« Avec le conseil des serviteurs de Dieu et du peuple
chrétien, et à cause des guerres qui nous menacent et
des attaques des nations qui nous environnent, nous
avons décidé que, pour le soutien de nos guerriers, et
moyennant l'indulgence de Dieu, nous retiendrions
quelque temps, à titre de *précaires*, et sauf le payement
d'un cens, une partie des biens des églises ; à cette condition qu'il sera payé chaque année, à l'église ou au
monastère propriétaire, un *solidus*, c'est-à-dire douze
deniers pour chaque métairie, et que si celui qui jouit
dudit bien vient à mourir, l'église rentrera en possession. Si la nécessité nous y contraint et si nous l'ordonnons, le *précaire* (le bail) sera renouvelé, et il en
sera rédigé un second, mais qu'on veille à ce que les
églises et les monastères dont les propriétés auront
été ainsi prêtées *in precario* ne souffrent pas de l'indigence ; si cela arrive, que l'église et la maison de Dieu
soient remises en pleine possesion de leurs biens. » (1)

____

(1) Karlomanni Principis Capitulare secundum, datum anno Christi 743
apud Liptinas, cap. 2, *De pecunia ecclesiastica sub precario et censu in*

La transaction de Leptines empruntait le double caractère d'une restitution et d'une spoliation; sous l'apparence d'une œuvre de conciliation, elle ne faisait, en réalité, que régulariser la situation faite aux établissements religieux par les attaques des rois contre leur patrimoine. L'Église y trouvait cet avantage que ceux qui avaient reçu des biens ecclésiastiques ne les tenaient plus qu'à titre de *précaires*, et qu'elle en recevait la dîme et douze deniers pour chaque métairie lui ayant appartenu. Elle recouvrait, il est vrai, la propriété de ses biens ; nous verrons que cette propriété fut le plus souvent purement nominale. Dans le cas de mort du concessionnaire ou d'insuffisance des revenus, les biens retournaient de plein droit à l'établissement religieux propriétaire. Mais les rois se réservaient le pouvoir d'en distraire telle fraction qu'il leur plairait dans l'intérêt du service public, et d'en conférer la jouissance à leurs hommes d'armes. Toutefois, le droit de propriété de l'Église était ici encore reconnu. Le bail devait être renouvelé et il fallait en rédiger un second. Les libéralités étaient faites « à la charge que le bénéficier, dit Mlle de la Lézardière, reconnaîtrait dans ses déclarations, dites *lettres de précaire*, que les biens de son

---

subsidium *exercitûs præstanda :* « Statuimus quoque cum consilio servorum Dei et populi Christiani, *propter imminentia bella* et persecutiones cæterarum gentium quæ in circuitu nostro sunt, ut *sub precario et censu aliquam partem ecclesialis pecuniæ* in adjutorium exercitûs nostri cum indulgentia Dei *aliquanto tempore retineamus*, *eâ conditione ut annis singulis de unaquaque casata solidus, id est, duodecim denarii, ad Ecclesiam vel Monasterium reddantur ;* eo modo ut si moriatur ille cujus pecunia commodata fuit, *Ecclesia cum propria pecunia revestitat sit. Et iterum, si necessitas cogat, aut Princeps jubeat, precarium renovetur, et rescribatur novum.* Et omnino observetur ut Ecclesiæ vel Monasteria penuriam et paupertatem non patiantur, quorum pecunia in precario præstitat sit. Sed si paupertas cogat, *Ecclesiæ vel domni Dei reddatur integra possessio.* » (Walter, t. II, p. 22. — Baluze, lib. V, art. 3, t. I, p. 149 et 845. — Guizot, *IVe Essai*, p. 116.

bénéfice étaient les biens de l'Église et non pas ses biens propres. » (1)

Les réclamations des évêques tendaient au rétablissement immédiat et total du patrimoine ecclésiastique. Le but, on le voit, était loin d'être atteint. La restitution était, en réalité, purement nominale et fictive, en tout cas elle n'était ni complète ni définitive. Quant aux avantages qu'offrait à l'Église la transaction de Leptines, ils ne furent même pas une faible compensation des spoliations dont elle avait été victime; l'avenir réservait au clergé de nouvelles déceptions. En effet, les perpétuels efforts de Pépin et de ses successeurs, pour contraindre les concessionnaires à se conformer aux prescriptions du concile de Leptines, et les continuelles tentatives de ces détenteurs *in precario*, pour se soustraire aux obligations qui leur étaient imposées, montrent clairement que le cens convenu ne fut pas exactement payé, et que les établissements religieux ne rentrèrent pas en possession de leurs biens au terme fixé.

Quelques années après la transaction de Leptines, Pépin, dans le capitulaire de Metz, enjoint à ceux qui ont obtenu des concessions de biens ecclésiastiques, à titre de *precariæ verbo regis*, de payer la dîme et la redevance, et d'entretenir les maisons de l'évêché ou du monastère, sous peine de perdre les biens donnés. (2) Les capitulaires de Charlemagne contiennent des décisions analogues : « *Præcipimus comitibus et omnibus fidelibus nostris*, dit l'empereur dans un capitulaire de 802, *ut quicumque de rebus ecclesiasticis beneficia habent, pleniter nonas et decimas ad ipsas ecclesias do-*

---

(1) *Théorie politique des lois de la Monarchie française*, t. II, p. 344.

(2) Capitul. Metense, ann. 756, cap. 4 : « De his qui res ecclesiasticas verbo Domni regis tenent » (Walter, t. II, p. 46).

nent. » (1) Bien plus, Charlemagne, pour calmer les craintes du clergé, promet, pour lui et ses successeurs, de ne plus partager entre les gens de guerre les biens des établissements religieux (2), mais les donations déjà faites subsistèrent toujours. Les mêmes prescriptions se retrouvent dans les capitulaires de Louis le Débonnaire (3) et de Charles le Chauve. Le capitulaire de Compiègne, rédigé en 867, prescrit aux agents royaux (*Missi dominici*) de faire une recherche minutieuse, avec l'aide des évêques, des terres qui doivent un cens à l'Église, et de condamner et contraindre les détenteurs de ces biens à payer exactement la redevance fixée ; il leur enjoint en outre de visiter les monastères, *mais avec l'autorisation de celui qui les détient (cum consilio et consensu ipsius qui locum retinet),* ce qui montre combien nombreuses étaient les concessions de biens ecclésiastiques à des laïques (4).

(1) Voy : Capitul. ann. 779, cap. 13 (Walter, t. II, p. 59 — Capitul. Francofordiense, ann. 794, cap. 23 : « Ut decimas et nonas Ecclesiæ solvant qui debent, et omnes decimam de sua proprietate donent » ; cap. 24 : « Ut ecclesiœ per eos restaurentur qui beneficia habent, et indè ablata restituantur. » (Walter, t. II, p. 118-119). — Lettre de Charlemagne à ses comtes, vassaux ......, en 800, Edictum Dominicum (Walter, t. II, p. 131). — Capitul. secundum, ann. 802, cap. 19 (Walter, t. II, p. 170). — Capitul. ann. 803. (Baluze, t. I, p. 411).

(2) Capitul. primum Aquisgranense, ann. 803, cap. 1. (Walter, t. II p. 171).

(3) Capitul. Wormatiense, ann. 829, cap 5. (Walter, t. II, p. 380).

(4) Capitul. Caroli Calvi, tit. 38, ann. 867 (Walter, t. III, p. 163). Voy. tit. 14, cap. 2, ann. 853 (Walter, t. III, p. 51). — « Les anciens abus allèrent si loin, dit Montesquieu, que, sous les enfants de Louis le Débonnaire, les laïques établissaient des prêtres dans leurs églises, ou les chassaient, sans le consentement des évêques. Les églises se partageaient entre les héritiers ; et, quand elles étaient tenues d'une manière indécente, les évêques n'avaient d'autre ressource que d'en tirer les reliques.... Ce n'est pas qu'on manquât de lois pour la restitution des biens des églises. Le pape ayant reproché aux évêques leur négligence sur le rétablissement des monastères, ils écrivirent à Charles le Chauve qu'ils n'avaient point été touchés de ce reproche, parce qu'ils n'en étaient pas coupables ; et ils l'avertirent de ce qui avait été promis, résolu et statué dans tant d'assemblées de la nation. Effectivement ils en citent neuf » (Liv. XXXI, ch. 11. *in fine*). Voy. la constitution de Lothaire I, dans *la loi des Lombards,* liv. III, loi 1, § 43 et 44. Voy. *Concilium apud Benoilum,* ann. 856 (Baluze, t. II. p. 78).

Comme le dit avec raison M. Guizot : « la législation ne se montre si laborieuse que lorqu'elle est à peu près impuissante. » Les rois, sollicités par les évêques, ordonnaient aux détenteurs de payer le cens convenu et de restituer au terme fixé les biens des établissements religieux, mais en même temps ils continuaient à tolérer l'usurpation des bénéfices *in precario*, et même à faire de nouvelles concessions de biens ecclésiastiques à leurs guerriers. Les évêques, dans la lettre qu'ils écrivaient, en 858, à Louis le Germanique, se plaignaient de semblables violences exercées par Charles le Chauve, « en partie à cause de sa jeunesse, en partie par faiblesse, disaient-ils, séduit souvent par les perfides avis de mauvais conseillers, et souvent contraint par les menaces des détenteurs, qui lui disaient que, s'il ne leur concédait pas ces propriétés sacrées, ils l'abandonneraient aussitôt. »

Il est donc à présumer que les établissements religieux ne rentrèrent en possession que d'une faible partie des biens qui leur avaient été enlevés, et que la majeure partie devint la propriété héréditaire des détenteurs. (1).

Telle fut, au point de vue de leurs acquisitions, sous les deux premières races, la condition des églises, hospices et monastères.

En droit, leur capacité d'acquérir est aussi pleine et entière que dans la législation du Bas-Empire. Rois et législateurs reconnaissent cette faculté absolue, illimitée ; nul ne la conteste, en se fondant sur les lois.

(1) Voy. Montesquieu, *op. cit.*, Liv. XXXI, ch. 11. — De Héricourt, *op. cit.*, H, p. 184-185. — Guizot, *IVe Essai*, p. 116 et suiv. — Trochon, *op. cit.*, p. 109 et suiv. — P. Bernard, *op. cit.*, p. 9 et suiv. — Beaudoin, *op. cit.*, p. 71 et suiv. — Ginoulhiac, *op. cit.*, p. 337 et suiv. — Roth, *loc. cit.*, p. 301 et note 174.

En fait, la condition des établissements religieux est quelquefois précaire. A défaut de droit, la violence exerce son empire. La propriété ecclésiastique est souvent victime de spoliations. Jaloux et envieux des immenses domaines acquis par les établissements religieux, rois et sujets envahissent leurs biens, et les plaintes et les réclamations du clergé ne sont pas toujours écoutées. Mais la générosité des fidèles vient réparer les pertes. Le patrimoine de l'Église étend tous les jours ses limites ; son trésor s'accroit sans cesse de nouvelles richesses.

SECONDE PÉRIODE

ÉPOQUE FÉODALE

Au ix⁰ et x⁰ siècles, la féodalité étendit son empire sur la France, comme sur l'Europe entière. Montesquieu, sur le point d'aborder l'étude des lois féodales, a parfaitement caractérisé cette époque de notre ancien Droit, quand il parle de cet « événement arrivé une fois dans le monde, et qui n'arrivera peut-être jamais ;..... de ces lois qui ont fait des biens et des maux infinis, qui ont laissé des droits quand on a cédé le domaine ; qui en donnant à plusieurs personnes diverses genres de seigneurie sur la même chose où sur les mêmes personnes ont diminué le poids de la seigneurie entière ; qui ont posé diverses limites dans des empires trop étendus ; qui ont produit la règle avec une inclinaison à l'anarchie, et l'anarchie avec une tendance à l'ordre et à l'harmonie... C'est un beau spectacle, ajoute l'auteur, que celui des lois féodales : un chêne antique s'élève ; l'œil en voit de loin les feuillages ; il approche ; il en voit la tige, mais il n'en aperçoit point les racines ; il faut percer la terre pour les trouver. » (1).

Cette seconde période est, en effet, une ère de transition. Son caractère distinctif est la lutte qu'eurent à soutenir les établissements religieux contre les seigneurs qui se montraient jaloux et avides de leurs richesses ou que leurs acquisitions privaient d'importants revenus.

(1) *De l'Esprit des lois,* liv. XXX, ch. 1.

Nous avons vu que, pendant les premiers siècles de
notre histoire, l'Église dominait les peuples et les rois.
Vainement ces derniers avaient-ils enlevé à l'Église une
partie de ses biens ; le patrimoine ecclésiastique grandissait tous les jours. Désormais le clergé va se trouver
en présence d'une nouvelle puissance, d'une aristocratie guerrière fortement constituée.(1). Celle-ci ne voudra
point accepter le joug du pouvoir religieux ; elle saura
veiller à la sauvegarde de ses intérêts et les faire respecter par la force, qui fut si souvent l'unique loi dans
ces temps d'anarchie féodale. Elle fera chèrement payer
à l'Église la protection qu'elle lui accordera, et qui dissi-
mulera fréquemment les violences et les spoliations
dont la propriété ecclésiastique sera l'objet.(2). Surpris
par une résistance à laquelle ils n'étaient pas habitués,
les clercs et les moines entreprendront la lutte. Bien
plus, attaqués dans leurs biens, ils résisteront à leur
tour, et ainsi la guerre règnera de manoir à monastère
ou église, comme de manoir à manoir, tandis que d'autre part la générosité des fidèles viendra réparer les
pertes et augmenter encore le trésor de l'Église. « Il
suffit de se rappeler la physionomie générale du moyen
âge, a dit M. Guizot, pour être frappé d'un singulier
mélange de hauteur et de soumission, de croyance,
aveugle et de liberté d'esprit dans les rapports des seigneurs laïques avec les prêtres. … Pendant bien des
siècles, c'est l'aristocratie laïque qui a maintenu l'indépendance de la société à l'égard de l'Église ; elle
s'est fièrement défendue quand les rois et les peuples
étaient domptés. Elle a combattu la première, et plus

(1) Voy. Luchaire, *Histoire des institutions monarchiques de la France
sous les premiers Capétiens*, t. II, p. 55.

(2) Sur le patronage ou l'*avouerie* des seigneurs féodaux, voy. Luchaire
op. cit., t. II, p. 89 à 93.

contribué peut-être qu'aucune autre force à faire échouer la tentative d'organisation théocratique de la société. » (1).

Plus tard, au XIIe siècle, lorsque la hiérarchie féodale se fut organisée et qu'un ordre relatif eut fait place à l'anarchie de la féodalité absolue, lorsque les premiers Capétiens, comme conséquence de l'étroite union de la royauté et de l'Église pour leur commune défense, eurent placé sous leur protection et leur autorité la plus grande partie des biens d'Église, apparut la première restriction au droit des établissements religieux d'acquérir indéfiniment. L'amortissement allait préparer les voies à l'édit de mainmorte, c'est-à-dire, à l'exercice d'un contrôle sérieux et effectif de la royauté, à la nécessité d'une autorisation du pouvoir civil pour les acquisitions de biens.

Mais il importe de remarquer, avant tout, qu'à l'époque féodale l'Église demeura, comme par le passé, capable d'acquérir. S'il est vrai qu'à ce point de vue sa liberté se trouva en quelque sorte limitée, ce fut en ce sens qu'elle ne pouvait garder, conserver, *retenir* les biens acquis. L'amortissement, nous le montrerons bientôt, ne fut ni une entrave aux acquisitions de l'Église, ni une exception à la règle de sa capacité absolue.

Nous diviserons donc notre étude sur la période de la féodalité en deux parties :

Dans la première, nous traiterons de l'accroissement du patrimoine ecclésiastique.

Dans la seconde, nous nous occuperons de l'amortissement et du droit de conserver, sous certaines conditions, les immeubles acquis, de la faculté de les retenir.

____

(1) *De la civilisation en Europe*, 10e leçon. Voy. aussi : *De la civilisation en France*, 24e leçon.

CHAPITRE I.

Le régime féodal, avons-nous dit, ne mit point obstacle aux libéralités des fidèles envers les établissements religieux. L'influence que le clergé, sous les deux premières races de nos rois, avait exercé sur toutes les classes de la société, se maintint et ne perdit ni de son intensité ni de son étendue. La lutte terminée, l'épreuve subie, l'Église triomphait bientôt de la haine et de l'envie. Elle trouvait, dans les dons qu'inspirait la foi naïve et superstitieuse de ce temps là, une large compensation des pertes qu'entraînaient pour son patrimoine la jalousie et les violences des grands. Du reste, les rois et les seigneurs eux-mêmes lui restituaient souvent les biens enlevés, et il n'était pas rare de les voir réparer le préjudice qu'ils avaient causé, en gratifiant un établissement religieux de quelque riche domaine et d'importants revenus. De toutes parts se fondaient de nouvelles églises, de nouveaux monastères largement pourvus et dotés, tandis que ceux existant étaient l'objet de nombreuses libéralités. Enfin, les établissements religieux mettaient leurs biens sous la protection des seigneurs, sous la *garde* du pouvoir royal. Quelque grand que dût être pour l'avenir le danger d'une semblable protection, il est certain qu'elle contribua, sous les premiers Capétiens, au développement de la puissance territoriale de l'Église. Ainsi le clergé reconquit rapidement les biens qu'il avait perdus sous les Carlovingiens. Jamais le patrimoine ecclésiastique n'avait été si considérable qu'au xiie siècle.

Les causes qui favorisèrent l'accroissement des richesses de l'Église du xe au xve siècle sont multiples.

De même qu'à l'époque franque, les donations pieuses eurent en partie pour mobiles le précepte évangélique de l'aumône et la nécessité de faire des libéralités au clergé, afin de racheter les fautes. De là vint, pour les terres données, le nom d'*eleemosyna*, d'où l'on fit le nom de *fief aumôné*, de *franche-aumône*. D'autres fois, les évêques imposaient en pénitence des restitutions et provoquaient les donations par leurs exhortations ou leurs prédications. Les malades faisaient aussi des dons nombreux à l'Église, pour obtenir en même temps le salut de leur âme et le rétablissement de leur santé, persuadés que leurs maux étaient un châtiment rachetable. Je ne reviendrai pas sur ces considérations qui ont fait l'objet de développements antérieurs.

A ces causes, il faut en ajouter quelques autres. Le clergé, on le sait, profita de l'approche de l'an mil pour solliciter la générosité des fidèles ; la frayeur des esprits était telle en ces temps là, que le nombre des donations pieuses en devint inouï. L'an mil passé sans que la terrible menace se fût réalisée, la croyance à la fin prochaine du monde n'en demeura pas moins répandue pendant longtemps encore. « La terreur qu'elle inspirait, a dit un auteur, servit à restaurer le domaine du clergé ; chacun accourait au monastère, les mains suppliantes, et se dépouillait de ses biens temporels, croyant entendre résonner déja la trompette du jugement dernier ».(1). En second lieu, les croisades contri-

____

(1) Paul Bernard, *Essai historique sur le droit de réduction des libéralités faites aux établisssments publics. (Revue historique de Droit*, t. X, p..47).

buèrent puissamment à l'augmentation des richesses des établissements religieux et au mouvement général qui se produisit, au moyen-âge, en leur faveur. L'immense profit qu'ils en retirèrent, tenait à ce que les croisés leur donnaient des biens pour appeler sur leurs expéditions lointaines la bénédiction divine. Ou encore l'Église achetait à bas prix les terres que la plupart des nobles, à bout de ressources, vendaient pour satisfaire aux exigences de la guerre et accomplir le voyage d'outre-mer. (1). Enfin les seigneurs, qui ne pouvaient plus administrer leur fortune, s'en dépouillaient en faveur des Églises, hospices et monastères par des contrats de précaires et des *convenientiœ*, sorte de beaux emphytéotiques.

Dans son Essai sur l'histoire du Droit français au moyen-âge, M. Giraud (2) nous donne, sur les moyens employés par les clercs et les religieux pour accroître leurs richesses et sur la résistance qu'ils rencontraient souvent dans la suite pour l'exécution des donations pieuses, de curieux renseignements empruntés à l'*Histoire de Bretagne*, ouvrage dû à la plume du savant bénédictin D. Lobineau. « Emportés par le zèle du couvent, les moines avaient pour les seigneurs, adonnés à la chasse, de beaux oiseaux de fauconnerie qu'ils échangeaient contre des terres. Pour les guerriers, ils avaient des chevaux de prix avec lesquels ils tentaient leur prodigue convoitise : *Rodolfus... quemdam nostrum magni pretii equum concupivit, et pro eo quidquid in dominio suo tenebat..., nobis dereliquit.* Ils prêtaient aux nobles de l'argent, sur le gage de leurs terres, à

---

(1) De Laurière, *Origine du Droit d'amortissement*, p. 58, — Trochon, *op. cit.*, p. 111-112.

(2) M. Giraud, t. I, p. 385-386. — D. Lobineau, *Histoire de Bretagne*, Preuves, p. 64, 114, 301, 121, 176, 222, 64, 72, 73, 100, 309, 310, 179, 103, 66, 310, 305, 291, 179, 207, 130, 125, 267, 23, 24, 68, 70, 73, 254, 225, 177, 188, 222, 223, 225, 156, 265, 291, 298.

condition que si, dans un court espace d'années, l'argent n'était pas rendu, la terre demeurerait aux moines. Ces contrats pignoratifs, odieux aujourd'hui, étaient d'un fréquent usage en ce temps là... Mais il arrivait souvent que ces donations, faites sous l'empire de la crainte ou d'une reconnaissance exagérée, devenaient l'objet de regrets ou de violentes récriminations. Alors la menace de punition divine mettait à la raison le donataire récalcitrant, ou bien une transaction apaisait ses murmures...; ou bien l'excommunication réprimait l'audace du réfractaire ; ou bien enfin, au moment suprême de la mort, une terreur soudaine ramenait le mourant à la confirmation de sa libéralité première. Au reste, la publicité qu'on donnait à ces libéralités, et l'ingénuité de la rédaction des chartes monastiques à ce sujet, montrent combien peu les mœurs simples et la foi vive de cet âge s'étonnaient de ces procédés, et combien peu leur application paraissait étrange aux pieux habitants des abbayes »

L'Église avait à se prémunir contre un double danger. En effet, si nombreux et puissants que fussent les moyens dont elle disposait, pour annuler ou atténuer l'effet des rétractations fréquentes des donateurs ou de leurs héritiers, si redoutables que fussent alors les menaces d'excommunication, il est certain qu'à une époque, où la force primait souvent le droit, le clergé ne parvenait pas toujours à faire exécuter les libéralités pieuses, et que ces rétractations causaient un préjudice considérable au domaine ecclésiastique. De plus, les immenses richesses de l'Église excitèrent les convoitises de ceux dont le trésor s'était épuisé dans des guerres sans cesse renouvelées, et dont la pénurie eût entraîné l'abandon de leurs guerriers. Aussi au moyen âge, plus que jamais, la propriété ecclésiastique fut-elle en butte aux spoliations et aux violences exercées par les laïques. Les seigneurs envahissaient et dévastaient les établissements religieux et, après les avoir dépouillés de leurs biens, les distribuaient à leurs hommes d'armes (1).

Pour mettre son domaine à l'abri de ce double péril, le clergé dut implorer la protection des forts et des puissants. A cet effet, les églises et les communautés religieuses s'adressaient à des guerriers à qui elles abandonnaient des terres et des revenus. Ces guerriers ou vidâmes, en échange des concessions à eux faites, devenaient leurs défenseurs et leurs gardiens. En même temps se perpétuait un usage que nous avons déjà mentionné dans notre étude sur la période franque. Les clercs et les moines faisaient confirmer les donations pieuses par l'autorité des souverains. Toutefois, cette confirmation n'était pas seulement gracieuse; elle était donnée après enquête et parties entendues, quelquefois même après jugement des contestations (2). A qui profitait en réalité ce recours au souverain ? Comme le dit très judicieusement M. Paul Bernard : « Ce recours au seigneur était plus profitable aux donataires qu'aux donateurs, car les premiers faisaient triompher leurs pieux procédés avec une telle naïveté, que les hommes du plaid eux-mêmes n'auraient pu être rebelles à leur influence et à celle de la foi » (3).

Cependant la situation de la propriété ecclésiastique fut loin de s'améliorer. Les vidâmes n'acceptaient fréquemment le titre de défenseurs que pour dépouiller plus aisément de leurs biens les établissements religieux placés sous leur sauvegarde. Rien ne leur était plus facile. Leur mission consistant à représenter

(1) Voy. *Analecta Mabillonis*, t. III, p. 268-269.
(2) Giraud, *op. cit.*, t. I, p. 385, note 1.
(3) P. Bernard, *op. cit.*, p. 49.

l'évêque au temporel et à commander les vassaux à la guerre, ils se trouvaient être réellement les maîtres dans les possessions ecclésiastiques. Ils abusèrent de leurs prérogatives pour accroître leur fortune aux dépens du trésor de l'Église, et de protecteurs devinrent bientôt oppresseurs. De plus, en supposant même qu'ils aient scrupuleusement accompli les devoirs de leur charge, leur appui n'était pas toujours suffisant. Aussi les églises et monastères cherchèrent-ils une protection plus efficace et plus sûre. Ils la trouvèrent dans la royauté.

Pendant les premiers siècles de la féodalité, le pouvoir royal n'était pas assez puissant et ne s'étendait pas assez loin pour offrir dans tous les cas à l'Église un secours contre les vexations des seigneurs. Les établissements religieux situés dans les grands fiefs échappaient le plus souvent à son influence et à son autorité. Aussi avons-nous vu que le clergé ne s'adressait pas toujours au roi pour lui demander sa protection et la confirmation des donations pieuses. Mais au XIIe siècle, l'anarchie féodale avait en partie cessé, les rois commençaient à recouvrer l'usage de la souveraineté, et l'union si intime de la royauté et de l'Église, sous la monarchie capétienne, allait porter ses fruits. Il se produisait alors, entre l'autorité séculière et les membres de la société ecclésiastique, une réciprocité d'influence et d'action, un échange continu de services qui étaient, pour la royauté comme pour le clergé, une condition essentielle d'existence et de progrès. Les abbayes et les évêchés, opprimés par la noblesse féodale, n'aspiraient plus qu'à faire passer leurs possessions de la garde des seigneurs sous la garde des rois, qui confirmaient en outre et consolidaient les acquisitions nouvellement faites et leur octroyaient même des privilèges et des prérogatives considérables. « Le roi, écrit M. Luchaire, est le défenseur né des églises : il protège contre les violences des barons leurs propriétés et leurs droits. Son patronage n'est point simplement celui que la loi féodale impose au souverain, tenu théoriquement de secourir ses vassaux opprimés. Il est effectif et d'application continue et quotidienne. Si le règne de Louis le Gros est rempli, plus que tout autre, des luttes interminables soutenues par les soldats royaux contre les dévastateurs des terres d'Église, ses prédécesseurs et ses successeurs, astreints à la même nécessité, ont rempli la même tâche, dans une mesure déterminée par leur tempérament plus ou moins militaire, l'état de leurs ressources et les exigences de leur situation. A l'époque de Louis VII, l'autorité capétienne est encore parfois obligée de réduire par la force les seigneurs qui empiètent sur le domaine ecclésiastique; mais la royauté est déjà consolidée et assez respectée par l'opinion pour que les rebelles viennent souvent se rendre d'eux-mêmes aux sommations de sa cour de justice. Elle y trouve un nouveau moyen, chaque jour plus sûr et plus efficace, de secourir les évêques et les abbés qui ont fait appel à sa protection. On a vu que la grande majorité des procès soumis aux juges royaux avaient pour origine les plaintes réitérées des seigneurs ecclésiastiques contre les usurpations de la féodalité » (1). En effet, sous le règne de Lous VI et de Louis VII, les appels du clergé à la protection des rois sont nombreux. L'autorité royale dut, en maintes circonstances, prêter aide effective aux églises persécutées, et intervenir à main armée pour châtier les coupa-

(1) *Op. cit.* t. II, p. 105-106.

bles et rendre la sécurité aux établissements religieux (1).

Si les églises, hospices et monastères trouvaient
dans l'appui du pouvoir royal d'importants avantages,
il faut convenir que la royauté, de son côté, voyait
d'un œil très favorable cette tendance de l'Église à invoquer sa protection, et s'empressait de satisfaire aux
demandes qui lui étaient adressées. Elle avait là un
prétexte et un moyen facile de s'immiscer dans l'administration du patrimoine ecclésiastique. Ce fut assurément une des causes qui favorisèrent plus tard l'établissement du principe de l'autorisation royale pour les
acquisitions faites par le clergé ; mais nous verrons
qu'il ne faut point en exagérer la portée.

En conséquence de ce commun accord de l'autorité
royale et de l'autorité ecclésiastique, les rois en arrivèrent insensiblement à mettre sous leur garde la plus
grande partie des biens de l'Église à titre de *sauvemént
(Salvamentum)*. Par l'acte de sauvement, ils s'engageaient
à conserver et sauvegarder toutes les propriétés que possédaient les établissements religieux dans l'étendue de
leur souveraineté, à ne jamais retirer leur protection de
ces biens et à les défendre de toute invasion (2). Comme
type des actes de sauvegarde accordés par les rois de
France aux évêchés et aux abbayes, il suffit de citer
celui que Louis le Gros octroya en 1119 à l'abbaye de
Cluni et qui contient le passage suivant, dont tous les
termes sont à remarquer :

(1) Voyez de nombreux exemples de ces appels à l'autorité royale, des répressions qui suivirent et de la générosité des rois à l'égard des établissements religieux, dans Luchaire, *op. cit.*, t. II, p. 106 et suiv. ; *Règne de
Louis le Gros*, p. 241 et suiv. ; *Règne de Louis le Jeune*, p, 271-3-5-7-8,
282-3.

(2) Voy. Thibaut Lefebvre, *Essai hist. sur les dons et legs faits aux établissements publics. (Revue étrang.*, 1850, p. 411 et suiv.).

« Statuimus insupér et concedimus et promittimus quod nos et successores nostri reges Franciæ tenemur abbates qui pro tempore fuerint et eorum
successores et monasterium cluniacense et prioratus prædictos manutenere
defendere et custodire sicut res proprias ; et ipsis abbati et monasterio clu-
niaccnsi garantire, cum omnibus bonis et rebus suis in regno nostro positis,
vim et violentiam removere, damna et injurias a quocumque inferantur facere emendari promittimus et tenemur pro nobis et successoribus nostris
regibus Franciæ. Quotiens nos vel successores nostri reges Franciæ per
abbatem et conventum cluniacenses fuerimus requisiti, fortalitia aut castra
et munitiones propter necessitates et defensiones coronæ regni Franciæ pu-
blicé faciendas in manu coronæ Franciæ habebimus, abbate et conventu clu-
niacensibus prius requisitis. Prædicto aut aliquo casu extra manum et
coronam regni Franciæ non poterunt ad aliquam aliam personam aliquo
modo transferri sive pervenire. » (1)

L'Église et la royauté rencontraient, dans l'accomplissement de leurs desseins, un sérieux obstacle. Les
seigneurs, qui avaient la garde des églises et monastères ne devaient pas aisément renoncer aux profits qu'ils
en retiraient. Nous voyons cependant qu'ils en furent
dépouillés peu à peu.

Comment s'opéra cette notable transformation ? Quels
procédés imaginèrent les jurisconsultes et les agents
royaux pour transporter des seigneurs aux rois la garde
des églises, hospices et monastères avec tous les droits
et les avantages qu'elle conférait ? C'est ce qu'a parfaitement expliqué M. Beugnot dans sa notice sur Philippe de Beaumanoir.

« Beaumanoir a traité, dans le chapitre XLVI de son
ouvrage, de la garde des églises ; matière à la fois politique et religieuse, et dont il est aisé de deviner l'importance.

« Dans les temps de troubles au sein desquels la
féodalité prit naissance, les églises et les couvents,
pour s'assurer la propriété de leurs biens et la jouissance de leurs droits, en abandonnèrent une partie aux

____

(1) Arch. nat., K. 188, n° 16, Cf. *Bibl. Cluniac*, p. 575, et *Ordonn. des
rois de Fr.*, t. III, p. 545. Cité par Luchaire, t. II, p. 56.

seigneurs, sous la condition que ceux-ci seraient leurs défenseurs et leurs gardiens. La violence étant devenue l'arbitre de la société, cet usage se maintint, en sorte que, au XIIIe siècle, presque tous les barons possédaient la garde des églises situées dans leurs domaines. Les partisans de la suprématie royale, toujours empressés à saisir ce qui pouvait assurer l'affermissement de leur dogme favori, prétendaient que la garde des églises devait appartenir au roi. Beaumanoir procède avec une singulière habileté dans le développement de cette opinion. « Li roys, dit-il (1), *generaument* a le garde de toutes les eglises dou royaume, mes *especiaument* chascuns barons l'a en se baronnie. » Ainsi, au roi la garde générale des églises, aux barons la garde particulière. Mais où finit l'une et où commence l'autre ? Telle est la véritable question. Or, voici de quelle manière Beaumanoir la décide. « Nous n'entendons pas pour ce se li roys a le garde général des églises qui sont desous ses barons, que il i doit mettre le main pour garder tant comme li baron fera de la garde son devoir ; mais se li baron leur fet tort en se garde, ou il ne les vient garder de ciaux qui tort leur font, adonques se pueent il traire au roy comme a souverain ; et ce prouvé contre le baron qui le devoit garder, la garde especial demeure au roy. » D'où il suit que pour dépouiller un seigneur de sa garde et la transporter au roi avec tous ses droits et tous ses avantages, il suffisait qu'une église vint porter ses doléances au Parlement et accuser son défenseur. Comme les abbayes aimaient mieux être sous la garde du souverain que sous celle d'un simple seigneur, des plaintes de ce genre étaient fréquentes, et les *olim* nous apprennent quels résultats elles obtenaient. Beaumanoir contribua

(1) T. II, p. 241, n° 1.

comme membre du Parlement, comme jurisconsulte et
comme bailli, à l'établissement d'une doctrine qui, peu
à peu et sans aucune violence, dépouilla les seigneurs
d'un pouvoir dont l'effet était de maintenir les droits
temporels du clergé sous leur entière dépendance, et
transporta ce pouvoir à la couronne, qui était beaucoup
mieux placée pour l'exercer dans l'intérêt véritable de
l'Église. » (1).

Il suffit de consulter l'index rerum des *Olim* publiés
par M. Beugnot, pour s'assurer combien nombreux
furent les arrêts concernant la matière de la garde sur
les églises. Je prends l'un deux, rendu en 1259 sous
le règne de Saint-Louis, et j'y lis : « Cum archiepisco-
pus, post diem consilii et ostensionis, defecerit, peti-
mus gardam monasterii nostri in manu Regis poni et
remanere, et super eo imponi perpetuum silencium ar-
chiepiscopo supradicto, vel jus. » Dominus vero Julia-
nus de Perona, miles, facta protestacione quod a causa
proprietatis non intendebat recedere nec recedebat, pe-
tiit pro domino Rege quod..... Tunc dominus rex at-
tendens tantam contumaciam et defectum, et in curia
post diem consilii, post diem ostensionis, et in causa
proprietatis, super hoc habuit consilium suum ; quo
habito, *judicatum fuit quod dominus Rex caperet in
manu sua, et per jus, gardam Beati-Remigii Remen-
sis.* » (2).

Les clercs et les moines recherchaient donc la haute
protection des rois et faisaient confirmer par eux les libéralités que leur adressaient les fidèles. Ces actes de

---

(1) Beugnot, *Notice sur Philippe de Beaumanoir,* p. LIV-LV (tome I *des
Coutumes de Beauvoisis).*

(2) Les *Olim,* édition Beugnot, t. I, p. 454-455, n° XVIII. — Voy, *ibid.,*
t. I, p. 144, n° X ; 701, XI ; 749, XXV ; 867, V ; 889, XXVI ; 898, XLII. — T. II,
p. 43, n° XXVII-XXVIII ; 207, XV ; 654, 6 ; 521, II ; 54, III ; 86, XXXVII ; 98,
XXII ; 167, XXIV ; 181, XXIII.., etc.

confirmation, très nombreux à l'époque féodale, n'é-taient autres que les anciennes lettres *De Emunitate*. (1) J'insiste sur ce point pour éviter toute méprise sur le véritable caractère de l'intervention de la royauté dans les acquisitions de l'Église, car l'erreur commise par certains de nos anciens auteurs qui ont écrit sur la période franque, erreur que nous croyons avoir suffisamment établie, se trouve reproduite dans leurs commentaires sur la féodalité. Or, les actes, où intervenait le pouvoir royal, avaient pour but, non point de donner à l'établissement acquéreur une autorisation nécessaire, mais de confirmer simplement la libéralité, mettre les biens donnés sous leur sauvegarde et, par suite , à l'abri des violences et des spoliations. Que les rois, en échange de leur assistance, aient exigé de leurs protégés l'accomplissement de conditions qui favorisèrent plus tard le triomphe du principe d'autorisation, rien n'est plus exact ; mais que le clergé ait eu recours à eux autrement que pour faire de son plein gré confirmer et consolider ses acquisitions, c'est, nous semble-t-il, ce qu'on ne saurait admettre. Il ne faut pas davantage confondre les actes, dont nous nous occupons, avec les lettres d'amortissement, où se trouve vraiment en germe le principe, plus tard en vigueur, sur la nécessité d'une autorisation royale. Nous montrerons, en effet, dans la suite des développements, que le souverain pouvait exercer le droit d'amortissement, sans être obligé d'attendre que l'établissement religieux implorât sa protection contre le péril d'une invasion ou d'une atteinte à des droits acquis. C'est du reste ce qu'a fort bien compris Laurière quand il nous dit : « La liberté d'acquérir que l'Église avait, sous la première et sous la seconde

---

(1) Du Cange, Glossarium mediæ et infimæ latinitatis , *Salvamentum* « Tutela, immunitas, protectio », t. VI, p. 46.

race de nos rois, lui fut encore conservée au commencement de la troisième. La charte du roi Robert, rapportée par le continuateur de Monsieur le président Le Maître, en est une preuve; car quoique cet auteur la confonde avec les lettres d'amortissement, que le roi donne aujourd'hui aux gens de mainmorte, il est certain néanmoins, qu'elle est une de celles que l'Église obtenait de nos rois de la première et de la seconde race, pour empêcher que ses biens ne lui fussent ravis par chicane ou par violence. Aussi ne trouve-t-on point dans cette charte la clause, *sine coactione vendendi, vel extra manum ponendi*, qui est si fréquente dans toutes les anciennes lettres d'amortissement. Et d'ailleurs les termes de la même charte font assez connaître qu'elle n'a été faite que pour mettre une église en particulier sous la protection du roi : Si quis autem, quod nefarium est dici, plenus dœmonica potestate, contra hujus prœcepti autoritatem ausus fuerit insurgere, severis pressus judiciis, terdenas auri libras regali censura cogatur exsolvere; ut autem hujus autoritatis prœceptum, per futura tempora, inviolabilem obtineat firmitatis vigorem manu propria subterfirmavimus. » (1).

Les confirmations faites par les souverains offraient à l'Église l'avantage, non seulement de les protéger contre les rétractations et les revendications, et de les mettre à l'abri des spoliations, mais encore de leur conférer la stabilité, et d'assurer la publicité et l'authenticité des donations, car la pratique romaine de l'insinuation

(1) *Origine du droit d'amortissement* p. 25-27. — Le Maistre, *Traité des amortissements*, chap. II, p. 254. — Saint-Aignan, *Preuves des Antiquitez historiques*, p. 79-80. — Pérard, *Recueil des pièces*, p. 179, 180 et 189. — En ce temps là les Églises obtenaient des papes de semblables privilèges, ou de semblables confirmations, dont on peut voir des exemples dans les Epitres d'Innocent III, et notamment l'Épitre 173 du livre I. — Voy. également le Codex donationum piarum Auberti Miræi, cap. XLVII, p. 155-156, et cap LXI, p. 202.

avait été supprimée par la féodalité. (1). On comprend
donc que l'usage en fût très-répandu. « La plupart des
chartes du xɪᵉ siècle, dit M. Thibaut Lefebvre, qui
contiennent des donations ou des fondations faites aux
chapitres, aux monastères, aux églises et aux autres
établissements publics, sont confirmées par le seigneur
suzerain, par l'évêque, par le roi, et quelquefois par les
papes. » L'auteur, à l'appui de son assertion, cite de
nombreux exemples de donations confirmées par les
personnes qui viennent d'être énumérées.(2). Bien plus,
sur la demande du clergé, les seigneurs, qui voulaient
adresser des libéralités aux établissements religieux ou
leur restituer les biens enlevés, faisaient parfois intervenir leurs vassaux, pour donner plus d'autorité à leurs
restitutions ou fondations. Aussi a-t-on pu dire que le
caractère particulier des donations à cette époque était
le luxe des garanties que se ménageaient les donataires. (3). Mais ce qu'il importe de remarquer, c'est que
l'usage de faire confirmer par les puissants les libéralités
pieuses, quoique très-largement pratiqué, n'était nullement obligatoire. Ainsi dom Vaissette, dans son histoire
générale du Languedoc, rapporte un édit de Louis X le
Hutin, de l'année 1315, qui reconnaît à la noblesse
languedocienne le droit de donner à l'Église, sans l'intervention du pouvoir royal. (4).

Cependant l'auteur du *Recueil des historiens des*

----

(1) « La tradition admise par le Droit romain, unique moyen reconnu par
les lois barbares pour transférer la propriété, remplaça toutes les formalités
pendant les siècles de la féodalité » (Thibaut Lefebvre, *Essai historique...*
(Revue étrangère, 1850 p. 409 et suiv.) — Ricard, *Traité des Donations*, t. I,
p. 1, ch. IV, sect. III.

(2) *Code des donations pieuses, Notice historique*, P. XLV-XLVI. — *Essai
historique sur les dons...* (Revue étrangère, 1850, p. 410 et suiv.).

(3) P. Bernard, *loc. cit.*, p. 49.

(4) Dom Vaissette, t. IV, p. 165. — Trochon, *op. cit.*, p. 115 — Laurière,
Recueil d'ordonnances, t. I, p. 617.

Gaules et de la France dit que les comtes, qui tenaient des bénéfices ecclésiastiques, avaient besoin de l'autorisation royale pour les concéder même à des églises. On ne doit pas se méprendre sur le sens de l'affirmation de dom Bouquet et en exagérer l'importance. M. Beaudouin a fait avec raison remarquer qu'il « ne faut pas voir dans cette défense une restriction à la liberté de donner aux églises. Comme l'a fort bien fait voir M. Guérard dans son *Polyptique d'Irminon*, cela tenait simplement à cette idée que les biens ecclésiastiques étaient placés sous la protection du roi, et qu'ils ne pouvaient à cause de cela être concédés qu'avec l'autorisation du roi » (1).

Tel fut, à l'époque féodale, l'immense accroissement du domaine ecclésiastique. Toutefois il importe de remarquer que les donations ne contribuèrent pas seules au développement des richesses de l'Église. Les libéralités testamentaires n'étaient ni moins fréquentes, ni moins importantes. Nous savons même que ce mode de disposer en faveur des établissements religieux, s'il était vu par le clergé d'un œil moins favorable que les donations, était pourtant plus agréable à ceux que leur piété poussait à la générosité, et par suite devait être fort répandu. Il suffit, pour s'en convaincre, d'étudier quelques-uns des nombreux conciles qui, du xiiie au xvie siècle, traitent des dispositions de dernière volonté, et s'occupent avec un soin minutieux d'assurer, par des procédés parfois violents et singulièrement vexatoires, l'exécution des testaments en faveur de l'Église. Nous avons déjà vu Laurière, quoique très bon chrétien, s'élever vivement contre l'immense avarice des gens d'Église, qui cherchaient à s'enrichir par toutes sortes

(1) Beaudouin, *op. cit.*, p. 87. — Dom. Bouquet, t. VI, p. 547, 570. — Guérard, t. I, p. 534, 281.

de moyens. Il nous dit que les legs pieux qui, dans les premiers temps, n'étaient qu'une simple aumône, devinrent ensuite une dette, et que le clergé alla jusqu'à refuser, en France, la sépulture à ceux qui étaient décédés sans affecter une partie de leurs biens à des œuvres pies (1).

M. Boissonade, dans sa savante Histoire de la réserve héréditaire, a présenté une intéressante étude sur les dispositions des conciles, qui ont trait aux libéralités adressées aux églises, hospices et monastères : « Nous voyons encore, dit cet auteur, à l'époque féodale et même lorsqu'elle est en pleine décadence, de nombreuses dispositions des conciles contre les exécuteurs testamentaires où les héritiers, qui sont en demeure de délivrer les legs pieux (2) ; l'excommunication et la privation de sépulture menacent le testateur et le notaire qui n'appelleront pas le prêtre à la rédaction du testament, sans préjudice de la nullité des dispositions elles-mêmes(3) ; cette mesure ne tend pas moins à obtenir des moribonds des libéralités pieuses qu'à en assurer l'exécution ; elle entraîne bientôt la compétence des juridictions ecclésiastiques dans les questions de testament (4). Au lieu d'exiger un nombre raisonnable de témoins, cinq

(1) De Laurière, *Origine du droit d'amortissement,* p. 10.

(2) Conciles : de Béziers (Biterrense) (1246), can. 33, (Labbe, t. XI, col. 684); d'Avignon (Avenionense) (1279), can. 14 (t. XI, col. 1059) ; de Bourges (Bituricense) (1286), can. 27 et 29 (t. XI, col. 1258).

(3) Conciles : de Narbonne (Narbonnense) (1227), can. 5 (t. XI, col. 305) ; de Toulouse (Tolosanum) (1229, can. 16 (t. XI, col. 431) ; de Tours (Turonense) (1236), can. 33 (t. XI, col. 512) ; de Béziers (1246), can. 44 (t. XI, col. 686); d'Albi (Albiense) (1254), can. 37 (t. XI, col. 730) ; de Toulouse (1590), can. 15 (t. XV, col. 1425).

(4) Conciles : de Bourges (1276), can, 9, (1286), can. 29 (t. XI, col. 1023 et 1258) ; d'Avignon (1823), can. 20 (t. XI, col. 1732), (1594), can 56 (t. XV, col. 1468). — Voy. Beaumanoir, chap. XI, « Des cas des quiex la connoissanche appartient a sainte Eglise, et des quiex à la cour baie,... » § 4 — § 10 — § 11 « s'il avient quaucuns voille plédier à exécuiteurs et demander aucune coze par le rezon du testament, li exécuiteurs ne sont pas tenus à répondre en cort laie, s'il ne lor plest, ains en apartient le connissance à sainte Eglise

ou sept, comme précédemment, on se contentera, pour
les legs faits aux églises, de deux témoins pieux et fidèles (1), sous prétexte que le Dentéronome et Saint-Ma-
thieu ont dit : *In ore duorum vel trium testium stat
omne verbum* (2).

« Un concile d'Angleterre va jusqu'à défendre aux
héritiers, sous les peines canoniques qui précèdent, de
contester la validité des testaments reçus et approuvés
en présence du prêtre. Le même concile défend aux seigneurs féodaux, toujours sous peine d'excommunication, de s'opposer à la distribution en œuvres pieuses
de la portion de biens *ab intestat* que, dans le pays,
il est d'usage de léguer (3). Une disposition semblable
se trouve dans un autre concile d'Angleterre, qui veut
que le père employe en usages pieux une part de ses
biens, égale à celle de tous ses enfants réunis, et ordonne, lors même que le testament serait incomplet à
cet égard, qu'il y soit suppléé *pro salute animœ* (4).
Cette disposition, assurément plus hardie et plus arbitraire que toutes celles qui précèdent, ne fut pas seulement applicable à l'Angleterre, où elle paraît avoir pris
naissance : on trouve en France ces testaments fictifs
ou ampliatifs, imposés aux héritiers, au nom et du chef
de défunts morts intestats, ou sans avoir fait de legs

et par sainte Eglise doivent li exécuiteurs estre contraints à paier lors testamens. Et quand il avient que li exécuiteurs ne voelent obéir au commandement de Sainte Église, anchois se laissent escommenier, en cel cas doit bien ai-
dier le justice laie a la justice de Sainte Eglise, car li exécuiteurs doivent estre
contraints par le prise de lor biens temporex à ce que li testamens soient remplis si comme il doit. » Coutumes de is Bauvoise (Édition Beugnot, t. i, p. 156
et suiv.). Par là, il est facile de se rendre compte combien grande était l'influence
résultant pour l'Église de ce pouvoir de juger en quelque sorte dans sa propre
cause. — P. Bernard, *op. cit.*, p. 52.

(1) IIIe Concile de Latran (Lateranense) (1179), partie L^o ch. VIII et XX
(t. X, col. 1712 et 1717.)

(2) Deuteronome, XVII, 6 — S. Mathieu, XVIII, 16.

(3) Concile de Lambeth (Lambethense) (1281), can. 14 et 15 (t. XI, col. 812.).

(4) Synode d'Exeter (Exoniensis) (1287), can. 50 (t. XI, col. 1303.)

pieux. Laurière nous apprend que l'usage n'en a cessé qu'au commencement du quinzième siècle, et que les parlements ont eu longtemps à lutter contre cet abus de l'autorité ecclésiastique. » (1).

(1). M. Boissonade, *Histoire de la réserve héréditaire,* p. 193 à 196. — *Glossaire* de Laurière, V° *Exec. testamentaire,* t. I, p. 441, et l'arrêt du parlement de Paris du 19 mars 1409, contre l'évêque d'Amiens, *(ibid.)* — Montesquieu, *Esprit des lois,* liv. XXVIII, ch. 41. — Laboulaye, *De la condition des femmes,* p. 288. — Kœnigswarter, *Etude historique sur le droit civil français.* (Revue de législation, 1844, t. XIX, p. 126).

CHAPITRE II.

DE L'AMORTISSEMENT.

Les violences et les spoliations qu'eut à subir la propriété ecclésiastique, ainsi que les rétractations des disposants ou de leurs héritiers, ne furent point les seuls dangers contre lesquels l'Église eut à se prémunir. Elle rencontra en outre de graves difficultés qui résultaient pour elle de l'organisation même du régime féodal ; difficultés dont elle ne put aussi aisément triompher, que de la jalousie des grands et des regrets des donateurs, et qui donnèrent naissance à des taxes et indemnités légitimes, qu'elle dut payer tout d'abord pour une grande partie de ses acquisitions, et plus tard pour la totalité. Ce préjudice considérable, auquel l'Église ne parvint pas toujours à se soustraire, allait sinon arrêter le développement de ses richesses, tout au moins diminuer les profits qu'elle eût pu retirer des biens acquis.

Tous les domaines ne furent point absorbés par le système féodal. Il resta des terres libres et franches. Ce sont les *alleux*. L'alleu est le bien par excellence, le bien que l'on possède en pleine et entière propriété et pour lequel on n'est soumis à aucun devoir, à aucune redevance. On ne le tient de personne, si ce n'est de Dieu seul, comme disaient nos anciens auteurs. « Tenir un alleu, c'est tenir terre de Dieu tant seulement. » Sur cette classe de biens, ne s'exerçait que la juridiction du seigneur, dans le territoire duquel la terre était située (1). Les établissements religieux devinrent maîtres d'une grande partie des terres allodiales. Les propriétaires de ces terres, bien qu'elles ne fussent pas soumises aux redevances seigneuriales, préféraient souvent à la liberté dont elles jouissaient, les avantages inhérents aux fiefs. Ils recherchaient donc le lien de solidarité qui existait entre le seigneur et le vassal, et qui était d'une si grande utilité au sein des guerres féodales. En conséquence, ils s'adressaient à un seigneur, lui donnaient leurs biens, que celui-ci leur concédait aussitôt à titre de fief (*fief de reprise*). Ce n'était point en général aux seigneurs laïques qu'était fait cet abandon ; mais aux seigneurs ecclésiastiques. « On le recherchait même comme un privilège ; car l'autorité du clergé était grande, et son exigence moins brutale que celle du seigneur guerrier » (2). Nous verrons qu'au xive siècle, ces alleux, comme les autres biens acquis par l'Église, durent être amortis.

A côté des alleux d'origine, on trouvait des alleux de concession. C'étaient des biens, des fiefs qui, affranchis de la mouvance et des droits féodaux, mais affranchis légalement, c'est-à-dire, avec l'approbation des seigneurs intéressés à ce que le fief ne fût point *abrégé*, étaient convertis en alleux. C'est ainsi d'ordinaire que les fiefs étaient donnés à l'Église en *franche aumône*. De là, Loisel a pu dire : « Tenir en mainmorte, franc-alleu ou franc-aumône, c'est tout un, en effet. (3).

(1) Boutellier, *Somme rurale*. — Galland, *Du Franc-Alleu et origine des droits seigneuriaux*, p. 10, 13, 14, 15, 16, 23, 24 — La Thaumassière, *Anciennes coutumes de Berry*. — Perreciot, *Preuves de l'état des personnes et de la condition des terres*. — Ginoulhiac, *op. cit.*, p. 417 et suiv.

(2) Brissonnet, *op. cit.*, p. 68.

(3) Loisel, *Institutes coutumières*, Liv. I, Tit. I, règle 66. — Galland parle

Mais comme en affranchissant ainsi les fiefs, on les
abrégeait, on les diminuait au préjudice des seigneurs
de qui ils étaient tenus et du roi comme souverain fieffeux, il en résulta que l'Église ne put acquérir aussi
facilement les alleux de concession que les alleux d'o-
rigine. Et c'est à l'égard des fiefs et des censives qu'é-
clata la lutte entre le clergé et les seigneurs. Pour ces
derniers, en effet, l'acquisition de ces deux classes de
biens par les établissements religieux entraînait le plus
grave dommage. Les fiefs et les censives étaient ainsi
perdus avec les profits féodaux ou censuels, qui étaient
une source si importante de revenus. En voici les
motifs :

Nous savons que l'obligation féodale par excellence
est le service militaire. « Aux premiers temps de cette
période où le sol est morcelé en une infinité de petits
états, la société ne s'organise qu'en vue de l'attaque ou
de la défense, et celui-là seul a qualité pour tenir un
fief qui est en état de porter l'épée. Les mineurs, les
femmes, les roturiers, les églises, les abbayes et autres personnes morales ne peuvent desservir le fief
comme il convient *competenter :* ils sont donc incapables d'acquérir et de posséder des fiefs. » (1) Les seigneurs considèrent les clercs et les moines comme peu
aptes et surtout peu disposés à « longuement chevau-
cher et porter grands coups d'épée. » Aussi l'acquisition des fiefs par les établissements religieux, ayant
pour résultat de diminuer le nombre de leurs hommes
d'armes, devait rencontrer de leur part la plus vive résistance. Cependant je montrerai bientôt que l'incapa-

d'une charte de 1252, par laquelle un bien tenu *in feodum* est affranchi de
tout hommage et cens : *Quittam clamamus, et declaramus,ab omni homagio
et censu, tanquam Dominus.* (p. 16-17). Cité par M. Ginouilhac, p. 421.

(1) Tardif, *Essai historique...(Revue de législation,* 1872, p. 503).

cité pour ces établissements de tenir des fiefs n'a pas existé dans tous les pays, et que notamment en France, l'Église a toujours pu acquérir et posséder cette sorte de biens, à la condition de le faire desservir par un vicaire.

En second lieu, les églises et les communautés religieuses, personnes morales, ne meurent pas ; leur existence est illimitée. De plus, elles n'aliénent pas ou aliénent peu. Il est vrai que notre ancien Droit, jusqu'au XVIᵉ siècle, n'avait point proclamé, comme le fit de bonne heure la législation romaine, l'inaliénabilité des biens ecclésiastiques. Ce ne fut qu'en 1563 que Charles IX s'arrogea le droit d'autoriser les établissements religieux à vendre leur patrimoine. Mais, dès le IXᵉ siècle, les conciles de Meaux et de Beauvais défendirent aux évêques d'aliéner les biens de l'Église. Les dispositions de ces conciles, étant restées impuissantes, faute de sanction réelle pour en assurer l'exécution, le pape Innocent IV, au XIIIᵉ siècle, renouvela les défenses faites au clergé et « les sanctionna par l'annulation des aliénations faites sans son consentement. De ce moment, les prohibitions furent respectées. » Cependant on admit quelques exceptions. Dans les cas permis, la validité de la vente était soumise à l'accomplissement de certaines formalités (1).

Si l'établissement religieux ne meurt pas et s'il n'aliène jamais ou presque jamais, les seigneurs, ainsi que le fait remarquer Pothier (2), se trouvent privés en en-

____

(1) Laisné Deshayes, *op. cit.*, p. 32. — Jacquier, *op. cit.*, p. 152 à 156. — Rousseau de Lacombe, V. *Aliénation*, sect. I, nº 6 ; sect. III, nº 8. — Houard, Vº *Biens ecclésiastiques*, p. 184. — Denisart, Vº *Biens du clergé*, nº 23. — Tardif, *op. cit.*, p. 501. — Desjardins, *De l'aliénation et de la prescription des biens d'Église...* (*Revue historique*, t. IV, p. 254). — Concile de Meaux (845) can. 17 et 18.

(2) *Traité des personnes*, Tit. VII, art. 1ᵉʳ. (*Œuvres*, t. VI, p. 631).

tier de l'émolument de la seigneurie directe qu'ils ont sur les héritages, car cet émolument consiste dans les profits auxquels donnent ouverture les mutations qui arrivent soit par la mort des propriétaires, soit par les aliénations. L'acquisition d'un fief ou d'une censive par l'Église leur fait perdre les droits de *relief*, de *relevoison* ou *double cens*, perçus en cas de mutation par décès, droits de *quint* et de *requint*, de *lods et ventes*, en cas d'aliénation entre-vifs, droit *de rachat*, droit de *déshérence*. En outre, comme on applique à l'Église la règle : « *Delictum personœ in damnum Ecclesiœ non est convertendum* » (1), il ne peut plus y avoir lieu à la *confiscation*, c'est-à-dire, saisie pour crimes publics, et à la *commise*, saisie pour délits privés. On comprend donc que les seigneurs aient vu d'un œil très défavorable leurs fiefs et leurs censives passer entre les mains des établissements religieux, car plus le patrimoine de ceux-ci augmentait, moins leur seigneurie rapportait.

De l'existence illimitée des églises et monastères et de l'inaliénabilité de leurs biens, vint le nom de *corps de mainmorte* qu'on donna à ces établissements, de *mainmortables* aux gens d'Église, de *biens de mainmorte* aux biens ecclésiastiques. En effet, dit Henrys, « les héritages sont morts entre leurs mains, en ce qu'ils n'en sortent plus. » Bourjon donne une explication analogue en termes un peu différents : « Ces gens ont cent mains ouvertes pour recevoir et une seule entr'ouverte pour la sortie des biens qu'ils possèdent » (2).

D'après Bacquet, cette dénomination ne serait qu'une antiphrase et aurait été employée pour celle de *main-*

---

(1) De Héricourt, H. t. II, III⁰ partie, p. 44. — Cherruel, *Dictionnaire des Institutions*, V⁰ *Commise, confiscation*.

(2) Henrys, 69⁰ *question*, t. II, p. 106. — Bourjon, t. 1, liv. II, tit. IV, chap. 6, n⁰ 4, p. 296.

vive. Voici du reste la singulière étimologie qu'il nous donne : « Comme nous disons *bellum quod minime bellum sit, et lucus quod minime luceat,* ainsi on peut dire *gentes manus mortuæ quod mimime moriantur.* Tellement qu'il semble, à proprement et à vrayment parler, que les gens de la condition susdite ne mourans point, mais estant perpétuellement vivans, devroient plutost estre appelez gens de main-vive que de main-morte » (1).

Les biens de mainmorte causaient donc un grave préjudice à la fortune seigneuriale. De là, des discus-cussions, des difficultés, des guerres sans cesse renaissantes entre le clergé et les seigneurs. Vers le milieu du xiiie siècle, la lutte, qui jusque-là avait eu lieu isolément, et ne régnait que de manoir à monastère, suivant l'intérêt particulier de chaque souverain, prit un caractère aigu et général. Les barons de France,

(1) *Traité des droits de franc-fief* 1re partie, ch. 2, n° 8. Cité par Beaudouin, *op. cit.*, p. 99 note 4. — Ducange, *Glossarium*, V° *manus mortua,* t. IV p. 265. — De Héricourt, H. IIIe partie, p. 8. — Cherruel, V° *mainmorte.* — La dénomination de *gens de mainmorte* ne s'appliquait pas seulement aux communautés religieuses, mais aussi aux autres personnes morales. Ferrière en donne une énumération qui montre combien nombreuses étaient les diverses espèces d'établissements religieux. Il divise les gens de mainmorte en trois classes. La première comprend « les particuliers gens de mainmorte, savoir : archevêques, évêques, abbés, prieurs, curés, chapelains, obituaires ou autres ; ou communautés ecclésiastiques, comme religieux, abbé et couvent ; religieux, prieur et couvent ; doyen, prévôt, chanoines et chapitres ; religieuses, abbesse et couvent ; commanderies conventionnelles et autres monastères et gens d'église. — La deuxième comprend : les gouverneurs des hôpitaux, Hôtels-Dieu, maladreries, léproseries, aumôneries, commandries, simples stipendies, confréries, marguilliers de fabriques et autres semblables. — La troisième comprend les communautés séculières composées de gens laïs, comme maires, échevins, jurats, capitouls, consuls et autres gouverneurs des villes, habitants des villages, bourgs, paroisses possédant biens en commun, universités, collèges, principaux, maîtres jurés des métiers, communautés de marchands et autres semblables. » (*Observat. sur la Cout de Paris, Traité des fiefs.* p. 102, n° 11). — Bacquet donne des gens de mainmorte une énumération qui est à peu près la même que celle de Ferrière. (Bacquet, *loc. cit*). — On trouve également des énumérations dans les édits de 1629, 1666, 1749.

voulant s'opposer aux entreprises des clercs et des religieux et sauvegarder les profits féodaux, plus compromis que jamais par le développement toujours croissant du patrimoine ecclésiastique, formèrent une ligue contre le clergé. Ils firent dresser en latin un acte qui montre combien grand était leur ressentiment et où ils disaient :

« Le clergé (1) superstitieux ne considère pas que le roïaume de France a été converti à la foi par les armes de Charlemagne et les autres (2). Le clergé nous a d'abord réduits par une humilité artificieuse; et se prévalant de châteaux que nous avons fondez, ils absorbent la juridictiou des princes séculiers. En sorte que les enfants des serfs (3), jugent, selon leurs loix, les hommes libres, qucique selon les lois des anciens vainqueurs, nous devrions plutôt les juger, et on ne devrait pas déroger aux coutumes de nos ancestres par de nouvelles constitutions. Car ils nous font de pire coudition que les païens mêmes, dê qui Dieu a dit : « Rendez à César ce qui est à César ». C'est pourquoi nous tous qui sommes les plus grands du roïaume considérant qn'il a été conquis, non par le droit écrit ni par l'arrogance des clercs, mais par les travaux de la guerre : défendons par le présent décret, que personne, clercs ou laïques, n'appelle un autre en jugement devant un juge ordinaire on délégué (4), sinon pour cause d'hérésie, de mariage, d'usure, sous peine de perte de tous ses biens et de mutilation d'un membre. Sur quoi nous députerons des exécuteurs. Ainsi notre juridiction se relèvera, et *les clercs enrichis à nos dépens*, seront ramenés à l'état de la primitive église et à la vie contemplative, nous laissant l'action qui nous convient, et nous faisant voir les miracles qui ont cessé depuis longtemps ».

C'est au mois de novembre de l'année 1246 que se forma cette ligue qui, d'après le serment fait par les barons, devait durer toujours.

Cette conjuration des seigneurs eut un grand retentissement et le clergé s'en alarma fort. Les évêques et autres prélats s'en plaignent vivement au pape. Inno-

(1) Telle est la traduction qu'en donne l'abbé Fleury, dans son *Histoire ecclésiastique*, t. XVII, liv. LXXXII, n° LV, p. 373-374.

(2) « On voit ici, dit l'abbé Fleury, l'ignorance de celui qui composa cet acte d'attribuer à Charlemagne l'établissement du christianisme en France, et y appliquer les guerres qu'il fit contre les Saxons et les autres infidèles de Germanie. »

(3) « Les clercs sont ici nommez enfants des serfs, parce qu'en effet plusieurs étaient roturiers et de condition servile. »

(4) Il faut sous-entendre : juge ecclésiastique.

cent IV leur répond d'instruire les barons (qui l'igno-
rent peut-être), que ceux qui font des statuts contre la
liberté ecclésiastique sont excommuniés de plein droit,
suivant une constitution d'Honorius II. Il leur recommande donc, si les rebelles persistent dans leur des-
sein, de résister avec une extrême fermeté. En même
temps il écrit au cardinal Eude de Châteauroux, évêque
de Tusculum et son légat en France, d'assister au concile que les évêques doivent tenir à ce sujet, de dénon-
cer et excommunier tous ceux qui feront observer les
statuts et les coutumes contraires à la liberté de l'Église,
en déclarant nuls ces statuts et les serments de les
observer, et tous ceux qui entreront dans la nouvelle
entreprise des catholiques et feront de la propagande
en sa faveur. Les rebelles seront privés de tous privilèges accordés par le Saint-Siège et des fiefs qu'ils
tiennent de l'Église; leurs enfants seront exclus de la
cléricature et des bénéfices.

Il faut convenir que rien ne justifiait une semblable
rigueur, et qu'en présence des réclamations légitimes
des barons, le pape n'avait pas la main heureuse.
Innocent IV le comprit bientôt, car ses menaces ne pro-
duisirent pas grand effet. Il usa alors d'autres moyens,
fit beaucoup de cadeaux aux seigneurs, leur accorda
grand nombre de dispenses et d'indulgences et donna
plusieurs bénéfices à leurs parents. Il parvint ainsi à
détacher de la ligue la plus grande partie des barons et
« l'affaire pour lors, dit Fleury, ne fut pas poussée plus
avant. » (1).

La trêve entre le clergé et les seigneurs ne fut pas de
longue durée. Nous voyons, en effet, que quelques années
plus tard, sous le successeur d'Innocent IV, les églises
et les communautés religieuses furent en butte à de

(1) *Loc. cit.* p. 375-376.

nouvelles vexations : « On voulut les attaquer, dit Ferrière. Elles recoururent au pape Alexandre IV, qui défendit d'imposer aucune taille sur les ecclésiastiques et sur les églises, pour raison de leurs biens temporels, ni de les contraindre d'en quitter la possession. » (1). La lutte n'en continua pas moins jusqu'au jour où la royauté, sous Philippe le Hardi, intervint pour faire droit aux réclamations des seigneurs, mais limiter en même temps, comme nous le verrons bientôt, leurs prétentions excessives.

Cependant depuis longtemps déjà, s'était introduit l'usage suivant : les gens d'église, pour leurs acquisitions, devaient payer aux seigneurs une indemnité, comme compensation de la perte des profits féodaux, ou bien aliéner l'héritage, *vider leurs mains*, dans un délai déterminé.

On lit en effet dans le chapitre 125 des *Etablissements de Saint-Louis* et dans un passage de Beaumanoir qu'il faut en rapprocher :

Chapitre 125 ; « Se aucuns avoit donné à ancune religion, ou à aucune abaïe, une pièce de terre, li sires en qui fié ce seroit ne le sufferroit pas pár droit, se il ne voloit, ains le pourroit bien prendre en sa main. Mes cil à qui l'ausmône aura été donnée si doit venir au seigneur, et li doit dire en tèle manière : sire, ce nous a esté donné en aumosne, se il vous plest nous le ténions, et se il vous plest nous l'osterons de nostre main dedans terme avenant ; si leur droit li sires esgarder qu'ils la doivent oster dedans l'an et li jour de leur main, et se ils ne l'ostaient, li sires la porroit prendre comme en son domaine, et si ne l'en respondrait jà par droit « (2).

« Se lais, dit Beaumanoir, est fes à église, d'éritàge qui soit d'aquest ou du quint de l'éritage, come ou pot laissier, li sires de qui li héritage, muet ne le pot deflendre ; mais il pot commander à l'Église à qui li laiz est fes, qué il l'aste de se main et le méte en main laie dedens àn et jour ; et se l'Église ne le fet, li sires pot penre l'éritage en se main et goïr des yssues, dusqu'à tant que l'Église aura entériné ie commandement du Segneur » (3)

(1) *Observat. sur la cout. de Paris, Traité des fiefs*, t. I, p. 63.
(2) Isambert, *Recueil d'ordonnances*, t. II, p. 522-523 — De Laurière, *Préface des ordonnances de nos Rois*, § 66. --
(3) *Coutumes de Beauvoisis*, chap. 12, n. 5 (Édition Beugnot, t. I, p. 180).

Cet usage, généralement suivi par presque tous les seigneurs, vers le milieu du XIIIᵉ siècle, consacrait une sorte de compromis et satisfaisait à tous les intérêts. L'Église, et ce n'était que justice, étant donné le régime féodal, devait indemniser les seigneurs du préjudice que leur causaient ses acquisitions, et cela soit par le payement d'une certaine finance, soit par l'aliénation des biens acquis, dans un délai déterminé. Mais s'il est vrai que d'une part l'Église perdait à l'établissement de ce nouvel état de choses, cependant d'autre part sa situation se trouvait sensiblement améliorée, en ce qu'elle pouvait désormais acquérir avec moins de peine. Les seigneurs, dont il fallait obtenir le consentement à l'abrègement du fief, se montrèrent plus disposés à l'accorder, du jour où ils se virent dédommagés par le versement d'une certaine somme, à titre d'indemnité.

Cette indemnité n'eut point, à l'origine, le caractère d'une taxe ; le montant en était librement débattu entre le seigneur et l'établissement religieux. Un accord intervenait-il ? Celui-ci conservait à jamais les biens acquis. Au contraire, l'accord ne pouvait-il se conclure ? Il devait les aliéner dans un délai déterminé, *vider ses mains dans l'an et jour.* Pendant les premiers temps, l'option, on le voit, appartenait en réalité au seigneur, car il pouvait toujours refuser le chiffre que lui offrait l'acquéreur.

Tel est le droit d'amortissement que Loisel a résumé sous forme de deux règles :

« Gens d'Église, de communauté et de mortemain, peuvent acquérir au fief, seigneurie et censive d'autrui ; mais ils sont contraignables d'en vuider leurs mains dans l'an et jour du commandement à eux fait après l'exhibition de leur contrat.

« Après l'an, ils n'y peuvent être contraints ; mais sont tenus en payer indemmité au seigneur et prendre amortissement du Roy » (1).

(1) *Institutes coutumières*, liv. I, tit. 1, règles 57, 58. (Édition Laurière, t. I, p. 96-97.)

L'usage de payer une certaine finance aux seigneurs, lorsque des biens étaient acquis par des établissements religieux, remonte, avons nous dit, à une époque antérieure au XIIIe siècle. Une charte de l'année 1146 (*Chartâ Gaucheri de Castellione*) (1) porte : « *Item quicquid poterunt acquirere prædicti monachi (de Castellione) in nostra Castellania de Castellionè, aut emptione, aut donatione, ex nunc, et in futurum perpetuis temporibus amortisamus, et amortisatum facimus.* » Laurière cite d'autres chartes contenant des amortissements faits par des seigneurs, dans lesquelles ceux-ci donnaient leur consentement à l'abrègement du fief, et où on voit que le roi ne donnait le sien que comme seigneur féodal immédiat (2): chart. ann. 1113; chart. Guidonis de Sauz, ann. 1197 ; chart. Galcheri de Castellione, ann. 1204 ; chart. Roberti de Curtiniaco, ann. 1232 (3). D'après Poquet de Livonnière, l'origine du droit dont nous traitons remonterait à deux siècles avant Louis IX. Un arrêt du conseil du 3 avril 1731 rapporte un amortissement, opéré en septembre 1200 par Baudouin d'Artois, pour biens donnés en 1183 à l'abbaye de Clermarais par Berthold de Flandre (4). Voici une autre preuve : « Cette dérogation aux règles féodales, dit M. Tardif, paraît dater du XIIe siècle. On lit, en effet, dans une charte d'Hugues, vicomte de Châteaudun, donnée en 1159, que *d'après un usage*

---

(1) *Preuves de l'histoire de la maison de Chastillon*, p. 25. — Citée par Laurière, *orig. du droit d'amort.*, p. 25.

(2) Nous verrons qu'il n'en fut pas toujours ainsi et que plus tard le consentement du roi était requis, bien qu'il ne fut pas seigneur féodal immédiat ; il le donnait alors comme souverain fieffeux du royaume.

(3) *Preuves de l'histoire de la maison de Chastillon*, p. 34. — *Preuves de l'histoire de la maison de Courtenay*. — Laurière, p. 49 à 55.

(4) Pocquet de Livonnière, *Traité des fiefs*, liv. II, ch. 4. — Heissier, *des personnes morales*, p. 113, Th. Doct., Nancy, 1871. — Beaudouin, p. 100.

récent, ex modernorum usu, il n'est pas permis aux églises de tenir sans amortissement ce qui leur a été donné : *Ei largita sine admortisatione teñere.* Dans cette charte, le vicomte de Châteaudun et quelques autres seigneurs, se disposant à partir pour la croisade, déclarent amortir tout ce que les moines de Tiron ont acquis et pourront acquérir à l'avenir par achat, don ou aumône, et ils renoncent, en conséquence, à tous les droits féodaux qu'ils auraient pu exercer sur les biens » (1).

Deux partis à prendre s'offrent donc à l'établissement religieux qui veut réaliser une acquisition :

1° Il peut, comme une personne ordinaire et comme par le passé, sans accomplir aucune formalité spéciale, acquérir un bien à titre onéreux ou à titre gratuit. Mais alors *il doit l'aliéner dans un délai fixé.* Toutefois nous verrons que l'Église put, de bonne heure, se soustraire à cette aliénation, à la condition d'acquitter un certain droit connu sous le nom de *droit de nouvel acquêt.*

2° L'établissement religieux qui acquiert un bien, peut encore demander *des lettres d'amortissement* et *indemniser* le seigneur dans la mouvance duquel se trouve ce bien. Dans ce cas, on ne peut plus le contraindre à aliéner le fonds acquis. Il en devient incommutablement propriétaire. « *Amortisatio,* dit Dumoulin, *est renunciatio et privatio juris cogendi manum mortuam ad transferendum in idoneam manum* » (2). Ce second parti, le plus souvent adopté par les gens de mainmorte, est celui dont nous nous occuperons surtout dans les développements qui vont suivre.

(1) Tardif, *Essai hist. sur la capacité civile des établ. ecclés. et relig.* (Revue de législ., septembre-octobre, 1872, p. 5C4). — Chopin, *De Légibus Andium,* art. 36. — Voy. Bacquet, t. II, *du droict d'amort.,* ch. 41, n° 2. — Boutellier, *somme rurale,* 47. — Leber, *Hist. crit. du pouvoir municipal,* p. 382.
(2) *Comment sur la cout. de Paris,* sur l'art. 41.

La théorie du droit d'amortissement est une des matières les plus difficiles et les plus délicates de notre ancien Droit. Les nombreux commentaires de nos anciens auteurs sur ce point n'ont pas toujours, tant s'en faut, contribué à l'éclaircir, surtout en ce qui concerne la nature de ce droit pendant les premiers temps de son existence, c'est-à-dire, du XIIe au XVe siècle (1). Nous aurons donc, dès le début, à nous demander, par une étude attentive d'où ne sera point exclue une certaine défiance à l'égard des doctrines autrefois émises et acceptées par les auteurs, quels ont été les motifs de l'établissement du droit d'amortissement et sa véritable origine, quels en ont été ensuite les progrès et quelles modifications il a subies.

Deux idées essentielles dominent la matière de l'amortissement des biens ecclésiastiques. Il importe tout d'abord de les mettre en relief.

I. — Pendant la période de la féodalité, comme sous les rois des deux premières races, l'Église acquiert à titre onéreux ou à titre gratuit, sans avoir besoin d'obtenir aucune autorisation. Sa capacité demeure intacte et absolue. On ne saurait trop insister sur cette importante considération. Le droit d'amortissement n'est point, en effet, une exception à la règle de la capacité des établissements religieux, une entrave à leurs acquisitions; c'est une *indemnité*, c'est la *réparation d'un dommage*, et rien de plus. Les seigneurs et le roi n'interviennent pas au moment de l'achat ou de la donation ; ils ne

---

(1) Nous devons dire dès maintenant que, de touc nos anciens auteurs, celui qui nous paraît avoir le mieux compris et exposé cette théorie est de Laurière. C'est aux ouvrages de cet auteur qu'il faut en général se référer, si l'on veut avoir une notion exacte de l'origine, du caractère et des progrès du droit d'amortissement. (*Préface aux ordonnances de nos rois. — Traité de l'origine du droit d'amortissement. — Commentaire sur Loisel. — Glossaire du droit français*).

demandent que l'application des principes généraux qui régissent les fiefs et les censives, ils n'exigent qu'une chose : une indemnité comme réparation du préjudice causé par le non accomplissement des services féodaux et la perte des droits de mutation. L'Église acquiert donc librement, mais, et c'est ici le point important, elle n'acquiert pas *indéfiniment*, elle ne peut *posséder perpétuellement* les héritages, en d'autres termes, il ne lui est point permis de *conserver et garder* les biens acquis, s'ils n'ont pas été amortis. Pothier a parfaitement indiqué le caractère et l'effet du droit d'amortissement en quelques mots : « Dès avant l'édit de 1749, les communautés n'étaient pas à la vérité incapables d'acquérir les héritages ; mais si elles pouvaient les acquérir, elle n'était pas en droit de les *retenir toujours... C'était plutôt la faculté de retenir qui leur manquait, que la faculté d'acquérir.* » (1)

---

(1) Pothier, *Traité des personnes*, tit. VII, art. 1 (*Œuvres*, t. VI, p. 620 et 632). — « Les gens de mainmorte, dit Ferrière, ne peuvent pas *posséder* en France des héritages sans en avoir obtenu l'amortissement du roi ; autrement ils sont sujets aux droits de nouveaux acquêts que le roi leur a fait payer de temps en temps pour la tolérance de *la possession et jouissance desdits immeubles qu'il ne leur est pas permis de posséder* ». De nombreux passages de Laurière expriment la même idée. « C'est un fait constant et connu de tout le monde, que sous nos rois de la première et de la deuxième race l'Église acquérait librement des fonds... Mais lorsque sur le déclin de la deuxième race et au commencement de la troisième race, les droits de mutation dans la possession des fonds eurent été établis, les églises commencèrent à être troublées dans les acquisitions qu'elles firent, parce que.... elles seraient obligées de de traiter avec les seigneurs féodaux, *pour être conservées dans la possession des héritages qu'elles auraient acquis dans leurs mouvances, sinon qu'elles seraient contraints de les mettre dans l'an et dans le jour hors de leurs mains sous peine de confiscation...* Les églises furent dans la nécessité de traiter avec les seigneurs féodaux immédiats pour éviter la confiscation et pour se faire *conserver dans la possession paisible des biens immeubles qu'elles avaient acquis.* Grâces que les seigneurs n'accordaient que moyennant une *finance* proportionnée à la perte qu'ils faisaient. » (Préface aux *Ordonnances des rois* § 63.) — « En France, les gens de mainmorte ne sont point incapables de faire des acquisitions, comme l'ont écrit nos auteurs. M. Loisel a fort bien mis dans cette règle *qu'ils peuvent acquérir* ; mais comme ils *ne peuvent posséder*

Il est si vrai que l'Église est, à l'époque féodale, capable d'acquérir librement les immeubles, que le droit d'option réservé au seigneur, à l'origine, disparaît bientôt, ou plutôt passe à l'acquéreur, et que l'indemnité prend la forme d'une nouvelle taxe féodale. L'établissement religieux choisit, en toute liberté, entre le payement de cet impôt et l'aliénation des biens acquis. Pour qu'il garde ces biens, pour qu'il en soit pleinement et irrévocablement propriétaire, il faut et il suffit qu'il paye. Basnage, Bàcquet, Ricard disent formellement que la communauté qui consent à acquitter la taxe ne peut être contrainte à se dessaisir et à revendre l'immeuble (1). En second lieu, les acquêts des églises et monastères étaient-ils situés dans un fief où ils avaient droit de haute, moyenne et basse justice ? Ils ne devaient plus aucune redevance. (2) Enfin et surtout, supposons que l'établissement religieux refuse d'acquitter l'amortissement ou d'aliéner le bien acheté ou donné, le roi et les seigneurs n'avaient pas le droit de faire annuler l'acquisition. Un édit de François Ier, de 1520, permettait seulement de saisir l'immeuble non libéré et de le

les fonds qu'ils ont acquis sans faire préjudice aux seigneurs dont les droits sont diminués, parce que les gens de mainmorte ne meurent point et n'aliènent point. Selon cette règle, ils sont contraignables de viuder leurs mains, » (*Inslit. cout.*, t. 1, p. 96-97). — Voy. de même, *Traité de l'orig. du droit d'amort.* et notamment p. 3, 30, 177... — De Héricourt, H. IIIᵉ part., p. 88. — Ricard, *Traité des donations*, t. I, Iᵉ part., ch. 8. sect. 13, nᵒ 601, — Beaudouin, p. 106 et suiv.

. (1) Basnage, *Coutume de Normandie*, art. 140, p. 206. — Bacquet, t. II, IVᵉ part., *Du droict d'amortiss.*. ch. 33, nᵒ 1, p. 206. — Ricard, *Traité des donations*, t. I, 1ʳᵉ part., chap. 3, sect. 13, nᵒ 608 : « Les lettres d'amortissement, à vray dire, par l'usage que nous observons aujourd'huy se réduisent à des taxes et à un intérêt pécuniaire, ny ayant pas d'exemple dans lequel les lettres de cette qualité ayant esté refusées, et elles se sont jusques à présent accordées indifféremment moyennant finance. » — Préambule de l'édit d'aout 1749. — De Salverte, *Essai sur les libéralités...* (*Revue crit.*, t. VII, p. 411) — Beaudouin, *loc. cit.* — Laisné Deshayes, *Du régime légal...*, p. 30.

(2) Ordonnance de Philippe V de 1320.

faire vendre par les agents du roi. Une partie du prix était alors affectée au paiement des amendes, *le reste était versé dans le trésor des établissements*. Comme l'a fait si justement remarquer M. Laisné Deshayes, « cette sanction n'est-elle pas la démonstration la plus péremptoire de la capacité des établissements ecclésiastiques ? et ce n'était point là une décision de faveur. » (1) J'indique simplement ces deux dernières preuves, sur lesquels j'aurai à revenir avec quelques détails.

II. A l'origine, le droit d'amortissement a un caractère *purement féodal*. Plus tard, il entre dans une phase nouvelle et se transforme, il a alors une cause économique. Mais du XIIe au XVIe siècle, ce droit est payé au seigneur, parce qu'il éprouve un préjudice résultant de la *perte des profits féodaux*, et au roi, parce qu'il est *souverain fieffeux* du royaume, et que nul ne peut *abréger* son fief sans le *consentement* de son seigneur suzerain. Et ce qu'il importe avant tout de remarquer, c'est qu'il n'y a pas là deux droits distincts au point de vue de leur nature et de leur fondement. Que l'indemnité soit payée au roi ou au seigneur, elle est dans les deux cas, et n'est uniquement qu'une conséquence rigoureuse et logique du régime féodal. Nous allons chercher à établir cette doctrine.

De la discussion des diverses raisons qui, selon nos anciens auteurs, ont fait introduire en France le droit d'amortissement, va résulter la preuve du caractère purement seigneurial, féodal et fiscal de ce droit, au moins à l'origine.

I. Les établissements religieux, selon les anciennes lois du royaume, disent presque tous les auteurs des XVIIe et XVIIIe siècles, étaient incapables de posséder des héritages en France. Dans la primitive Église, n'était-

(1) Laisné Deshayes, *op. cit.*, p. 32.

il pas interdit aux personnes ecclésiastiques d'avoir des biens, suivant les paroles de l'apôtre : « *Nolite possidere aurum, neque argentum, neque pecuniam in zonis vestris* » (1). Cependant les rois, par piété, ne maintinrent pas une aussi rigoureuse décision et ils trouvèrent dans l'amortissement le moyen de les relever de cette incapacité. Bacquet, le plus ardent défenseur de cette doctrine, nous dit :

« L'amortissement est une *permission ou dispense* octroyée par le roÿ à gens de mainmorte, de *posséder héritages en France*, sans qu'ils puissent être contraints en vuider leurs mains : et ce nonobstant les statuts et ordonnances, par lesquels *il leur est prohibé tenir héritages au royaume*. En sorte que par le moyen des lettres d'amortissement, les gens de mainmorte sont *dispensés, et faits capables de posséder héritages en France*, soient féodaux, allandiaux ou roturiers, lesquels ils étaient *incapables de tenir*. Et ce mot amortir ne signifie autre chose, sinon permettre à gens de mainmorte, perpétuellement posséder héritages sans qu'on les puisse contraindre les aliéner et mettre hors de leurs mains. » (2)

J'ai déjà présenté la réfutation de la doctrine sur laquelle repose ce premier motif ; je n'y reviendrai pas (3).

II. — De cette première raison, il faut en rapprocher une seconde : l'amortissement est une création de la royauté, destinée à mettre un terme à l'accroissement indéfini des richesses de l'Église. Si l'on permettait, dit-on, aux communautés religieuses et laïques d'ac-

(1) S. Math., cap. 10, n° 9

(2) Œuvres, t. II, du *Droict d'amort.*, ch. 39, n° 3, p. 396. — Voy. Chopin, *De Domanio*, tit. 13, n° 1 — Lemaistre, *Trait. des Amort.*, ch. 1. — Lebet, *observ. sur la Cout. du Comté et Pays de Poitou*, art. 52, tit. 1, p. 151. — Laurière, *Orig. du droit d'amort*, p. 1 à 12. — Denisart, V° *Amortissement*, n° 2 et 3 : « L'amortissement est comme le prix d'une permission que le roi accorde aux gens de mainmorte, de posséder des immeubles qu'ils ne peuvent pas acquérir sans le consentement du souverain ». — Durand de Maillane. *Dictionnaire de droit canonique*, V° *Amortissement*, t. I, p. 144. Bourjon, *Droit commun de la France*, t. I. p. 297. — Domat, *Lois civiles*, t. II, liv. préliminaire, sect. 2, § 15, not. 5. — D'Argentré, *sur la Cout. de Bretagne*, art. 349. — Henrys t. IV, 17° *plaidoyer*, p. 259.

(3) Voy. ci-dessus, Epoque Franque.

quérir des immeubles, elles en arriveraient à posséder la
plus grande partie des fonds qui sont dans le royaume:

Et ce faisant, ajoute Bacquet, les forces que le roi doit tirer des nobles
tenans fiefs, qui sont tenus aller aux guerres pour la tuition et défense du
royaume, seront grandement diminuéz, et les roturiers payant taille grandement foulez: Car le roi ne diminuë point les deniers de ses tailles, non plus
que des décimes : et le taux des exempts et privilégiéz est rejetté sur les
nom privilégiéz : tellement que les personnes ecclésiastiques possédans
héritages féodaux, alaudiaux ou roturiers, estans exempts de payer tailles,
taillions, aydes, subsides, les paysans et roturiers seront d'autant surchargéz.»
«Alioquin feré posset temporis decursu, dit également Godefroy, ut uni-
versa pene bona collegiis adquirerentur, nec enim mori dicuntur collegia :
hinc apud Gallos jus amortisationis introductum est » (1).

Cette seconde raison contient une inconséquence manifeste, car chose étrange ! elle est invoquée par la plupart des auteurs qui refusent aux établissements religieux la faculté d'acquérir, dès les temps les plus
reculés de la monarchie. Mais alors, si l'on admet que
l'Église est incapable de posséder des fonds, à cause
du préjudice que causent aux seigneurs ses acquisitions,
il faut convenir que le remède est loin d'être efficace et
qu'il eût mieux valu ne pas créer l'amortissement. En
effet, l'obligation d'amortir les biens achetés ou donnés
n'est nullement un obstacle aux acquisitions de l'Église.
Du jour où les seigneurs se virent dédommagés par le
payement d'une indemnité, ils accordèrent leur consentement plus facilement que quand ils ne recevaient rien
en échange de leur adhésion. Et d'autre part, les mainmortables purent, il est vrai, protester contre le nouvel
état de choses qui, en réalité, constituait pour eux une
gêne, mais ils préférèrent cette gêne à une incapacité.
L'amortissement est donc un moyen de faciliter les ac-

(1) Bacquet, Œuvres, t. II, *Traité des nouveaux acquéts*, ch. 25, p. 367
— Godefroy, sur la loi 8, au Code, *De heredibus instituendis*.— Cité par M.
Trochon, p. 115, not. 2. — Voy. la liste des auteurs cités dans la note pré-
cédente.

quisitions de l'Église et non de les arrêter. « De sorte,
dit finement Laurière, qu'il serait peut-être à souhaiter
pour le bien public, que ce tempérament fût aboli, afin
que les communautés ecclésiastiques, qui ont tant de
passion de s'agrandir, cessassent d'acquérir, et afin
qu'elles fissent à l'avenir plus d'aumônes, n'ayant plus
occasion de thésauriser » (1).

III. Une nouvelle raison est que les gens d'Église
sont incapables de tenir des fiefs, parce qu'ils ne peuvent pas rendre les services dus aux seigneurs par leurs
vassaux. On lit, en effet, dans les *Libri Feudorum :*
« *Qui clericus efficitur, aut votum religionis assumit :
hoc ipso feudum amittit. — Mutus et surdus, cœcus,
claudus, vel aliter imperfectus.... feudum retinere non
posse : quia ipsum servire non valet. Sic dicimus in
clerico, et in fœmina, et in similibus. — Desiit esse
miles seculi, qui factus est miles Christi.* » (2). L'amortissement aurait donc pour but d'habiliter les établissements religieux à posséder des fiefs : on leur impose-
rait le payement d'une certaine finance, pour les services
féodaux qu'ils ne peuvent accomplir.

Ce troisième motif, sur lequel serait fondé le droit
d'amortissement, n'est pas plus acceptable que les deux
précédents. Comme le fait remarquer Laurière, l'incapacité qu'on rencontre dans le droit féodal lombard n'a
jamais existé en France :

« Quoique les clercs, dit-il, soient incapables de posséder des fiefs, selon...
quia domino feudi servitium exhibere non possunt, cependant les feudistes
sont d'avis, contre.... qu'un clerc peut posséder un fief, pourvu qu'il le fasse

(1) *Orig. du droit d'amort.,* p. 17-18.
(2) Feudorum Lib. II, tit. 26, si de feudo defuncti contentio sit...., § 4.
— Tit. 36. — Tit. 2', Adde. Lib. IV, tit. — « Les gens d'église, dit Bacquet, et personnes ecclésiastiques, par les loix des fiefs, sont incapables de
tenir héritages féodaux : Et in eos feudum transferri non potest, quia domino
feudi servituim exhibere non possunt, nec obsequium a cliente patrono debitum præstare » (*loc. cit.*)

desservir par un *vicaire*, pour user du terme de la coutume d'Orléans (1).
Et sans avoir recours aux feudistes, il est certain que parmi nous, non seulement les clercs en particulier, mais que *les églises mêmes ont toujours
possédé des fiefs qu'elles faisaient desservir par leurs vidames ou par leurs
avouez*(2) ; ce qui leur fut accordé avec raison, car l'usage et l'équité ayant
introduit que les fiefs des mineurs pourraient être desservis par leurs gardiens (3), pour empêchor les seigneurs féodaux de saisir ces fiefs par faute
d'hommes : il y aurait eu, ce semble, de la dureté de ne pas permettre aux
églises, qui ont toujours été regardées comme des mineurs, de faire auss
desservir leurs fiefs par des gardiens, ou par des evoüez. D'ailleurs, quand il
serait véritable qu'en France elles auraient été incapables de posséder des
fiefs, même avec le secours de leurs vidâmes, ou de leurs avoüez, il ne s'en-
suivrait pas que cette incapacité eût donné lieu au droit d'amortissement,
puisqu'elles doivent autant ce droit au roi pour les héritages en roture
qu'elles acquièrent, que pour les héritages nobles. » (4).

IV.—Comme quatrième raison, les écrivains féodaux (5) invoquent le Droit romain, où ils prétendent
trouver l'origine du droit d'amortissement. A cet effet,
ils citent deux textes au Digeste, aux termes desquels
une chose ne pouvait être publiquement consacrée sans
la permission du prince : loi 9, § 1, *De divisione rerum
et qualitate*, « *Sciendum est, locum publicum tunc sa-*

(1) Art. 99, 100, 103. — Zazius, *De Feudis*, part. V, n° 71 : « Quid autem
in clerico, an feudum accipere possit, Doctores mirifirè variant. Præpositus,
in cap. I, fol. 4, qui feudum dare possunt, eam quœstionem tractat ad partes
arguendo, tandem concludit accipere posse, dum per substitutum serviat. Ego
in hoc nihil firmo, hoc tamen scio quod textus *in cap.* 1 *ad fincm de
feudo fœminæ et in cap. qui clericus... si de feudo fueril contro-
versia inter deminum et...* expresse volunt, quod qui clericus efficitur, hoc
ipso feudum amittat, quod et rationem habet, nemo enim militans Deo secu-
laribus negotiis sese implicet. Attamen, qui communi opinione obtentum est,
quod clericus feudum capere possit, quod et jus canonicum admittere videtur..., calamum reprimo. »

(2) Pithou, *Mémoires des comtes de Champagne*, liv. I. — Loysel, *Mémoires des comtes de Beauvais*, ch. 5, n° 2. — Beaumanoir, ch. 45, *in fine*. —
Ducange, *Glossaire*, v° *Advocatus*. — Brodeau, *sur la Coutume de Paris*,
art. 3, p. 60, *in fine*. — Albon, *Collection des canons*, ch. 7.

(3) Beaumanoir, ch. 15.

(4) *Orig. du droit d'amort.* p. 12 à 15.

(5) Salvaing, *Traité de l'usage des fiefs*, ch. 59, II° part., p. 314. — Bacquet, t. II, *Du Droit d'amortissement*, ch. 41, n° 3. Cet auteur fait remonter
l'idée de l'amortissement au *jus sacrum* des romains et à cette théorie, que
soutient Cicéron, *Pro domo sua*, qu'au peuple seul appartenait de tirer les
choses sacrées du commerce (ch. 39, n° 3).

crum fieri posse, cum princeps eum dedicavit, vel dedi candi dedit potestatem », dont il faut rapprocher la loi 15, *Ut in possessionem, legatorum vel fideicommisso- rum servandorum causa, esse liceat*, « *Quid publicè con- secraverit, permissu scilicet imperatoris.* » (D. I, 8; XXXVI, 4).

Peckius, dans son traité *De amortizatione bono- rum* (1), a réfuté cette doctrine, en se fondant sur la constitution de Constantin de 321, qui reconnaît aux établissements religieux pleine faculté d'acquérir et de se constituer un patrimoine qui leur appartienne en propre.

« L'intervention du prince, dont il est question dans les lois romaines pour consacrer à la religion ou au public des biens privés, a fort bien dit M. Trop- long, n'a rien de commun avec le droit dont nous nous occupons ici. Les biens des communes, des églises, des corps moraux publics, ne sont pas des biens publics et sacrés ; ils sont possédés *jure proprio*, par ces établisse- ments, qui en sont propriétaires d'après le droit civil. La vérité est donc que l'amortissement est un droit inconnu des Romains et sorti des entrailles de la féodalité » (2).

V. — Enfin, l'amortissement est la réparation du pré- judice causé aux seigneurs par la perte des profits féodaux, car les établissements religieux ne meurent ni n'aliènent. C'est le motif que nous avons donné dès le début de cette étude. Voici comment l'expose Bacquet :

« La principale raison, dit-il, est que les gens d'église, communautés et autres gens de main morte, ne peuvent posséder héritages, soient féodaux ou roturiers, sans l'évidente perte, préjudice et dommage, tant du roy, que des

(1) Ch. 5, n° 2, p. 262.

(2) *Des donat. entre-vifs et des test.*, t. II, ch. 2, n° 667, p. 254-255. — « Le droit d'amortissement, dit Laurière, n'est point fondé sur le Droit romain, comme l'a fort bien remarqué Peckius ; car la loy 9... est dans l'espèce d'un bien public, qui ne pouvoit point être consacré sans le consentement du prince, et d'ailleurs les empereurs payens, selon nos auteurs, étaient aussi pontifes ; au lieu que parmi nous les fonds qui sont acquis par les commu- nautés ecclésiastiques et séculières, ne sont point des choses sacrées, et nos rois ne sont point des pontifes. » (*Orig. du droit d'amort.*, p. 13-19).

seigneurs hauts-justiciers, féodaux et censiers du royaume de France. Car n'estant permis aux gens de main-morte de vendre, échanger, donner, ny autrement aliéner les héritages à eux appartenants, et ne mourans point, le roi et les seigneurs hauts-justiciers, féodaux et censiers, sont entièrement privez de leurs droits seigneuriaux et féodaux, et ne peuvent à l'avenir prendre ny percevoir aucuns droits de déshérence, confiscation, de quints et requints, reliefs et rachapts, laods, ventes, saisines et amendes, ny aucunement réünir les fiefs mouvaus d'eux (réunir à leurs tables les fiefs qui relèvent d'eux), par retrait féodal, ou autrement, comme ils feroient, si les héritages estoient es mains des particuliers francs et libres, qui peuvent chacun jour vendre, échanger, donner ou autrement aliéner les héritages qui leur appartiennent: et décéder sans enfants, ou bien sans hoirs » (1).

Tel est le véritable motif de l'introduction du droit d'amortissement, car c'est bien dans le régime féodal même qu'il faut chercher la cause de la première restriction au droit des établissements religieux d'acquérir indéfiniment des immeubles. Le droit d'amortissement n'a pas été en usage sous les deux premières races; l'Église, nous l'avons suffisamment prouvé, jouissait alors de la plus absolue capacité, et Laurière a parfaitement compris quelle était la véritable origine de ce droit, quand il a dit : « L'Église ne pouvait perdre cette liberté d'acquérir dont elle était en possession depuis tant de siècles, que par un changement général dans la qualité des biens ; parce que nos rois qui étaient en droit de s'opposer aux acquisitions qu'elle faisait, les ont toujours favorisées à la réserve de Chilpéric... Et comme vers le commencement de la troisième race de nos rois, les fiefs qui n'étaient auparavant qu'à vie, devinrent héréditaires, et que la pluspart des alleux furent convertis en fiefs ; si l'Église depuis quelques siècles n'a plus acquis avec tant de liberté, il n'en faut point chercher d'autre cause que ce changement » (2).

(1) Bacquet, Œuvres, t. II *Traité des nouveaux acquêts*, ch. 25, p. 366.
(2) *Orig. du droit d'amort.*, p. 27. — Reginon, *Chronique sous l'an* 940. — Brodeau, *sur le titre des fiefs de la Coutume de Paris*, t. I, n° 11, p. 26. — Dominicy, *De Prærogativa allodiorum*, cap. 19.

Les fiefs devenus héréditaires, les seigneurs en accordèrent tout d'abord gratuitement l'investiture aux héritiers de leurs vassaux. L'Église pouvait alors acquérir sans obstacle sérieux, car les seigneurs, n'ayant de profit à espérer que d'un cas de déshérence ou de confiscation, ce qui arrivait rarement, ne refusaient pas en général leur consentement aux donations et ventes des terres faites par leurs vassaux aux églises et communautés. Mais bientôt l'intérêt prévalut, et comme ils pouvaient légitimement refuser une investiture gratuite, ils ne voulurent plus investir et ensaisiner les acquéreurs, que s'il leur était payé une certaine finance ; ainsi s'introduisirent les droits perçus pour mutations entre vifs et par décès. De ce moment, commencèrent les difficultés pour l'Église.

Ce dernier motif, tel qu'il est exposé par Bacquet, justifie pleinement l'indemnité due par les gens de mainmorte aux seigneurs et au roi. D'après les règles féodales, le vassal ne pouvait diminuer ou *abréger* son fief sans le consentement de son seigneur, sinon celui-ci avait droit d'exercer la commise, c'est-à-dire de reprendre le fief que son vassal n'avait pas maintenu dans son intégrité. C'est bien ce que dit Beaumanoir en ces termes : « Tout ainsi comme noz avons dit ci-dessus que aucuns ne pot francir son serf sans l'auctorité de son sovrain, et aussi ne pot nus doner abrègement de servitudes de fief, ne francises d'éritage, sans l'auctorité de ses par-dessus. Et s'aucuns abrège le fief qui est tenu de li, ou francist aucun héritage, li sires de qui ce muet gaaigne l'ommage, et est à plain service ; et l'éritage qu'il trueve afranqui ensement, et le fief qu'il trueve donné à vilenage aussi » (1). Or, le seigneur qui recevait des gens

---

(1) *Coutumes de Beauvoisis*, ch. 45, n° 26. (Edit. Beugnot, t. II, p. 230). — Bouteiller, *Somme rurale*, titre des Vicomtiers, p. 908.

de mainmorte l'indemnité pour les terres qu'ils avaient acquises dans son fief, le diminuait ou l'abrégeait, puisqu'il affranchissait les terres des services et des droits (quints, lods et ventes, reliefs et autres) qu'elles lui devaient. Son seigneur suzerain avait donc le droit d'exercer la commise, et la partie abrégée lui faisait retour, lui était dévolue dans l'état où elle se trouvait avant la concession, à moins qu'il n'eût accordé son consentement. Supposons qu'il ait consenti, (et l'Église devait pour cela payer finance), il abrégeait à son tour le fief ; d'où la faculté pour son seigneur suzérain de le reprendre. Le même raisonnement doit être fait en remontant de seigneur en seigneur suzerain, chacun d'eux pouvant exercer la reprise du fief abrégé par son vassal. Comme tous les fiefs du royaume relevaient immédiatement ou médiatement du roi, ou pour se servir de l'expression consacrée, comme le roi était le souverain fieffeux de tout le royaume, il ne pouvait être fait aucun abrègement sans sa permission, sous peine de commise. En conséquence, les gens de mainmorte, pour devenir incommutablement propriétaires des biens acquis, devaient obtenir le consentement de tous les seigneurs de degré en degré jusqu'au roi, en d'autres termes, ils devaient payer le droit d'amortissement au seigneur immédiat dont le fief se trouvait abrégé, au seigneur suzerain dont la permission était exigée pour l'abrègement du fief, à tous les autres suzerains pour la même cause, et enfin au roi.

Le droit d'amortissement a donc, à l'origine, un caractère purement féodal. Laurière, en quelques lignes, a fort bien résumé cetté théorie :

« Il était juste que les gens d'Église et les autres gens de mainmorte payassent finance au roi pour leurs acquisitions... parce que c'est un abrégement de fief et que tout abrégement ou toute extinction de fief est un amortisse-

ment. D'où il s'ensuit que jusqu'ici nos auteurs ont mal défini l'amortissement : *une permission octroyée par le roi aux gens de mainmorte de posséder des biens immeubles :* comme si les gens de mainmorte étaient obli-
gez d'obtenir du roi la capacité de posséder ces sortes de biens, ce qui est
absolument faux ; car ces personnes ne sont certainement obligéez de recourir au roi pour leurs acquisitions, qu'à cause que les fiefs de son royaume ne
peuvent point être abrégez ou diminuez sans son consentement, et sans lui
payer finance (l'incapacité, qui oblige les gens de mainmorte d'obtenir des
lettres du roi, n'est point de leur part ; mais pour ainsi dire, de la part des
fiefs, qui ne peuvent point être abrégéz ou diminuéz, sans sa permission) ; et
ainsi l'auteur de la Chronique du Bec nous a fort bien expliqué le mot amortir, quand il nous a dit qu'il ne signifie autre chose qu'afranchir une terre
des droits et des services qu'elle doit : Nota, dit-il, *quod amortisatio nihil
aliud est quam terram domino tributalem reddere immunem ab illo.* » (1)

Ainsi, il n'est point question de l'intérêt des familles,
que compromettait l'enrichissement illimité des établissements religieux, on n'y songera que plus tard.
Pour le moment, il n'est sauvegardé que dans la limite
de la réserve due aux héritiers, comme nous l'apprend
un texte déjà cité de Beaumanoir : « Se lais est fes à
Église, *d'eritage qui soit d'acquest ou du quint de
l'eritage, come on pot laissier...* » Quant à l'intérêt de
l'État, on y pensera plus tôt qu'à l'intérêt des familles, mais l'heure n'est point encore venue où l'amortissement aura une cause économique. Nous définirons
donc l'amortissement : *l'extinction ou remise des droits
et profits féodaux, consentie soit gratuitement, soit
moyennant finance.*

Nous venons de voir que le droit d'amortissement

---

(1) *Orig. du droit d'amort.,* 177-178. — Chron. Beccen., p. 26. — Meze-
ray, *Histoire, Vie de Philippe-Auguste,* t. II, p. 9. — Par application de
cette théorie, voici quelle serait, d'après Laurière, l'étymologie du nom *de
gens de mainmorte.* « Et comme nos pères appelaient (Loisel, *Inst. cout.,*
liv. III, tit. 7, régl. 1 et 2) *mort-gage,* le gage qui n'opérait rien, c'est-à-dire,
le gage qui ne s'acquitait pas de ses issues, ou dont les fruits appartenait au
créancier, et en pure perte pour le débiteur, à la différence du *gage-vif,* qui
s'acquitait de ses issues, et dont le créancier prenait les fruits en déduction
de ce qui lui était dû, ils appelèrent gens de *mainmorte* tous ceux qui possédaient des fonds *amortis et affranchis de redevances et de services, à la différence des particuliers,* qui devaient desservir leurs héritages et payer à
tous les droits qui en étaient dus. » (p. 479).

devait être payé non seulement au seigneur immédiat, mais encore à tous les seigneurs suzerains de degré en degré jusqu'au roi. Il résultait de là que les établisse-ments religieux se trouvaient presque dans l'impossi-bilité de conserver les immeubles acquis, parce que l'obligation d'acquitter ces diverses finances faisait qu'ils payaient le plus souvent les biens infiniment plus qu'ils ne valaient. Cette fâcheuse situation explique et justifie les plaintes que le clergé fit entendre de toutes parts. Aussi la royauté dut-elle intervenir, et Phi-lippe III le Hardi résolut-il de limiter les prétentions excessives des seigneurs. Par une ordonnance au Par-lement tenu à Paris aux fêtes de Noël 1275, il décide : 1º Que seul, le seigneur immédiat et trois seigneurs médiats ou seigneurs suzerains, en remontant de degré en degré, auront droit à l'indemnité, et que les églises et monastères qui produiront des lettres d'amortissement accordées par ce nombre restreint de personnes ne seront plus inquiétés ; 2º que ces établissements religieux ne pourront être contraints d'aliéner les fonds acquis depuis 29 ans, dans ses fiefs et arrière-fiefs, à la condition de lui payer une certaine finance :

« Voulant pourvoir, dit le roi, au bien des églises... nous avons résolu, après mûre délibération, d'ordonner par ces présentes que nos sénéchaux, baillis... cessent d'inquiéter les églises pour raison des acquisitions qu'elles ont faites jusqu'à présent dans les terres de nos barons, qui ont eu publique-ment le pouvoir, eux et leurs ancêtres, sans empêchement de notre part, ni de la part de nos prédécesseurs, de donner des fonds aux églises et de les dis-penser de mettre hors de leurs mains ceux qu'elles ont acquis sans notre con-sentement. Nous défendons aussi à nous officiers de troubler les églises pour les *héritages qu'elles ont fait amortir par trois seigneurs, sans compter la personne de qui elles ont acquis.* Nous ne voulons pas non plus qu'on les contraigne, pour nous et en notre nom, de *mettre hors de leurs mains les fonds qu'elles ont acquis depuis 29 ans dans nos terres, dans nos fiefs et nos arrière-fiefs,* pourvu qu'elles nous payent en argent l'estimation des fruits de *deux années,* si ces fonds ont été donnés en aumône. Si elles les ont acquis à titre onéreux, par quelque contrat que ce soit, notre volonté est qu'elles soient aussi dispensées d'en vider leurs mains, en nous payant en argent la valeur des fruits de *trois années*. A l'égard *des fonds qu'elles possèdent dans les alleux situés dans nos terres, dans nos fiefs et nos arrière-fiefs*, si ces fonds leur ont été donnés, et qu'elles aiment mieux les retenir que de les mettre hors de leurs mains, elle nous payeront la valeur des fruits *d'une année*, et de *deux années* si elles ont acquis à titre onéreux... *Et si des héritages féodaux ont été convertis en censives*, il nous en sera payé la valeur des fruits de *quatre années*, sinon nos officiers feront remettre les choses en leur premier état. » (1)

L'ordonnance commence ainsi : « *Ecclesiarum utilitati et subjectorum quicti providentes...* », et Ferrière, commentant ces quelques mots et montrant que Philippe III approuve les amortissements faits par ses barons, ajoute : « On sera sans doute surpris que le roi dise qu'il ait fait une telle disposition pour l'utilité des églises et pour le repos de ses sujets ; cependant cela est très véritable. » Rien n'est plus exact, en effet. Il y avait là une décision doublement favorable aux établissements religieux, quand on compare la situation nouvelle de l'Église à celle créée par les difficultés qu'avaient rencontrées ses acquisitions depuis le jour où s'était introduit l'usage de l'amortissement. Remarquons, en terminant, que l'ordonnance ne change pas le caractère de ce droit, qui n'est toujours qu'un dédommagement.

Le clergé dut se prévaloir de la première disposition qui défendait d'inquiéter les gens d'Église, qui présenteraient des lettres d'amortissement accordées par un nombre restreint de seigneurs. La seconde disposition de la loi, bien qu'elle fût également favorable à l'Église, souleva des protestations, et il est même à penser qu'elle ne fut pas exécutée, car Philippe le Bel, en 1291, décide qu'il entend, conformément à la décision prise par son père, que les établissements religieux payent finance pour les immeubles acquis dans ses

____

(1) Laurière, texte, traduction et commentaire, *Orig. du droit d'amort.* p. 100 à 112. — *Recueil des ordonnances des rois de France*, t. I, p. 303.

fiefs, arrière-fiefs, censives et alleux, pendant les trente années qui ont précédé l'ordonnance de 1275 (1).

L'ordonnance de 1291 contient en outre des dispositions importantes relatives aux acquisitions faites par les établissements religieux depuis l'année 1275. Le roi confirme, comme l'avait fait Philippe III, les amortissements accordés par ses barons pendant le temps passé, *mais il réserve ses droits pour l'avenir.* Philippe le Bel n'ose point encore refuser à ses barons le droit de concéder des lettres d'amortissement, mais par cette restriction il prépare les voies à la règle, posée plus tard par Charles V, que le roi seul peut amortir dans tout le royaume. Nous verrons que dans un autre ordre d'idées, quand il s'agira des acquêts situés dans les fiefs où l'Église à haute, moyenne et basse justice, la royauté procédera avec une égale habileté. En second lieu, le tarif de l'amortissement est sensiblement augmenté. Le roi ordonne que les établissements religieux ne seront pas contraints de mettre hors de leurs mains les immeubles acquis, à la condition de payer en argent, pour les acquisitions à titre gratuit, sans son consentement et sans le consentement de ses prédécesseurs, dans ses fiefs ou dans ses censives, la valeur des fruits de *quatre années*, et dans ses arrière-fiefs et arrière-censives, la valeur des fruits de *trois années*; pour les acquisitions à titre onéreux, la valeur des fruits de *six années* ou de *quatre années*, suivant la distinction précédente. Pour les alleux, valeur des fruits de *deux années*, s'il s'agit d'acquisitions à titre gratuit, et de *quatre années*, pour les acquisitions à titre onéreux.

Cette ordonnance appelle une remarque dont nous constaterons bientôt l'utilité. Philippe IV s'occupe en

____

(1) L'ordonnance de 1275 portait 29 ans et non 30 ans.

dernier lieu des arrière-fiefs acquis par des roturiers, et
il déclare que dans le cas où ceux-ci ont obtenu du
seigneur immédiat et de trois seigneurs médiats le
consentement à l'abrègement desdits fiefs, ils ne peuvent plus être inquiétés. Or, quand il s'agit des églises,
l'ordonnance ne parle pas de cette clause, tandis qu'au
contraire dans l'ordonnance de 1275, Philippe III, on
se le rappelle, confirmait les lettres d'amortissement
qu'elles avaient obtenues d'un pareil nombre de seigneurs. En conséquence, conclut avec raison Laurière,
« après cette ordonnance, les seigneurs qui n'étaient point
barons accordèrent comme auparavant aux roturiers
des abrègements de service ; mais ils ne purent plus
amortir ou accorder des affranchissements de terres aux
églises (1). » Quant au seigneur immédiat, il est bien
certain qu'il avait toujours droit à l'indemnité.

Philippe le Bel, dans ses Lettres du 15 août 1303,
adressées à l'évêque d'Amiens, fait en outre remise, pour
le présent et pour l'avenir, du droit d'amortissement de
toutes les acquisitions réalisées par les gens d'Église,
qui consentiront à payer les décimes pour la guerre de
Flandre. On trouve, dans un édit de 1315 de Louis X
le Hutin, une disposition semblable (2).

(1) Laurière, texte, traduction et commentaire, *Orig. du droit d'amort.*,
p. 120 à 134. — *Recueil des ordon.*, t. I, p. 322.

(2) *Recueil d'ordon.*, t. I, p. 332 et 617. — « Cette imposition de décimes,
qui fit souvent accorder exemption du droit d'amortissement, avait été intro-
duite pour acquitter les dettes des croisades. La première taxe de ce genre,
dont les textes aujourd'hui connus fassent mention, fut levée par Louis VII
(Voy. trois pièces, ap. Duchesne, *Hist. Fr. script.*, IV, 423). Au mois de
mars 1188, une assemblée des grands et du clergé décida qu'on lèverait, pour
la croisade qu'allait entreprendre Philippe-Auguste, le dixième des revenus
de tous ceux qui ne prendraient point part à l'expédition, ecclésiastiques ou
laïques, ce fut la *dîme saladine*. Le concile de Latran, tenu en 1215 sous
Innocent III, décida encore que tous les clercs paieraient pour la Terre-
Sainte, la vingtième partie de trois années de leurs revenus. Ces impositions
furent bientôt levées pour toute expédition militaire et elles devinrent très
fréquentes à partir du XIIIe siècle. » (Tardif, *loc. cit.*, p. 508.)

L'année suivante, dans ses Lettres du 24 février 1316, Philippe le Long sévit contre l'Église et ordonne de saisir, dans le diocèse de Sens, les immeubles que les établissements religieux n'ont pas fait amortir, et d'en percevoir les fruits à leurs dépens, jusqu'au jour où où ils auront payé la taxe ou mis les biens hors de leurs mains. Il ajoute que *ces établissements seront en outre contraints de restituer les fruits perçus depuis le commandement à eux fait de délaisser les biens, à moins toutefois qu'ils ne consentent à lui payer pour ces fruits, à titre d'indemnité, une finance raisonnable.* Cette dernière décision est fort importante, car on y trouve l'origine du *droit de nouvel acquêt. (Rec. d'Ordon., t. I, p. 631-632).*

En principe, le droit d'amortissement, et ceci n'est point spécial au xive siècle, mais s'applique aux siècles suivants, devait être payé aussitôt après l'acquisition, dans l'an et jour. Toutefois, les choses ne se passaient point ainsi : « La recherche des taxes foncières, dit M. Trochon, n'avait lieu qu'à des époques souvent fort éloignées les unes des autres et fort irrégulières. En temps de paix, on en négligeait le plus souvent la perception ; mais quand la guerre ou la disette venait appauvrir les coffres du trésor, on s'empressait de recourir à ces impôts productifs qui se chargeaient de les remplir abondamment. C'était une ressource toujours prête pour parer aux désastres et aux éventualités de la dernière heure (1). » Aussi les établissements religieux étaient-ils, pour les immeubles acquis dans l'intervalle de deux recensements et dont ils avaient joui sans les faire amortir, soumis à une taxe, connue sous le nom de *droit de nouvel acquêt.* Cette taxe était donc une indemnité payée au roi par les gens de main-

____
(1) Trochon, p. 124-125.

morte, pour la jouissance des fonds, depuis le jour de leur acquisition jusqu'à celui de leur amortissement ; c'était un dédommagement pour le passé comme l'amortissement était une indemnité pour l'avenir (1).

L'établissement du droit de nouvel acquêt offrait un sérieux avantage aux établissements religieux, tout au moins à ceux qui ne possédaient pas des ressources suffisantes pour acquitter en une seule fois le tarif de l'amortissement, car il leur était ainsi permis de se soustraire à cette charge onéreuse en payant une rente annuelle relativement modique. En effet, dans les lettres du 24 février 1316 dont nous venons de parler, le roi fixe la nouvelle taxe à la valeur *d'une année de revenu pour vingt années de jouissance* des biens non amortis, ce que pouvaient aisément payer les gens d'Église les plus pauvres. Elle était acquittée en quatre versements égaux de trois mois en trois mois (2). Comme il était souvent fort difficile, quand un long intervalle s'était écoulé entre deux perceptions du droit d'amortissement, de connaître exactement les biens acquis depuis le dernier amortissement et la date de leur acquisition, ce que les gens d'église s'efforçaient de cacher, Louis XIV, pour parer à ces difficultés et écarter la fraude, décida, dans un édit du 9 mars 1700, que la perception des droits aurait lieu chaque année. L'article 21 fixait à *un vingtième du revenu* le droit de nouvel acquêt. Deux édits du 10 juillet 1702 et de mai 1708 renouvelèrent ces prescriptions et, pour les sanctionner, créèrent une classe de fonctionnaires, dont la

(1) Jarry, *Traité des amortissements, nouveaux-aquêts et francs-fiefs*, p. 229 et 241.

2) Déclaration du 5 juillet 1689 (Isambert, t. XXI, p. 286).

mission spéciale était de veiller à la perception annuelle de ces taxes (1).

Revenons au XIVe siècle.

Philippe le Long fait, au mois de mars 1320, une ordonnance qui augmente encore le tarif de l'amortissement ; ce tarif devient même excessif. (2). En outre, cette ordonnance contient deux innovations : 1° Pour les acquisitions à titre onéreux faites en Languedoc, où les fonds ont une valeur plus grande que dans les autres régions, la taxe que doivent payer les églises et monastères est *de la valeur des terres mêmes*, et pour toutes autres acquisitions d'immeubles faites dans ce même pays, *du double* de ce que ces établissements payent ailleurs pour de semblables acquisitions. 2° *Les acquêts situés dans un fief où l'Église a basse justice*, et pour lesquels elle n'avait jusque là payé aucune finance, sont désormais soumis à l'amortissement ; le

(1) Sur le droit de nouvel-acquêt, voyez : Bacquet, *Du Droict des nouveaux acquests*, ch. 38. — Fréminville, *Traité général du gouvernement des biens et affaires des coumunautéz d'habetants*. — Henriquez, *Code des seignenrs hauls-justiciers et féodaux*, tit. I. — Ragueau, *Glossaire du Droit français*, V° *Acquests*. — Denisart, v° *Nouveaux acquets*. — De Héricourt, H., IIIe partie, p. 36-37. — Laurière, *Orig. du droit d'amort.*, p. 137-138. — Ferrière, *Traité des fiefs, observat. sur la Cout. de Paris*, p. 102 : « Nouveaux acquêts signifiant tous héritages tant féodaux, allodiaux que roturiers, appartenans à gens de main-morte, non amortis par le roi. Ils sont appelés nouveaux acquets, parce qu'ordinairement les gens de main-morte, ecclésiastiques, communautés et autres, ont accoutumé de faire amortir par le roi les biens, héritages et droits immobiliers qui leur appartiennent à cause de la fondation et ancienne dotation de leurs bénéfices, monastères, collèges et hôpitaux ou qui leur ont été donnés, légués et aumônés. » — Beaudouin, p. 124. — Jacquier, p. 135.

(2) Dans les pays autres que le pays de Languedoc, le roi fixe la taxe à la valeur des fruits de *six années* pour les fonds acquis à titre gratuit dans ses fiefs et ses censives, et à la valeur *des héritages mêmes*, pour ceux acquis à titre onéreux ; pour les acquisition faites dans ses arrière-fiefs et arrière-censives, valeur des fruits de *quatre ou six années* ; pour les alleux, *valeur des fruits de deux ou quatre années*.

tarif en est fixé à la valeur des fruits de *trois années*. (1)
Dans cette ordonnance, il n'est plus question, comme
dans les décisions antérieures, des lettres d'amortissements obtenues des barons eux-mêmes- Le roi n'en
tient plus compte. Toutefois les barons ne continuèrent pas moins à en accorder, car la décision nouvelle
était trop rigoureuse pour être exécutée. Du reste,
Philippe V avait moins la pensée de nuire aux gens
d'Église, que de les contraindre à payer plus prompte-
ment les décimes qui lui avaient été concédés par le
pape pour la guerre de Flandre. Aussi, peu d'années
après, son successeur Charles le Bel diminua-t-il le tarif précédent. (2)

Certains biens étaient exemptés de l'amortissement.
Ainsi, il fut interdit aux fonctionnaires, chargés de
lever la taxe, de rien exiger pour les libéralités de
moins de vint sous de rente. Dans une ordonnance du
29 octobre 1344, Philippe de Valois ordonne que « pour
tous dons et legs faicts à curez et gens d'église, et à fabriques d'églises, de vingt sols de rente et au-dessous, ne
soit aucune finance prinse ou leuée d'eux. » La même
faveur est accordée par le roi aux hôpitaux, pour tous
les biens qu'ils ont acquis. De telles dispenses furent
fréquemment concédées par les édits royaux et par les
seigneurs. « Il n'y a point de seigneur, dit Henrys
après avoir parlé des décisions royales sur ces dispenses, qui ne fasse de très grandes remises aux hôpitaux en pareils cas : souvent même ils cèdent tout leur

(1) Voy. deux autres ordonnances du 18 juin 1328 (t. II, p. 14, § 4), et du
23 novembre 1328 (t. II, p. 24, § 4).

(2) Ordon. du mois de mars 1320, Laurière, *Orig. du droit d'amort.*, p. 140
à 157, *Rec. d'ord.*, t. I, p. 745-746. — Voy. deux ordonnances de Charles le
Bel, de 1324 (t. 1, p. 786), et du 18 juillet 1326 (t. I, p. 797). — Adde. ord. du
18 novembre 1328 (t. II, p. 23). L'ordonnance du 15 novembre 1370 modifia
encore le tarif de l'amortissement (t. IV, p. 360).

droit. » (1). Enfin, le monastère, les bâtiments qui servent de logement aux pensionnaires, les appartements loués et les jardins compris dans la clôture, furent exemptés de la taxe. (2)

Mais la plus importante de toutes les ordonnances du xIVe siècle sur la matière est celle du 8 mai 1372, qui pose la règle que *le roi seul peut amortir* :

« Au Roy seul et pour le tout, dit Charles V, appartient amortir en tout son Royaume, à ce que les choses puissent estre dites amorties ; car supposé que les Pers, Barons ou autres Seigneurs subjiez du roy amortissent pour tant comme il leur touche ce qui est tenu d'eulx, toutefois ne pévent et ne doivent les choses par eux amorties, avoir effect d'amortissement, jusques à ce que le Roy les amortisse, mais puet le Roy faire contraindre les possesseurs à les mettre hors de leurs mains dedans l'an, et iceux mettre en son domaine, se ils ne le font. » (3).

Nous avons vu que depuis longtemps déjà l'avène-ment de cette règle était préparé par les ordonnances des prédécesseurs de Charles V qui, à partir de Philippe III, avaient fait considérer le droit des seigneurs d'accorder des lettres d'amortissement, comme une faculté qu'ils ne possédaient que par la tolérance du pouvoir royal qui pourrait, par suite, la retirer, quand il lui plairait. Et c'est ce que firent les rois quand leur puissance se fut suffisamment affermie. Ainsi, à dater de l'année 1372, le droit d'amortissement ne se perçut plus qu'au profit exclusif du pouvoir royal, mais les seigneurs féodaux immédiats conservaient toujours le droit à une indemnité. (4).

Le procédé et l'habileté que déploya la royauté

______

(1) *Troisième question*, liv. III, ch. 1.

(2) Denisart, Vo *Amortissement*, no 19. — Déclaration de 1689. — Déclaration du 9 mars 1700, art. 17. — Edit. de mai 1708, art. 12.

(3) *Rec. d'ord.* t. V, p. 480, § F.

(4) Voyez, dans Laurière, *Org. du droit d'am.*, p. 171, un arrêt de 1392 rendu contre l'évêque de Langres qui voulait contraindre les chanoines de sa cathédrale à lui payer finance pour son droit d'amortissement, au sujet d'héritage qu'ils avaient acquis dans sa haute justice.

pour en arriver à la règle que le roi seul peut amortir,
s'accusent peut-être plus nettement encore, quand il
s'agit des acquêts de l'église dans les fiefs, arrières-
fiefs, censives et arrière-censives, où elle avait haute,
moyenne et basse justice.

Il était logique, étant donné le caractère purement
féodal du droit d'amortissement, tel qu'il résulte du
chapitre 125 des établissements de Saint-Louis et du
texte de Beaumanoir, que nous en avons rapproché, en
d'autres termes, étant donné que le droit d'amortissement, à cette époque, n'est autre chose qu'une indemnité payée aux seigneurs, comme réparation du dommage que leur cause la propriété ecclésiastique, il était
logique, dis-je, de ne soumettre à aucune redevance les
biens ainsi acquis, puisque l'Église ne fait de tort à
personne. En effet, les terres, où les établissements
religieux avaient droit de haute, moyenne et basse justice, étaient de purs francs-alleux qui ne relevaient plus
de personne (1).

Aussi dans l'ordonnance du mois de mars 1320,
Philippe le Long déclare-t-il que « *pro his vero quæ
acquisitæ sunt in earum feodis, retro-feotis, censivis et
retro-censivis, in quibus omnimodam habent justitiam
ac merum et mixtum imperium, eas ad praestandam
nobis finantiam, quo ad præsens non volumus compelli,
donec super hoc plenius duxerimus ordinandum* (2) ».
Le roi décide donc que *pour le présent*, il ne réclame
aucune redevance, mais il indique que c'est une concession gracieuse, une pure faveur de sa part, et il réserve l'avenir. Philippe de Valois fait un pas de plus.
Il parle de tolérance, il laisse, selon l'expression alors

_____

(1) Loisel, *Int. cout.*. liv. I, Tit. I, règl. 66. — Laurière. *Orig du droit
d'amort.*, p. 158-159.

(2). *Rec. d'ordon.*, t. I, p. 746.

employée, les églises en *souffrance* des acquisitions faites par les établissements religieux dans l'étendue de leurs hautes justices. « *Dictæ ecclesiæ... ponentur in sufferentia rerum quas acquisierunt in locis in quibus altam habent justitiam et sic de decimis feudalibus quas acquisierunt in locis, qui nullo medio tenentur ab eis* » (1).

Philippe V donne aussi à ses successeurs le moyen de faire passer la logique du côté du trésor royal. « Les églises que nulle hostilité ne vient inquiéter, a fort bien dit M. Laisné Deshayes, se laissent attirer sans défiance, loin de l'asile du droit pur, sur le terrain mouvant de la faveur royale. Puis lorsque leur quiétude a laissé cette idée de tolérance s'insinuer dans tous les esprits, le fisc se réveille et, pour ouvrir à son trésor épuisé une nouvelle source de revenus, le souverain n'a plus qu'à révoquer sa prétendue concession. Ce fut ce résultat que l'extrême habileté de nos rois sut amener sans secousse et que Charles V atteignit enfin le 15 novembre 1370. L'ordonnance qu'il promulgua ce jour-là fut la première qui soumit à la nécessité de l'amortissement les acquisitions faites par les gens d'Église dans l'étendue de leurs hautes justices. » (2). On lit en effet, dans cette ordonnance : « *Pro rebus et possessionibus per dictas gentes acquisitis, titulo emptionis, doni, legati, vel eleemosinæ aut quocumque alio titulo, in locis in quibus habent omnimodùm justitiam, altam, mediam et bassam, monstratam el legitime probatam ut supra... pro eisdem pretium vel valorem fructuum et exituum rei sic acquisitæ extimate ut supra, quatuor annorum duntaxat (3)* ».

(1) Ordonnance du 18 juin 1828 (t. II, p. 14, . 4).
(2) Laisné Deshayes, p. 30-31, not. 5
(3) Ordon. du 15 nov. 1370 (t. V, p. 260 et 363, § 5).

De même, il eût été logique d'admettre que l'Église ne payerait pas l'idemnité aux seigneurs pour les acquisitions d'alleux, puisque ces biens étaient libres de toute suzeraineté féodale. Cependant Basnage, tout en reconnaissant qu'il y avait là un abus, nous apprend que les parlements en décidaient autrement (1). Nous avons vu qu'à partir de 1275, les ordonnances royales soumettaient formellement au droit d'amortissement les fonds acquis par les établissements religieux dans les terres allodiales, situées dans les fiefs et arrières-fiefs du roi.

Il ne restait plus, après le règne de Charles V, qu'à fixer la finance due au roi pour les acquisitions faites par les gens d'église, car elle avait, nous le savons, bien souvent varié depuis la fin du xiiie siècle. C'est ce qui fut réalisé par Charles VI, dans une ordonnance du mois d'octobre 1402, où il est dit que le taux de l'amortissement sera désormais de « *la tierce partie d'autant comme vaudront et monteront les terres, rentes et possessions.* » Toutefois cette ordonnance ne fut appliquée qu'aux fiefs qui relevaient immédiatement du roi. Pour les arrière-fiefs et les biens roturiers, le droit d'amortissement fut toujours moindre, comme on peut le voir dans les déclarations des successeurs de Charles VI (2). Ainsi, d'après les ordonnances de 1672 et du 5 juillet 1689, il est du *tiers de la valeur de l'immeuble,* dans les fiefs qui relèvent immédiatement du roi, et du *cinquième* dans les arrière-fiefs, à quelque degré que ce soit, et dans les censives royales ; du *sixième,* pour les terres tenues en censive des seigneurs féodaux et censiers (3). D'après l'article 1er de la dé-

---

(1) Basnage, *Cout. de Normandie,* art. 140, p. 208. — Laisné Deshayes, p. 32. — Beaudouin, p. 115.

(2) Laurière, *Orig. du droit d'amort* , p. 172-173.

(3) Isambert, t. XX, p. 80·

claration du 21 novembre 1724, il est du *cinquième de
la valeur des biens* tenus en fief, et du *sixième* de ceux
tenus en roture (1). Un arrêt de règlement du Conseil, du 13 avril 1751, étendit la décision précédente aux
francs-alleux (2). Enfin, à dater de la déclaration du
2 novembre 1749, il se paye sur le pied de *cinq ans de
revenus* des biens nobles et de *trois ans* des biens
roturiers (3). Quant à la valeur du bien, elle se déterminait d'après l'acte d'acquisition, et si le titre était
muet, on l'estimait à raison du bail et de tout autre
titre plausible (4).

Nous sommes arrivés au xve siècle. Il est curieux de
constater les progrès de l'autorité royale et du droit
d'amortissement, de Philippe III à Charles V, de 1275 à
1372 :

1° D'après le texte connu des Établissements de Saint-
Louis, tous les seigneurs de degré en degré jusqu'au
roi, peuvent valablement accorder des lettres d'amortissement. Philippe III (1275) restreint au seigneur immédiat et à trois seigneurs médiats, le nombre de ceux
qui ont droit à l'indemnité, et fixe une première fois le
tarif du nouveau droit. Philippe IV (1291), confirme les
amortissements accordés par ses barons seuls, et encore réserve-t-il à leur égard son droit pour l'avenir.
Philippe V (1320) ne tient plus aucun compte des amortissements que les établissements religieux ont obtenu
d'eux. Enfin, Charles V (1372), déclare formellement
que le roi seul peut amortir ;

2° L'ordonnance de 1275 soumet les alleux à l'amortissement;

(1) Isambert, t. XXI, p. 286.
(2) Denisart, V° *Amortissement*, n° 10.
(3) De Héricourt, H. IIIe part., p. 13-14.
(4) De Héricourt, *ibid.*

3° L'ordonnance de 1320 soumet à ce droit les biens acquis par l'Église dans les terres où elle n'a que droit de basse justice ;

4° Enfin, l'ordonnance de 1370 soumet encore à ce droit les acquisitions faites par les gens d'Église, dans l'étendue de leurs hautes justices.

Ainsi, la législation sur le droit d'amortissement, à la fin du XIVe siècle, peut se résumer en ces deux propositions :

1° Au roi seul appartient d'amortir dans tout le royaume ;

2° Tous les immeubles acquis par l'Église, quelles qu'en soient la nature et l'origine, sont soumis à la nécessité de l'amortissement.

On le voit, le droit que nous étudions a beaucoup perdu de son caractère originaire.

Du XIVe au XVIe siècle, le droit d'amortissement subit une modification profonde. Il entre dans une phase nouvelle et change de caractère.

A l'unique considération de l'intérêt privé de tel ou tel seigneur, vient se joindre la considération d'un intérêt plus général et plus grand, l'intérêt public. On comprend que les acquisitions de l'Église causent un préjudice économique à l'État et qu'il faut le réparer. Cette doctrine nouvelle va grandissant tous les jours ; la théorie de l'amortissement en suit les progrès, et finalement, sous son action, se transforme. Aussi voyons-nous qu'à partir du XVIe siècle, il existe deux droits distincts auxquels nos anciens auteurs donnent le nom de *droit d'amortissement* et de *droit d'indemnité*. Quels sont leurs caractéres distinctifs ? Le *droit d'amortissement* a désormais une cause économique. Il est payé au roi, parce que les acquisitions faites par les mainmortables causent un préjudice à la fortune publique, à l'État.

En effet, la propriété ecclésiastique compromet la production des richesses à un triple point de vue. 1° Le rendement donné par la propriété des personnes morales est de beaucoup inférieur à celui donné par la propriété individuelle. On sait qu'en ce temps là, « les établissements religieux possédaient d'immenses étendues de terrain dont l'exploitation était confiée aux soins de serfs et vilains qui, condamnés à toujours travailler avec le même titre sur le sillon d'autrui, songeaient peu à réaliser des économies et à faire fructifier le sol. Aussi le rendement était presque dérisoire, et suffisait à peine à la subsistance de tous ceux que la vie religieuse avait attirés. » (1) 2° Il faut que les terres soient soumises à l'égalité de l'impôt ; sinon, la charge dont les unes sont affranchies, pèse sur les autres et les grève d'autant. 3° Les biens de mainmorte sortent de la circulation, puisque les églises et monastères ne meurent ni n'aliènent. Ils sont donc hors du commerce, et par conséquent le commerce est d'autant diminué. Ainsi, le payement du droit d'amortissement est la réparation du préjudice économique causé par les acquisitions de l'Église. Quant au *droit d'indemnité*, il est payé au seigneur comme réparation du préjudice pécuniaire que lui causent ces mêmes acquisitions. Ce droit, on le voit, a tous les caractères du droit d'amortissement tel qu'il se présente à l'origine.

Cette distinction est nettement formulée dans les commentaires des auteurs des XVIe XVIIe et XVIIIe siècles et dans les édits les plus récents sur la matière. En voici quelques exemples :

« Le droit du procureur du roi, dit Pothier, d'obliger les communautés à vider leurs mains des héritages par elles acquis est fondé sur l'intérêt public,

____

(1) Brisonnet, *op. cit.*, p. 74.

car les communautés ne meurent point et n'aliènent presque jamais les héritages par elles acquis... Les héritages qui sont entre leurs mains, sont hors du commerce ; et par conséquent le commerce en est d'autant diminué.

« Le droit qu'ont pareillement les seigneurs d'obliger les communautés à vider leurs mains des héritages par elles acquis, est fondé sur l'intérêt particulier de ces seigneurs. L'émolument de la seigneurie directe qu'ils ont sur les héritages, consistent dans les profits auxquels donnent ouverture les mutations qui arrivent, soit par la mort des propriétaires, soit par les aliénations. Ces seigneurs se trouveraient privés en entier de l'émolument de leurs seigneuries directes, si les communautés, qui ne meurent point et n'aliènent point, pouvaient retenir leurs héritages. »

« Ce qui fait, dit Domat, qu'il ne leur est permis (aux corps ecclésiastiques et laïques) d'acquérir les immeubles qu'en payant un droit au roi, qni s'appelle amortissement, et l'indemnité au seigneur, à cause de la perte des droits pour les mutations à venir. »

Ordonnance du 21 novembre 1724, article 2 : « Lorsque les biens seront en notre mouvance ou censive, il nous sera payé par lesdits ecclésiastiques et gens de mainmorte outre l'amortissement, le droit d'indemnité sur le pied fixé par les coutumes ou usages locaux. » (1).

Le cadre fort restreint de ce travail ne nous permet pas d'aborder l'étude détaillée des nombreuses lois promulguées sur l'amortissement, à partir du règne de Charles VI. Si nous l'avons fait pour les XIIIe et XIVe siècles, c'est qu'il importait, avant tout, de connaître

---

(1) Pothier, *Traité des personnes*, tit. VII, art. 1 (Œuvres, t. VI, p. 360 — Domat, *Lois civiles*, liv. prélim., t. II, sect. 2, § 15, not. 5. — Ordon. du 21 nov. 1724 (Isambert, t. XXI, p. 236 — M. Beaudouin (p. 109) cite un passage de Guy-Coquille, auteur du XVIe siècle, d'où il résulterait qu'à cette époque là, l'amortissement payé au roi dispensait de l'indemnité, quand l'immeuble était mouvant immédiatement du roi. « Cette permission du Roi (l'amortissement) seule suffit quand l'héritage est mouvant immédiatement du Roi, soit en fief, soit en roture, ou quand il est allodial, mais si l'héritage est tenu et mouvant d'autre seigneur à titre de fief, de cens ou autres redevances emportant seigneurie directé, le seigneur peut contraindre l'Église précisément dans certain temps à vuider ses mains..... Cela s'appelle indemnité, parce que l'Église ne meurt et n'aliène point.... et ores que le seigneur ait composé avec l'Église pour son intérêt, néanmoins l'Église doit encore amortir du Roi pour l'intérêt public de l'Etat. » (Guy-Coquille, *Traité des libertés de l'Église de France*, (œuvres, t. I, p. 96). Voy. Durand de Maillane, *Dictionnaire de Droit canonique*, Vo Indemnité et amortissement, t. III, p. 289 et 143-144 — D'Argentré, *Sur la coutume de Bretagne*, art. 349. — Bourjon, *Le Droit commun de la France*, t. I, p. 297 — Beaudoin, p. 107 et suiv.

exactement le caractère originaire du droit d'amortissement, pour en comprendre les progrès.

La règle fondamentale sur le droit d'amortissement,
telle qu'elle résulte des développements qui précèdent,
est donc : le droit est dû au roi, au seigneur féodal et
censier, au seigneur haut-justicier; à défaut de payement du droit, les gens de mainmorte peuvent être
contraints de mettre l'immeuble hors de leurs mains.

I. L'amortissement, à l'origine, est dû au roi, parce
que nul ne peut abréger son fief sans la permission de
son suzerain et que le roi est souverain fieffeux de tout
le royaume. Plus tard, il est dû parce que les acquisitions des gens de mainmorte causent un préjudice
économique à l'État.

Entre les mains d'un pouvoir vigilant et moins
occupé d'accroître son trésor ou d'en combler les vides,
l'amortissement eût été un excellent moyen de contrôler les acquisitions des établissements religieux et
une arme puissante contre le développement illimité
de la propriété ecclésiastique. En réalité, il ne fut qu'une
source de revenus pour la royauté, un impôt sur la
mainmorte. Le droit de refuser les lettres d'amortissement, de contraindre les gens d'Église, selon l'expression de Loisel, « à vider leurs mains dans l'an et
jour », resta inappliqué (1). Aussi a-t-on pu dire:
« L'impôt, rien que l'impôt, voilà donc l'unique objet
des ordonnances royales sur l'amortissement, jusqu'à
ce que les rois et les parlements aient compris que la
mainmorte envahit tout et qu'il faut mettre un frein à

(1) Voy. un passage déjà cité de Ricard : « n'y ayant pas d'exemple dans
lequel les lettres de cette qualité aient été refusées, et elles sont jusqu'à présent accordées indifféremment. » — Préambule de l'édit d'août 1749 « par
l'usage qui s'est introduit de recevoir des gens de mainmorte, sans aucun
examen, le droit d'amortissement... et ce qui semblait devoir arrêter le progrès de leurs acquisitions a servi au contraire à l'augmenter. »

sa puissance » (1). Les lettres d'amortissement étaient toujours accordées aux églises et monastères, souvent même sans payement d'aucune finance ou moyennant une finance modérée. Dans ses Lettres Royales en forme de Charte et Ordonnance perpétuelle, rendues en octobre 1402, Charles VI nous apprend que de telles concessions étaient fréquentes : « Pour ce que souventes fois est advenu et advient de jour en jour, que plusieurs personnes, tant d'Église comme séculières, pour la dévocion qu'ils ont à Dieu et à sainte Église, se sont efforciez et efforcent impétrer de nos lettres d'admortissements de rentes, terres ou autres possessions pour les donner et transporter aucunes églises... et que, à la supplication d'aucunes icelles personnes, nous avons passé et accordé plusieurs lettres de tels admortissements, *les aucunes libéralement et simplement, sans en payer finance, et les autres, parmy payant finance modérée...*» Ces concessions furent faites en très grand nombre sous le règne de Louis XI (2).

- Bien plus, non seulement les rois n'usèrent pas du moyen, que leur offrait l'amortissement, de contrôler chaque acquisition réalisée par les gens de mainmorte, et ne refusèrent pas leur consentement à la conservation dans leur patrimoine d'héritages trop considérables, mais encore ils en arrivèrent à accorder des lettres *d'amortissements généraux* et des lettres *d'amortissements in futurum.*

Jusqu'au XVIᵉ siècle, en effet, il fut de règle que l'amortissement devait être spécial et non général. (Il était *spécial*, quand il s'appliquait à certains biens con-

---

(1) P. Bernard, *op. ci.*, p. 57.

(2) Laurière, *Recueil d'ordonnances*, t. VIII, p. 546 ; t. XVII, p. 289, 337, 341. — De Tocqueville, L'*ancien régime,* ch. 6, p. 103. — Sauzet, p. 148 et suiv.

sidérés *in individuo*, et *général*, quand il s'étendait à tous les immeubles d'une communauté, sans désignation particulière.) A cette époque, s'introduisit l'usage des libérations en bloc. « Les luttes de tout genre dans lesquelles la France se trouva engagée, dit M. Trochon, épuisaient rapidement les ressources disponibles. D'un autre côté, la fondation d'un grand nombre de monastères, en violation des ordonnances royales, faisait négliger la perception des taxes auxquelles étaient soumises leurs acquisitions. Aussi, dans les moments de gêne, quand on voulait remettre en vigueur les lois sur la matière, se trouvait-on arrêté par des difficultés inextricables et des impossibilités de toute nature. Il fallait forcément recourir à des mesures réprouvées par la coutume. On faisait une masse de toutes les acquisitions antérieurement advenues aux communautés et on fixait, d'après cette masse, la valeur de l'impôt foncier qu'elles auraient à payer. Des tiraillements, des réclamations s'ensuivaient, mais on avait beau protester, il fallait toujours finir par s'exécuter... La création des amortissements généraux fut une éclatante démonstration du caractère fiscal de cette institution. » (1) Le premier amortissement général date de l'année 1522 ; il portait sur tous les biens non libérés jusqu'à cette époque. Il en fut accordé un nouveau par Henri II, en 1547, qui s'étendait aux biens acquis depuis 1522. A la suite de graves difficultés, soulevées par la création d'une chambre d'amortissement, en 1639, et par les mesures arbitraires des commissaires royaux, qui soumettaient à la taxe des immeubles déjà libérés, à ce point que certaines communautés refusèrent de payer et qu'on dut en arriver à la confiscation de leurs biens, intervint, le 14 août 1641, après une assemblée générale du clergé à

(1) Trochon, *opt. cit.*, p. 123, 129.

Mantes, une transaction qui fixait à 5.500.000 livres les sommes totales à acquitter par les communautés pour la libération définitive de leurs biens. Une ordonnance de 1646 confirma cette transaction. D'autres amortissements généraux furent faits, notamment par une déclaration du 5 juin 1689 pour les biens acquis depuis une période de 50 ans, jusqu'au jour où l'édit du 9 mars 1700, confirmé par une déclaration du 10 juillet 1702 et par un édit de mai 1708, décida que la perception du droit d'amortissement aurait lieu chaque année, et créa une classe de fonctionnaires spécialement chargés de cette perception. (1)

Les amortissements *in futurum* s'appliquaient à toutes les acquisitions qu'une communauté pourrait faire à l'avenir ; c'étaient sans contredit les plus dangereux, aussi l'édit de décembre 1666 les annula-t-il pour le passé et pour l'avenir :

« Certaines congrégations, monastères et communautés, dit Louis XIV, ont cy-devant obtenu de nous... l'amortissement de tous les biens qu'ils pourraient acquérir pour la dotation desdits monastères : nous avons par ces présentes révoqué et révoquons lesdites permissions pour quelque cause et en quelques temps qu'elles ayent esté accordées, les déclarant nulles et de nul effet.

« Nous avons pareillement révoqué toutes lettres d'amortissement, accordées à quelques communautéz que ce soit pour les biens qu'elles doivent cy-après acquérir, nonobstant les arrêts de vérification desdites lettres, auxquels nous deffendons à nos juges, officiers et justiciers d'avoir aucun égard. »

II. — L'amortissement est dû au seigneur féodal ou censier, pour l'indemniser de la perte des profits féodaux, le roi « n'accordant point, comme le dit Potier, de grâce au préjudice d'autrui. » (2)

Nous savons qu'à l'origine l'indemnité était librement débattue entre le seigneur et l'établissement reli-

(1) Voy. ibid., p. 127-128.
(2) *Traité des personnes*, tit. VII, art. 1. (*Œuvres*, t. IV, p. 630-631).

gieux, mais qu'elle prit plus tard la forme d'une taxe féodale. La quotité en était variable. Dans le ressort du parlement de Paris, elle était du tiers de la valeur de l'immeuble pour les mouvances en fief et du cinquième pour les mouvances censuelles. D'après les coutumes d'Anjou et du Maine, elle était de trois années de revenu du fief. Dans le ressort du parlement de Toulouse, elle était fixée par experts. Une déclaration royale du 21 novembre 1724 la fixa au cinquième de la valeur de l'immeuble.

Cette indemnité se compose de deux parties, de deux prestations distinctes (1). La première dédommage le seigneur des profits qu'il eût retiré des aliénations de l'héritage, s'il fût resté dans le commerce (droits de quint et de lods et ventes). La seconde répare le préjudice causé par la perte des profits qui eussent été dus pour les mutations produites par la mort du propriétaire (droits de relief et de rachat). Elle pouvait être remplacée en donnant *un homme vivant et mourant* ou *vicaire* qui était censé représenter l'établissement réligieux. Dans ce cas, au lieu de payer la prestation au moment même de l'acquisition, on ne la payait qu'à la mort de la personne choisie. Cette personne devait avoir l'âge requis pour porter la foi et jouir de la vie civile; elle devait en outre être domiciliée dans la province. La mort naturelle seule donnait lieu au payement de l'indemnité. En cas de mort civile, le seigneur pouvait exiger que cette personne fut remplacée. Dans le délai de quarante jours à partir du décès, la communauté devait fournir un nouvel homme vivant et mourant, sous peine de saisie féodale. Ainsi, deux prestations

____

1) Pothier, *ibid.*

distinctes : l'indemnité et l'homme vivant et mourant (1).

L'indemnité due au seigneur féodal ou censier se prescrivait par trente ans en droit commun, on par quarante ans, si le seigneur était du nombre de ceux contre qui on ne prescrivait que par quarante ans (la prescription était de quarante ans dans la coutume de Sens). La coutume d'Orléans avait fixé la durée de cette prescription à soixante ans, et la coutume de Touraine à cent ans (2).

« Dans certaines coutumes, les deux prestations ne sont exigées que pour les fiefs. Pour les censives, l'in* demnité est exigée seule, et satisfait le seigneur de tous les droits qu'il perd, même des droits de mutation par décès. En Provence et dans le Dauphiné, il n'y a ni indemnité, ni homme vivant et mourant; un lods de vingt en vingt ans ou un demi-lods de dix en dix ans y tiennent lieu de tout. Les prestations peuvent différer avec les pays, mais l'idée est toujours la même » (3).

Si la communauté, qui a payé l'indemnité, aliénait à une autre communauté, le seigneur pouvait-il contraindre cette dernière à vider ses mains de cet héritage, ou lui demander une nouvelle indemnité ? « La raison de douter, dit Pothier, est que lorsque le seigneur a reçu la première indemnité, il a compté que la communauté de

(1) Sur l'indemnité due au seigneur féodal et censier voy : Henrys, 3e *ques tion*, p. 604. — Durand de Maillane, *Indemmité*, t. III, p. 289 — Dumoulin, *sur l'art.* 51 *de la Cout. de Paris.*, — Bourjon, *des fiefs*, art. 68 — Bacquet, *Traité de l'amortissement*, ch. 53, n° 9 Loisel, *Institutes coutumières*, liv. I, tit. 1, régle 73. — *Cout, d'Orléans*, art. 41. — Cherruel, *Dictionnaire des Institutions*, v° *Mainmortable*. — de Héricourt, H, III, 38, 52, 57. — Beauduoin, p. 117 et suiv. — Jacquier, p. 135 et suiv. — Sauzet, p. 152 et suiv. — Trochon, p. 119, Tardif, p. 504.

(2) Pothier, *Traité des personnes*, tit, VII, art. 1.

(3) Beaudouin, p. 122 — Durand de Maillane, *Indemmité*, t. III, p. 290 — Bontaric, *Traité des fiefs*, ch. 8 — Salbvaing, *De l'usage des fiefs* ch. 59.

qui il la recevait n'aliénerait jamais l'héritage. Il a reçu l'indemnité de tous les profits auxquels il pourrait y avoir ouverture à toujours ; d'où il semble suivre qu'il ne peut prétendre une autre indemnité, et qu'il ne souffre aucun préjudice de ce que l'héritage passe à une autre communauté. La raison de décider au contraire, se tire de ce que nous avons déjà dit, que l'indemnité n'est que le prix de la permission accordée à la communauté de posséder (indéfiniment) l'héritage. Le droit que la communauté a acquis, *lui est personnel*, et ne peut passer à l'autre communauté, qu'en recevant l'indemnité. Le seigneur *n'a aliéné*, comme nous l'avons dit, aucun droit *de sa mouvance*, et *ne peut être empêché d'exercer* tous ses droits envers cette autre communauté » (1).

III. L'amortissement est dû au seigneur haut-justicier, parce que les droits de bâtardise, de déshérence et de confiscation ne peuvent plus s'ouvrir à son profit. Un arrêt de règlement du 28 mars 1692 fixa le chiffre de cette indemnité au dixième de la somme payée au seigneur censier. Le dixième était prélevé sur l'indemnité du seigneur censier et acquittée par l'acquéreur entre les mains du seigneur haut-justicier. Dans certaines coutumes, l'établissement religieux devait donner à ce seigneur un *homme vivant et confisquant*, c'est-à-dire dont le crime pouvait entraîner la confiscation du fief (2).

Les droits d'amortissement et d'indemnité étaient payés par les héritiers du testateur, jusqu'à concurrence de leur réserve, quand la libéralité provenait d'une

---

(1) Pothier, *Traité des personnes*, tit. VII, art. 1.
(2) Voy. Héricourt, H, III, 19 — Henrys, 3ᵉ *question* (t. I, liv. III, ch. I) — *Cout. de Normandie*, art. 141 ; *de Bretagne*, art. 368 ; *de Laon*, art. 209. — Loisel, *loc. cit.* — Cherruel, *loc. cit.* — Bacquet, *Du Droit de nouveaux acquêts*, ch. 36, nᵒ 9 et 10 — Beaudouin, *loc. cit.* — Jacquier, *loc. cit.*

disposition par acte de dernière volonté. La communauté au contraire les acquittait elle-même, en cas de donation entre-vifs. (1).

Nous avons vu que certains biens étaient exemptés de l'amortissement : le monastère même, les jardins, les logements des pensionnaires, les appartements loués et compris dans la clôture, les hôpitaux (2). Quant aux meubles, les communautés pouvaient les acquérir et les conserver avec la plus absolue liberté.

Nous sommes ainsi arrivés au xvi⁰ siècle sans avoir rencontré, en France, aucune restriction véritable à la règle de la capacité d'acquérir des établissements religieux.

La capacité des établissements religieux dans les autres pays ne fut point aussi grande.

Dans le droit lombard et dans le droit germanique, les clercs, les moines et les communautés religieuses ou séculières étaient considérées comme inhabiles à posséder un fief, car, dit le droit lombard, « *desiit esse miles seculi qui factus est miles Christi.* » La même exclusion existait dans le royaume de Jérusalem. Cependant il faut remarquer que dans les pays où cette exclusion était prononcée, les religieux et les religieuses pouvaient en être relevés *gratia domini*, et que par suite les exceptions étaient nombreuses. (3)

(1) Henrys, *3 question*, liv. III, ch. 1. — De Héricourt, H, III, 53, — Jacquier, p. 143. — Trochon, p. 119.

(2) Voy, déclar. de 1689 et du 9 mars 1700, art. 17 ; Edit de mai 1708, art. 12. — Denisart, Vᵒ *Amortissement*, nᵒ 19 — Henrys *loc. cit.* Jacquier, p. 143 — Trochon, p. 125.

(3) *Consuetud. feudorum*, lib. II, cap. 24, 26, 30, 36 — *Jus feud. Sax.*, cap. 2. — Bœhmer, *Princip. juris. feud.*, p. 85, nᵒ 94, not. a — Beugnot, not. a, p. 638, t. I, *Assises de Jérusalem, Assises de la Haute Cour, Le livre au roi*. « On peut affirmer que des rois de Jérusalem ont donné des fiefs à des couvents, » et l'auteur cite un exemple de donation faite, en 1107, par le roi Baudouin à des religieux. — Voy. sur cette matière une dissertation de Streit intitulée : *An clerici feuda adquirere in iisque succedere valeant* dans les *Analecta de Zepernick*. t. I, observ. 18.

Les empereurs Lothaire II et Frédéric firent de la prohibition d'aliéner les fiefs, sans l'autorisation du suzerain, un principe du droit féodal pour toute l'Allemagne, « et ce principe y resta si longtemps en vigueur, que l'on entend Rodolphe de Habsbourg déclarer en 1290, dans la cause de l'abbé de Werthin, que les fiefs aliénés sans le consentement du seigneur lui font retour. »(1)

D'après les assises de Jérusalem, il est défendu d'aliéner son fief au profit des gens d'église, sans le consentement du suzerain. A défaut de consentement, le suzerain reprend le fief. On lit, en effet, dans le chapitre 234 bis du livre de Jean d'Ibelin : « Qui aliène tot son fié ou partie de son fié, sanz l'octroi de son seignor et autrement que par l'assise ou l'usage dou reaume de Jerusalem, et le met en mains de genz d'église ou de religion ou de comunes, le seignor de qui il tient celui fié puet prendre et avoir ce qui il a aliéné et tenir et user comme de soue chose. » (2) De même, les établissements religieux ne pouvaient pas tenir de bourgeoisies. (3) Mais, comme le fait remarquer M. Beugnot, « il était aussi facile aux communautés d'éluder la défense de tenir des bourgeoisies que celle qui leur interdisait de posséder des fiefs. La permission du roi suppléait à leur incapacité. Aussi le clergé de Chypre était-il parvenu, en dépit des lois, à une très grande richesse », à 90.000 ducats, s'il faut en croire Lusignan (4).

En Angleterre, dès le XIIIe siècle, les rois apportèrent de notables restrictions à la capacité d'acquérir des éta-

<hr>

(1) Beugnot, not. b, p. 288, t. I, *ibid.*., *Livre de Jean d'Ibelin*, chap. 185. — Schatenius, *Annales Paderbonenses*, pars II, p. 169.

(2) Édit. Beugnot, t. I, p. 372 — Vox. Beaudouin, p. 89. et suiv.

(3) Abrégé du *Livre des Assises de la Cour des Bourgeois*, ch. 33, 38, 202, 214. (Édit. Beugnot, t. II, p. 263 *in fine*, 269, 136, 145 et suiv.

(4) Beugnot, *ibid.*, t. II, p. 264, not. a.

blissements religieux, et en arrivèrent même à leur
interdire toute acquisition.

Le 10 février 1225, Henri III, dans une ordonnance
appelée *Magna Charta*, prescrivait à tout homme libre,
qui donnerait ou vendrait ses biens, de s'en réserver
une partie suffisante pour s'acquitter des services dus à
son seigneur. Ainsi fut limitée la liberté que chacun
avait antérieurement de gratifier l'Église de la totalité
de son patrimoine. Il défendait en outre de donner à
l'avenir des terres aux maisons religieuses, et de retenir
en même temps ces terres à ferme, ou de s'en réserver
la jouissance, à la charge de payer une redevance annuelle, « dans la vuë, ajoute Laurière, que ces libéralités deviendraient moins fréquentes, lorsque les donateurs seraient obligés de se dépouiller entièrement. » (1)

Cette ordonnance fut mal observée et ne mit point
obstacle au développement de la propriété de mainmorte.
Aussi Edouard Ier, à la fin du xiiie siècle, frappait-il
d'une incapacité générale les établissements religieux.
Par une ordonnance du mois de novembre 1279, connue
sous le nom de *Statutum de Religiosis*, le roi défendait
aux gens d'église d'acquérir des fonds à quelque titre
que ce fût, sous peine de confiscation, tout d'abord au
profit des seigneurs féodaux immédiats, qui avaient un
an pour prendre possession des biens, ensuite au profit
des seigneurs supérieurs, qui avaient les six mois suivants, et enfin au profit du trésor royal, si aucun des
seigneurs n'avait pris possession dans les délais fixés.

« Quoiqu'il ait été déjà ordonné, dit le roi, que les gens d'église ne pourraient point posséder des fiefs sans la permission des seigneurs immédiats, il
n'ont pourtant pas laissé de s'en approprier, d'en acheter, d'en recevoir à

(1) Laurière, *Orig. du droit d'amort.*, p. 65-66.— *Magna charta*, cap. 32 et
36, — Saint-Anselme, liv. III, *épitre* 100, col. 1 de l'édition de 1675. — Henri
de Bracton, liv. 11, chap. 9, fol. 87 — *Fleta*, liv. III, cap. 5 § 5 et 6, cap. 12
§ 7 *in fine*.

titre de don... Voulant donc pour l'utilité de notre royaume apporter à ce mal un remède convenable... nous avons ordonné que nulle communauté religieuse ou autres gens d'église n'entreprennent d'acheter, de vendre et de recevoir par donation, soit pour toujours, soit pour un certain temps, et à quelque autre titre que ce puisse être, ou de s'approprier de quelque manière, par quelque artifice, ou sous quelque prétexte que ce soit, des terres à la campagne, et des héritages situés dans les villes, à peine de confiscation de ces biens, de quelque manière qu'ils soient tombés en mainmorte. » (1)

Le Statut 33, chapitre 4, d'Élisabeth, et le Statut 9, chapitre 36, de Georges II, contiennent des dispositions analogues. Seule une permission expresse du roi pouvait relever les gens d'église de leur incapacité, et encore y avait-il des cas où cette permission n'eût pu leur permettre d'acquérir (2).

Dans les autres royaumes, des ordonnances à peu près semblables, et notamment une ordonnance de 1296, de Frédéric III, roi de Sicile, limitèrent l'enrichissement des établissements religieux (3).

---

(1) Voy. le texte et la traduction de cette ordonnance dans Laurière, *op. cit.*, p. 68 à 78 et suiv.; — Du Cange, *Manus mortua*, t. IV, p. 264 ; — *Fleta*, lib. III, cap. 5 ; — Laurière, *op. cit.*, p. 69, not. h ; — Beaudouin, p. 93 et suiv.

(2) Voy. Blackstone, *Commentaires sur les lois anglaises*, traduit de l'anglais par Gomicourt, Bruxelles. 1774-1776, t. II, p. 212-213.

(3) Voy. le texte et la traduction de cette ordonnance dans Laurière, *op. cit.*, p. 78 à 83; — Voy. l'*Histoire de l'Interdit de Venise*, par Fra Paolo. — Charte des libertez de la ville de Riom, accordée par Alphonse, comte de Poitou, art. 1, à la fin des *Coutumes de Beauvoisis*, par Beaumanoir p. 457.

TROISIÈME PÉRIODE

MONARCHIE ABSOLUE.

Nous avons montré qu'il se forma de bonne heure une opinion ennemie des acquisitions de l'Église. Avec le triomphe de cette opinion au xvie siècle, va s'ouvrir l'ère des prohibitions. Avant d'aborder l'étude de la plus importante de ces prohibitions, celle contenue dans l'édit d'août 1749, nous aurons à énumérer quelques règles spéciales à certains modes d'acquisition.

Mais il importe tout d'abord de connaître quels sont à cette époque les établissements religieux doués de la personnalité juridique.

Les monastères pouvaient-ils encore se fonder librement comme aux époques franque et féodale ?

La législation sur la fondation de ces établissements a été profondément modifiée au xviie siècle.

Aux termes des édits de 1629 et de 1749, quatre conditions sont nécessaires pour l'établissement régulier, en France, d'un monastère appartenant à un ordre préalablement approuvé par l'Église :

1° Consentement de l'évêque diocésain ;

2° Avis des personnes intéressées ;

3° Autorisation du roi ;

4° Enregistrement des lettres patentes par le Parlement.

Nous n'avons pas à entrer dans le détail de ces diverses conditions (1) ; il nous suffit de savoir qu'elles étaient légalement exigées.

Ainsi, pour jouir de la vie civile et compter au nombre des personnes juridiques, les communautés religieuses devaient obtenir l'autorisation royale. C'était la plus importante des conditions énoncées, c'était la sanction suprême. Sans ce consentement, l'accomplissement des autres formalités n'eût pu suffire. Toutefois disons que si l'approbation royale ne se présumait pas, comme celle de l'évêque et des tiers intéressés, elle pouvait cependant se prescrire par 10 ans, d'après l'ordonnance du 7 juin 1659, et par 20 ans, d'après les édits de décembre 1666 et d'août 1749. Ce délai expiré, les communautés non autorisées étaient traitées sur le même pied que celles reconnues par la loi, et pouvaient revendiquer les mêmes droits.

Nous avons donc à distinguer deux classes de communautés religieuses, les communautés autorisées ou légalement constituées et les communautés non autorisées ou illicites.

Quel était, au point de vue des acquisitions de biens, le caractère distinctif de ces deux catégories d'établissements religieux ?

Les congrégations fondées sans autorisation n'étaient pas des personnes juridiques; elles ne pouvaient désormais arriver à l'existence légale autrement que par la prescription. Elles étaient frappées de l'incapacité la plus absolue d'acquérir. Toutes les dispositions faites à leur profit n'étaient pas seulement annulables, elles étaient radicalement nulles. Les donations indirectes, par fidéicommis, par interposition, étaient aussi bien prohibées que celles faites sans intermédiaire. La loi

____

(1) Voy. Trochon, *op. cit.*, p. 34 à 36. — Beaudouin, *op. cit.*, p. 27 et suiv. — Jacquier, *op. cit.*, p. 111 et suiv. — Laisné Deshayes, p. 34 et suiv.

ne tenait même pas compte aux supérieurs des dépenses qu'ils avaient pu faire à l'occasion de telles acquisitions.

Les édits de novembre 1629 (art. 2), de décembre 1666 et d'août 1749 sont on ne peut plus formels, quant à l'incapacité des communautés illicites.

Voici le texte de l'édit de 1666. Le préambule va nous donner en même temps la raison de la règle nouvelle que l'établissement de tout monastère doit être autorisé par le souverain :

« Les rois nos prédécesseurs ayans jugé combien il était important à l'Estat et au bien de leur service, qu'il ne se fist dans le royaume aucun établissement de maisons régulières et communautez, sans leur autorité et permission, portées par leurs Lettres Patentes scellées de leur grand sceau ; ils ont de temps en temps, pour maintenir un règlement si juste, si nécessaire et si utile, fait défenses par diverses ordonnances de faire aucun établissement de cette nature sans Lettres Patentes, enregistrés en nos Cours de Parlement, ce qui a esté durant quelque temps très religieusement observé, en sorte que ne s'y étant commis aucun abus, le nombre des communautez de notre royaume se serait trouvé peu considérable, et nos sujets n'en auraient point reçu d'incommodité ; mais il est arrivé que pendant la longueur des dernières guerres, et durant notre minorité, plusieurs maisons régulières et communautez se sont formées sans Lettres Patentes, par la connivence ou négligence que nos officiers ont mis à faire garder lesdites ordonnances, ce qui a fait que le nombre s'en est augmenté, de telle manière qu'en beaucoup de lieux les communautez tiennent et possèdent la meilleure partie des biens et des revenus ; qu'en d'autres elles subsistent avec peine, pour n'avoir été suffisamment dotées, et qu'aucunes se sont vues réduites à la nécessité d'abandonner leurs maisons à la poursuite de leurs créanciers, au grand scandale de l'Église, et au préjudice des personnes qui étaient entrées dans lesdites communautez, et de leurs familles qui s'en sont trouvées surchargées ; Et ayans résolu d'empêcher qu'à l'avenir il ne s'en établisse aucune..., déclarons et ordonnons qu'à l'avenir, il ne pourra estre fait aucun establissement de collèges, monastères,... sans permission expresse de nous, par Lettres Patentes, bien et dùement enregistrées, en nos Cours de Parlement.

« Et en cas que, cy-après, il s'y fasse aucun establissement de communauté régulière ou séculière sans avoir été satisfait à toutes les conditions cy-dessus énoncées sans exception d'aucune, nous déclarons dès à présent comme pour lors l'assemblée qui se fera sous ce prétexte estre illicite, faite sans pouvoir, et au préjudice de nostre authorité et des Loix du Royaume.

« Déclarons lesdites prétendües communautez incapables d'ester en jugement, *de recevoir aucuns dons et legs de meubles et immeubles, et de tous autres effets civils ; comme aussi toutes dispositions tacites ou expresses faites en leur faveur, nulles et de nul effet, et les choses par elles acquises ou données, consfisquées aux hospitaux généraux des lieux. »* (1).

On n'entendait pas comprendre, dans cet édit, les séminaires des diocèses que les archevêques et évêques devaient instituer et doter sous la forme qui leur semblerait la plus convenable (2).

La nécessité d'une autorisation du pouvoir royal fut étendue aux établissements de charité par l'article 8 de l'ordonnance de février 1731, sur les donations : « *L'acceptation* pourra aussi être faite par les administrateurs des hôpitaux, Hôtels-Dieu et autres semblables établissements de charité, *autorisés par nos lettres patentes enregistrées en nos cours* » (3). Les maisons charitables, dont la fondation n'avait pas été autorisée, étaient donc incapables de recevoir des libéralités.

L'édit de 1749 n'est pas moins absolu que l'édit de 1666. L'article 9 porte : « Désirant assurer pleinement l'exécution des dispositions du présent édit, concernant les établissements mentionnés dans l'article premier, *déclarons nuls* tous ceux qui seraient faits à l'avenir, sans *avoir obtenu nos lettres patentes,* et les avoir fait enregistrer dans les formes ci-dessus prescrites : *voulons que tous les actes et dispositions qui pourraient avoir été faits en leur faveur, directement ou indirectement, ou par lesquels ils auraient acquis des biens de quelque nature que ce soit, à titre gratuit ou onéreux, soient déclarés nuls,* sans qu'il soit besoin d'obtenir des

______

(1) Isambert. t. XVIII, p. 94 à 96. — Voy. Edit. de juin 1691 ; Déclaration du 24 mai 1724 ; Lettres patentes du 9 juillet 1738 ; Déclaration de juin 1739.
(2) Rousseaud de la Combe, *op. cit.,* p. 133.
(3) Isambert, t. XXI, p. 346.

lettres de rescision contre lesdits actes, et que ceux qui se seraient ainsi établis, ou qui auraient été chargés de former ou administrer lesdits établissements, *soient déchus de tous les droits résultans desdits actes et dispositions, même de la répétition des sommes* qu'ils auraient payées pour lesdites acquisitions, ou employées en constitutions de rentes, ce qui sera observé, *nonobstant toute prescription et tous consentemens exprès ou tacites qui pourraient avoir été donnés à l'exécution desdits actes ou dispositions.* (1) »

L'édit, dans son article 22, se montre très sévère à l'égard des notaires, tabellions, ou autres officiers, qui ont pris part à des contrats passés avec des communautés illicites. Il les frappe d'interdiction, les condamne à des dommages et intérêts envers les parties et à une amende dont il règle la répartition :

« Défendons à tous Notaires, Tabellions, ou autres Officiers, de passer aucun contrat de vente, échange, donation, cessions,... au profit desdits Gens de main-morte ou pour l'exécution desdites fondations, qu'après qu'il leur sera apparu de nos Lettres patentes, et de l'arrêt d'enregistrement d'icelles,... à peine de nullité, d'interdiction contre lesdits Notaires, Tabellions ou autres Officiers, des dommages et intérêts des parties s'il y échet, et d'une amende qui sera arbitrée suivant l'exigence des cas ; laquelle sera appliquée, sçavoir, un tiers au dénonciateur, un tiers à nous, et un tiers aux Seigneurs dont les biens seront tenus immédiatement ; et en cas qu'ils soient tenus directement de notre Domaine, ladite amende sera appliquée à notre profit pour les deux tiers. »

Nous avons vu que l'édit de 1666 statuait que les biens, donnés aux congrégations illicites ou par elles acquis à titre onéreux, seraient confisqués au profit des hôpitaux des lieux où les communautés se trouvaient réunies. L'édit de 1749, dans les articles 10, 11, 12, modifia cette décision, ainsi qu'il suit :

1° Les biens ne sont plus confisqués au profit des hôpitaux ; ils sont attribués aux enfants ou aux héri-

(1) Edit. d'Août 1749 (Isambert, t. XXII, p. 226 à 236).

tiers présomptifs. Ceux-ci sont admis, même du vivant
des personnes qui ont consenti les aliénations, à revendiquer les biens par elles donnés ou vendus. Leur
réclamation est suivie d'un envoi immédiat en possession. Ils jouissent de ces biens en pleine propriété, et
ils obtiennent la restitution des fruits et intérêts du
jour de la demande. Pouvoir discrétionnaire est donné
aux juges pour statuer sur l'attribution des jouissances
échues avant la demande par eux formée. La réclamation faite par l'un des héritiers profite à tous ses cohéritiers. Ces derniers sont admis à partager avec l'auteur
de la demande les biens revendiqués (art. 10).

2° Les seigneurs, dont les biens acquis par des
communautés non autorisées sont tenus immédiatement, soit en fief, soit en roture, et qui ne comptent
point parmi les gens de mainmorte, peuvent demander l'envoi en possession, dans les mêmes conditions
que les enfants ou héritiers. Mais les biens ne seront
par eux irrévocablement acquis, que si les héritiers
n'ont pas formé de demande dans l'an et jour du jugement qui les a investis. Dans le cas contraire, les biens
seront remis aux auteurs de la demande. Toutefois, les
intérêts échus pendant l'intervalle qui s'est écoulé entre
le jugement et la demande resteront la propriété des
seigneurs (art. 11).

3° Enfin, si aucune des personnes ci-dessus nommées n'a demandé la rescision des aliénations dans un
délai déterminé, le procureur général, après publication et affiches, ordonnera la vente des biens qui seront
adjugés au plus offrant par la voie des enchères publiques. Le roi distribuera le prix aux hôpitaux, ou l'em-
ployera au soulagement des pauvres, ou l'affectera à
tels ouvrages publics qu'il jugera à propos (art. 12).

L'édit de 1749 ne statuait pas seulement pour l'avenir;

il avait un effet rétroactif. Aux termes de l'article 13 :
« A l'égard des établissements de chapitres, collèges,
séminaires, maisons ou communautés religieuses,
même sous prétexte d'hospices..., qui seraient antérieurs
à la publication du présent édit, voulons que tous ceux
qui auront été faits *depuis les lettres patentes en forme
d'édit, du mois de décembre 1666, ou dans les trente
années précédentes, sans avoir été autorisés par des
lettres-patentes bien et duement enregistrées, soient
déclarés nuls, comme aussi tous les actes ou dispositions
faits en leur faveur*; ce qui aura lieu nonobstant toutes
clauses et dispositions générales, par lesquelles il
aurait été permis à des ordres ou communautés régulières
d'établir de nouvelles maisons dans les lieux qu'ils
jugeraient à propos. » Cependant le même article apporte
un tempérament à la rigueur de la décision précédente.
Les congrégations illicites, qui ont vécu paisiblement et
sans qu'aucune demande en nullité ait été formée avant
la publication de l'édit, devront rendre compte de leur
objet, de la nature et de la quantité des biens qui leur
appartiennent. Le roi statuera ensuite sur leur sort,
soit en leur accordant des lettres-patentes, soit en
réunissant leurs biens au patrimoine d'hôpitaux ou
autres établissements autorisés, soit en ordonnant la
vente de ces biens, conformément aux prescriptions de
l'article 12.

Avant l'édit de 1749, les dispositions testamentaires
faites au profit de communautés religieuses non autorisées, sous la condition d'obtenir des lettres-patentes du
roi, étaient valables. (1) L'article 17 de l'édit prononce

_____

(1) Héricourt, *op. cit.*, H, III, 3. — Furgole, *Traité des test.*, ch. 6, sect.
1, n° 37 — Pothier, *Trait. des donat. testam.*, ch. 3, sect, 2, art. 1 ; *Cout.
des duch., bail. et prev. d'Orléans*, tit. 16, *Introd.* n° 40. — Ricard, *Traité des donations entrev. et testam.*, t. 1, part. III, sect. 13, n°ˢ 612, 613 —
Trochon, p. 139.

pour l'avenir la nullité de semblables libéralités :
« Défendons à l'avenir de faire aucune *disposition de der-*
nière volonté, pour donner aux gens de main morte des
biens, fonds de terre, maisons, droits réels, rentes...
Voulons que lesdites dispositions soient déclarées nulles, *quand même elles seraient faites à la charge*
d'obtenir nos lettres patentes » (1).

Enfin, Pothier s'était demandé ce qu'il fallait penser
« d'un legs adressé à une communauté illicite au moment
de la confection du testament, mais légalement établie
à l'époque de son ouverture. Etait-il valable ? Le savant
jurisconsulte n'a pas résolu la question et s'est borné,
pour appuyer ses doutes, à rappeler la règle catonienne,
aux termes de laquelle le testament, nul à son origine,
ne peut valoir par la suite, mais sans en tirer des conséquences » (2).

Quant aux communautés autorisées, régulièrement
établies, elles ont, par cela même, toute la capacité
civile qui leur est nécessaire pour acquérir à titre onéreux ou à titre gratuit (3).

Quelles sont les prohibitions que l'on peut signaler,
en dehors de celles contenues dans l'édit d'août 1749 ?

I. — L'édit du mois d'août 1661 interdit aux communautés de signer des contrats à fonds perdu, *lorsqu'ils*
sont à titre de commerce, dit Pothier (4). En cas de
contravention, les biens acquis à ce titre sont confisqués.

---

(1) Voy. l'art. 2 du même édit., contenant la prohibition des dispositions
faites en faveur d'une congrégation non encore reconnue, dans le but d'aider
à sa fondation : « *quand même la disposition serait faite à la charge d'ob-*
tenir des lettres patentes. »

(2) Jacquier, *op. cit.,* p. 178; — Pothier, *Des don. et test.,* ch. 3, p. 338.

(3) Tardif, *op. cit.,* p. 517 — Bourjon, *Droit commun,* liv. I, tit. 4, ch. 1,
sect. 1°, n° 5 — Ricard, *Donations,* t. I, part. I°, ch. 3, sect. 13, n° 609 et
suiv. — Coin-Delisle, *Donations,* art. 910, n° 2

(4) *Traité des personnes,* tit. VII, art. I°° (Œuvres, t. VI, p. 630).

Le législateur avait ainsi décidé pour protéger les
communautés contre leurs propres entraînements, pour
mettre un frein à l'avarice des gens d'Église, et les
retenir sur la pente de spéculations hasardées qui
pouvaient devenir tout à la fois une ruine et un scandale (1). Il protégeait en outre les héritiers, la famille,
contre la conduite égoïste de l'homme qui ne songeait
qu'à accroître ses revenus, mais — et il importe de le
remarquer — il ne les protégeait pas contre une générosité excessive. En effet, l'édit de 1661 ne prohibait pas
les libéralités consistant en contrats à fonds perdus ou
de rentes viagères ; il avait pour but d'empêcher, non
pas les donations déguisées sous les apparences d'un
contrat de rente viagère (s'il en eût été ainsi, il eût fallu
interdire complétement les acquisitions à ce titre aux
communautés), mais la spéculation suivante qui n'était
pas rare, à en croire le préambule de l'édit : un grand
nombre de personnes, pour augmenter leurs revenus
pendant leur vie (2), offraient leurs biens à des communautés, à la condition qu'elles leur constituraient
des rentes viagères élevées, pour prix desdits biens.
Le crédit rentier n'agissait point *animo donandi,* mais
par esprit de lucre. Ses héritiers légitimes étaient dépouillés de tout le patrimoine mobilier et immobilier.
Ainsi, indépendamment du caractère aléatoire du contrat, il y avait là un scandale qui rejaillissait sur la
communauté même qui consentait à traiter.

En conséquence, l'édit défendait de donner aux gens
de mainmorte de l'argent pour une rente viagère plus
forte que le denier vingt, à peine de nullité du contrat,
de confiscation de l'argent, et d'une amende de 3.000
livres contre les communautés qui avaient constitué la

(1) M. Chambellan à son cours. (Cité par Jacquier, p. 129).
(2) Pothier, *Contrat de vente,* tit. VIII, art. 3.

rente. Toutefois il exceptait l'Hôtel-Dieu de Paris, le grand Hôpital et la maison des Incurables ; mais par un édit du mois de janvier 1690, ces établissements furent soumis, comme les autres gens de mainmorte, à cette défense.

Développant cette idée, Pothier en conclut que les congrégations religieuses ne pouvaient « recevoir de deniers pour une rente viagère qui excède le revenu de l'héritage.... Car cette rente viagère est le prix du fonds de la chose acquise par la communauté, par conséquent le titre d'acquisition est un contrat à fonds perdu à titre de commerce ».

Si la rente ne dépasse pas l'intérêt de la somme ou le revenu de l'héritage, elle doit être considérée « comme le prix de la jouissance de la chose et le contrat est valable » C'est alors une véritable donation sous réserve d'usufruit « Or, il n'est pas interdit aux communautés de recevoir des donations ».

. II. Les congrégations religieuses peuvent recevoir des libéralités testamentaires, mais « il faut excepter, dit Bourjon, le cas où le testateur aurait eu pour directeur un des religieux de la maison, alors il y aurait incapacité absolue de recevoir un legs quelque modique que ce fût. » Le testateur ne peut donc léguer à une communauté dont fait partie son confesseur (1).

III. Certains ordres étaient frappés d'une incapacité collective. Les Capucins, les Récollets et en général les

---

(1) Bourjon, *op, cit.*, t. I, p. 34 — Voy. l'art. 63 de l'ordonnance de Blois du mois de mai 1579 ; « Pourront les curez et vicaires recevoir par testaments et dispositions de dernière volonté.... *pourvu que les legs ne soient faits en faveur d'eux ou de leurs parents* » — Basnage, *sur l'art. 439 de la Cont. de Normandie.* — Ricard, *Des Donations*, part. 1re no 516 et suiv.— Rousseaud de la Combe, *op. cit.*, *Donations, Legs*, II. — Henrys, t. II, liv. IV, quest. 54. — Livonnière, liv. III, ch. 3. — Voyez les arrêts cités par Beaudouin, p. 137, arrêts des 9 juillet, 1564, 19 juillet 1657, 22 mai 1675, 14 mai 1718 ... etc.

ordres qui ont fait « une profession de pauvreté particulière » ne pourront recevoir que des donations d'objets
mobiliers, ou des donations sous forme d'aumône.
« Les communautés qui, par leur règle, dit Bourjon,
ne peuvent posséder aucun bien en propre, sont cependant capables d'un legs qui leur est fait par forme d'aumône ; c'est juste exception à leur incapacité de posséder des biens, mais il ne faut pas en abuser » (1).

IV. — Les parents étaient libres de constituer à leurs
filles, qui n'avaient pas encore prononcé les vœux, telle
dot qu'il leur plaisait (2). Le monastère devenait propriétaire incommutable de cette dot, « lors même dit
Henrys, que la profession avait été faite la veille de la
mort, pourvu que le temps du noviciat soit accompli et
qu'on ait l'âge » (3). Après la profession, les parents ne
pouvaient faire aucune fondation supérieure à 6.000
livres. Encore devaient-ils affirmer que cette donation
pieuse n'avait pas été faite en considération de l'entrée
de leurs enfants dans le monastère (4).

La faculté primitivement accordée aux parents fut
restreinte à la fin du XVIIᵉ siècle. Désormais la libéralité ne peut excéder un chiffre déterminé par la loi. En
effet, la déclaration du 28 avril 1693, enregistrée le
7 mai (5), *contenant règlement pour les dots et pensions
viagères des religieuses*, statue que les monastères de
religieuses établis dans le royaume, en vertu de lettres-
patentes dûment enregistrées, et notamment les couvents
des Ursulines, des Filles de Sainte-Marie, des Carméli-

___

(1) Bourjon, *op. cit.*, t, I, p. 34. Rousseaud de Lacombe, *op. cit.*, *Communauté*, IV. « Les communautés de capucins et autres religieux de Saint-
François qui en suivent la règle à la rigueur sont incapables de dons et
de legs. » — Pothier, *Des Donations*, t. VI, p. 446.

(2) Henrys, 55ᵉ *question*, t. II, p. 385.

(3) Henrys, t. III, p. 845 ; voyez *ibid.* p. 801, nᵒ 23.

(4) De Héricourt, G., XIII, ch. 1, règle 16. Jacquier, p. 166.

(5) Isambert, t. XX, page 177.

tes, pourront à l'avenir recevoir des dots pour la subsistance et l'entretien des personnes qui y sont entrées en religion, mais sous certaines conditions et sous cette double distinction :

1° La dot pourra se composer de deux éléments : en premier lieu, une pension viagère, destinée à la subsistance des religieuses. Cette pension ne devra pas excéder 500 livres par an, à Paris et dans les villes de Parlement, et 350 livres, dans les autres villes. En second lieu, un capital « pour les meubles et autres choses absolument nécessaires. » Cette somme ne pourra s'élever au delà de 2.000 livres ou de 1.200 livres, suivant la distinction précédente ;

2° Les monastères établis avant 1600 devront, pour acquérir les dots des religieuses, présenter un état de leurs ressources certifié par l'évêque et obtenir une autorisation spéciale. Au contraire les couvents, reconnus postérieurement à cette date, n'auront aucune formalité à remplir et deviendront de plein droit propriétaires de la pension et du capital.

Il est permis aux parents de faire aux monastères, qui ont recueilli leurs filles, des donations de sommes d'argent ou de biens immeubles tenant lieu de dots, mais « à la charge que lesdites fondations ne pourront excéder la somme de 6.000 livres ».

Enfin, il est défendu « aux femmes, veuves et filles qui entreront dans des communautés séculières établies depuis quelques temps, sous quelque institution et titre que ce soit, dans lesquelles elles conservent, sous l'autorité de la supérieure, la jouissance et la propriété de leurs biens, d'y donner aucune chose autre que 3.000 livres en fonds, outre des pensions viagères telles que ci-dessus mentionnées ».

Comme sanction, la déclaration de 1693 porte : « Défendons pareillement aux pères, mères et à toutes autres personnes de donner directement ou indirectement auxdits monastères et communautés aucune chose autre que celles qui sont expliquées par notre présente déclaration, en considération des personnes qui y font profession et qui s'y engagent, à peine de 3.000 livres d'amende contre les donateurs et la perte par lesdits monastères et communautés, qui les auront acceptées, des choses données si elles sont en nature, ou du payement de la valeur si elles n'y sont pas,... »

Les dispositions qui précèdent sont restées en vigueur jusqu'à la révolution, sauf quelques modifications apportées par la déclaration du 20 juillet 1762, article 7. (1) Désormais les dots ne pourront être payées qu'en deniers, effets mobiliers ou en rentes constituées sur le roi, sur l'hôtel de ville, sur le clergé ou sur les diocèses, les pays d'état, villes et communautés. De plus, il est interdit aux congrégations, sous prétexte de défaut de payement ou sous tout autre, d'acquérir la propriété ou de se faire envoyer en possession d'aucun autre immeuble, pour l'acquittement desdites dots, « et ce nonobstant toutes les lois, usages et coutumes à ce contraires, auxquels nous avons dérogé » (2).

V. — Jusqu'au milieu du XVIᵉ siècle, le novice a la faculté de disposer librement de sa fortune. A partir de cette époque, apparaît une nouvelle restriction à la capacité des monastères. Avant sa profession, le religieux peut encore valablement faire un testament; il jouit de la plénitude de ses droits comme s'il apparte-

(1) Isambert, t, XXII, p. 325.
(2) Voy. Sauzet, p. 159. — Beaudouin, p. 131. — Jacquier, p. 167. — Pothier, *Introd. au livre XVI de la coutume d'Orléans*. — Henrys, 55ᵉ question, t. II, p. 384 et 392. — Durand de Maillane, *Dot*, t. II, p. 392 et suiv. — Rousseaud de Lacombe, *Dot*. — De Héricourt, G. XIII, I, règle 34. — Pierre Clément, *Hist. de Colbert*, p. 356 et suiv..

naît toujours à la vie séculière, mais il ne peut plus disposer au profit de son couvent ou de tout autre monastère.

Les Parléments, sous l'inspiration de Dumoulin, avaient circonscrit de plus en plus le droit pour le novice d'adresser des libéralités au cloître qui allait le recevoir. L'ordonnance d'Orléans du mois de janvier 1560 prononça formellement l'abrogation de ce droit, dans son article 19 : « Pourront lesdits profès disposer de leur portion héréditaire échue ou à échoir en ligne directe ou collatérale, au profit de celui de leurs parents que bon leur semblera, et non du monastère » (1).

Remarquons cependant que s'il n'existe pas avant 1560 d'ordonnance ou déclaration royale interdisant au novice de tester en faveur de son couvent, cette prohibition était déjà admise par un certain nombre de coutumes. Toutefois il ne faudrait pas croire que cet usage fût général. « Dans plusieurs provinces le novice, avant de faire profession, pouvait rédiger son testament et donner au monastère soit l'intégralité, soit une partie de sa fortune. L'Auvergne, le Bourbonnais, la Marche, le Soisonnais, le Berry, suivaient cette législation » (2).

L'ordonnance d'Orléans fut-elle rigoureusement observée ?

Il semble bien que non, et les arrêts du xviie siècle témoignent de controverses sur ce point particulier. Les uns reconnaissent que le religieux, avant sa profession, peut disposer en toute liberté de sa fortune. Ainsi, un arrêt du Parlement cité par Henrys, en date du 11 août 1649, décide « qu'une fille majeure et maîtresse de ses droits peut, en entrant dans la religion,

____

(1) Henrys, 55e *question*, t. II, p. 383. — Rousseaud de Lacombe, *Jurisp. canon.*, *Novice*, sect. 3, no 2. — Fevret, (*Traité de l'abus*, t. I, p. 96).

(2) Laisné Deshayes, p. 33-34. — Voy. Louet, C., Somm. VIII, nos 34-35.

se constituer et donner au monastère telle part de ses biens qu'elle voudra. Mais il faut qu'elle le fasse à l'entrée et par le contrat de réception ; car après, elle n'est plus libre, n'étant plus en sa puissance » (1).

Les autres, et ce sont les plus nombreux, permettent aux novices de faire des libéralités à leurs couvents, pourvu que lesdites fondations ne soient pas trop considérables et n'excèdent pas en pension ou capital les sommes nécessaires à la subsistance et à l'entretien des religieux. Ils fixent même le chiffre que pourra atteindre ou auquel sera réduite la donation. Ainsi :

Arrêt du Parlement de Bourgogne, en date du 16 mars 1611, qui permet « aux religieuses jacobines de s'établir dans Dijon, à condition qu'elles ne pourraient y acquérir plus de 3.000 livres de rente. »

Arrêt du Parlement de Paris, du 9 mars 1628 « par lequel une rente constituée de 600 livres, en dot à une fille mineure, lors de sa profession dans un monastère, fut réduite à une pension de 400 livres seulement, la vie durante de la religieuse, sans que le monastère put rien prétendre au fonds et à la propriété de la rente. »

Arrêt du Parlement de Paris, du 11 janvier 1635, réduisant « à 10.000 livres une libéralité de 30.000 livres faite au monastère de sa profession, par demoiselle Marie de Castelnau, et défendant à tous les couvents de filles établies dans son ressort de prendre pour réception ou profession des mêmes religieuses aucunes sommes de deniers, mais seulement pension purement viagère, qui ne pourrait excéder 500 livres pour les plus riches ».

Des arrêts du même Parlement du 29 mars 1659 et du 4 avril 1667, et du Parlement de Dijon du 14 août

---

(1) Voy. un arrêt du 25 mai 1655, cité par Ricard, *Des donations*, part. I, n° 401.

1626 limitent de même les acquisitions des communautés.

D'autres arrêts appliquent rigoureusement l'ordonnance d'Orléans. Un arrêt du 21 mai 1675 cassa un testament fait au profit de l'Oratoire, par le sieur Dépelloux, parce que Dépelloux était novice de l'Oratoire (1).

Enfin, nous savons que la déclaration du 28 avril 1693 interdit aux communautés séculières de recevoir des femmes, veuves et filles, qui y font profession, plus de 3.000 livres, outre des pensions viagères ne pouvant excéder 500 livres.

VI. Les monastères n'ont plus le droit de recueillir, comme autrefois, l'hérédité *ab intestat* des religieux.

Jusqu'au xɪvᵉ siècle, la législation de Justinien (2), sur la capacité des religieux et le droit des monastères de leur succéder *ab intestat*, demeure en vigueur. Le moine devient incapable, mais reste propriétaire jusqu'au jour de sa mort. C'est seulement à l'époque du décès que les biens passent au monastère, sauf un exception que rappelle un capitulaire de Charlemagne. Le moine abandonne-t-il son couvent ? Les biens sont attribués à la communauté. Un autre capitulaire prive le religieux de la faculté de disposer de son patrimoine. C'est donc que le religieux n'est pas, par le fait de la profession, dépouillé de sa personnalité juridique. (3).

(1) Voy. un grand nombre d'arrêts relatifs aux libéralités des novices envers leurs couvents, dans Fevret, *op. cit.*, t. I, p. 93 ; — Henrys, 55ᵉ *question*, t. II, p. 383 et 385; t. IV, 17ᵉ *plaidoyer*, p. 271 ; — De Héricourt, C., XIII, I, règle 12 ; Rousseaud de Lacombe, *loc. cit.*; Brodeau, *sur Louet*, lettre C, somm. 8; — Ricard, *Des Donations*, part. I, n° 483 et suiv. ; — Beaudouin, p. 130 et suiv.; — Jacquier, p. 165 et suiv.; — Laisné Deshayes, p. 33.

(2) Voy. ci-dessus, *Thèse de Droit romain*, IIᵉ période, ch. III, sect. VII.

(3) Capitul., lib. VI, cap. 103 (Baluze, t. I, p. 941); — Ibid., cap. 110 (Baluze, t. I, p. 941); — Laisné Deshayes, p. 24-25.

A partir du xiv⁰ siècle, les moines, jusque là simplement interdits, sont frappés d'une mort civile radicale. Ils n'ont plus la propriété des biens qui, avant leur entrée dans les ordres, constituaient leur patrimoine. Ils ne peuvent plus succéder ni recevoir des libéralités. « Les religieux, dit Loisel, ne succèdent point ni le monastère pour eux ; et si ne peuvent de rien disposer, ainsi sont tenus pour morts dès lors de leur profession et leurs parents leur succèdent » (1).

Ainsi, la profession leur ravit, en faveur de leurs héritiers, et leurs biens présents, et leurs droits éventuels. Ils étaient « aux yeux de la loi, ajoute M. Laisné Deshayes, des esclaves volontaires, sans patrimoine, sans personnalité (2). Comme les esclaves, ils pouvaient se faire un pécule. Après leur mort, la communauté le recueillait sous le nom de *Cote-Morte* ; et, comme dans les successions serviles, elle n'était tenue que jusqu'à concurrence de son actif des dettes contractées par le religieux décédé (3). Bientôt même la seule source qui leur fut ouverte pour former ce pécule fut tarie. Le Parlement ordonna aux religieux bénéficiaires de rap-

---

(1) *Instit. cout.*, liv. II, tit. 5, règle 29 ; — *Coutume de Metz,* rédaction de 1804, Louet, C., somm. 8, n⁰ 33 : « Religieux et religieuses n'hériteront à nuls jours mais tant en héritages meubles qu'autrement qui leur soient échus de par père ou mère ou leurs parents... et s'il y avait nuls religieux ou religieuses qui ne fît et tint ce que dessus, tous leurs biens meubles et héritages seraient hors de la garde de la ville aux amis et parents de ceux ou de celles qu'ils auraient hors mis et y pourraient aller et prendre sans méprendre ni méfaire, ni réclamer à justice. » Cité par Laisné Deshayes, p. 33. — Voy. Beaudouin, p. 184, note 3 ; — Coquille, *Coutume de Nivernois (œuvres,* t. II, p. 362.) — D'Aguesseau, *Œuvres complètes,* t. II, 1ᵉʳ *plaidoyer,* p. 13 et suiv.; — Ricard, *Donations,* 1ʳᵉ part., ch. 3, sect. 5, n⁰ˢ 337 à 346; — Pothier, *Traité des Personnes,* tit. III : — Édit. de Châteaubriant, en 1522; — Édit. de février 1733. art. 13; — Émile Ollivier, *Congrégations religieuses non autorisées,* Revue pratique, t. V, p. 119 à 122.

(2) Ricard. *loc. cit.*, n⁰ 337.

(3) Ancien Denisart, V⁰ *Religieux,* n⁰ˢ 62. 63, 65.

porter à la congrégation les revenus des bénéfices dont ils jouissaient (arrêt du 11 août 1767). » (1).

A côté de ces prohibitions, on trouve quelques décisions de faveur à l'égard des libéralités adressées aux établissements religieux.

La féodalité avait supprimé la formalité de l'insinuation. Pour constater une fondation, au XVIᵉ siècle, il suffisait aux parties de s'adresser à deux notaires et de faire rédiger par eux leurs intentions. Les abus devinrent si fréquents que l'édit de 1539 (art. 132) rétablit la nécessité de l'insinuation : « Voulons que *toutes les donations qui seront faites ci-après... soient insinuées...* autrement seront réputées *nulles* et ne commenceront à avoir leur effet que du jour de ladite insinuation, et ce quant aux donations faites, en la présence des notaires et par eux acceptées. » Les coutumes révisées contiennent les mêmes dispositions. « Toute donation de choses immeubles... ou pour *cause pitoyable*, porte l'article 448 de la coutume de Normandie, *doit être insinuée...* » (2).

Cependant les donations faites par le roi n'étaient pas soumises par la loi à cette formalité. De plus, la jurisprudence des parlements en exemptait deux sortes de donations pieuses :

1° Les donations faites à charge de services religieux, parce qu'on les réputait synallagmatiques et à titre onéreux (3).

---

(1) Laisné Deshayes, p. 38-39.

(2) Thibaut Lefebvre, *Essai hist., sur les dons et legs...* (*Rev. étrang.*, 1850, p. 41 et suiv.) Voy. les art. 57 et 58 de l'ordon. de Moulins ; les déclar. du 10 juillet 1566, mai 1645, 17 novembre 1690 ; l'édit de décembre 1703 : les art. 19 à 23 de l'ordon. de février 1732. (Isambert, t. XII, p. 627). — Basnage, *Cout. de Normandie*, p. 265. — De Salverse, *opt. cit.*, p. 144.

(3) Arrêt du Parlement du 29 juillet 1665. — Basnage, *op. cit.*, art. 448, p. 270.

2° Les donations faites à charge de fondation (1).

Jurisprudence et auteurs étaient d'accord sur ces deux points. Il n'en était plus de même pour une troisième classe de libéralités pieuses, les dots des religieuses. Ricard enseignait qu'elles devaient être affranchies de l'insinuation, mais le Parlement les y soumettait (2).

L'ordonnance de février 1731 mit fin à toute controverse. Les donations, sans exception aucune, étaient soumises à la formalité de l'insinuation : « Toutes les autres donations (autres que celles faites par contrat de mariage (art. 19), même les donations rénumératoires... ou celles qui seraient faites *à charge de services et de fondations*, seront insinuées à peine de nullité. » (art. 30) (3).

Édit d'août 1749.

Les quelques prohibitions que nous venons d'étudier n'avaient pas un caractère général ; elles n'étaient applicables qu'à certaines catégories d'établissements religieux ou à tels cas déterminés ; par suite, elles ne pouvaient mettre un terme aux acquisitions de l'Église et arrêter le développement de la propriété de mainmorte. Ces prohibitions étaient donc confinées dans des

(1) Ricard, *des donations*, t. I, part. I, ch. 4, sect. 3, n° 1181 : « J'en voudrais excepter, particulièrement à l'égard des héritiers du donateur, les donations faites aux hôpitaux ou autres églises pour cause de fondation, et avec charges, lorsqu'elles ne sont pas excessives. Les héritiers ayant fort mauvaise grâce de vouloir contester ce qu'un défunt, par un mouvement de piété, a donné à l'église, afin de faire prier Dieu pour lui et racheter les peines de ses fautes. Sur ce fondement la Cour a confirmé, par arrêt une donation de 3 ou 4 mille livres en héritages et en deniers, faite au profit de l'hôpital de la ville de Troyes, quoiqu'elle ne fût pas accompagnée d'insinuation contre les héritiers, qui profitèrent d'ailleurs d'une succession de trois cent mille livres. » — Basnage, *loc. cit.* — Montica, liv. VI, tit. 3.

(2) Thibaut Lefebvre, *loc. cit.* — Ricard, *loc. cit.*, n° 1144.

(3) Isambert, t. XXI, p. 348-349.

limites trop étroites pour écarter le danger qui préoccupait si vivement et à si juste titre, aux XVIIe et XVIIIe siècles, tous les esprits sages et impartiaux. L'édit de 1666, il est vrai, imposait la nécessité d'une autorisation royale pour la fondation des communautés religieuses, et frappait d'incapacité les congrégations illicites ; il limitait ainsi pour l'avenir le nombre de ces établissements ; mais, pas plus que les édits de 1629 et 1659, il ne défendait aux communautés autorisées de recevoir des libéralités et d'acquérir des biens. Il se bornait à abroger tous les amortissements accordés *in futurum* et à se plaindre, dans son préambule, de ce que « le nombre (des monastères) s'en est augmenté, de telle manière qu'en beaucoup de lieux les communautez tiennent et possèdent la meilleure partie des terres et des revenus. » Du reste, l'édit de décembre 1666, comme la plupart des lois sous l'ancien régime et notamment les déclarations et ordonnances sur les lettres d'amortissement, avait été mal observé. D'Aguesseau le constate, non sans quelque amertume, en pensant au sort qu'aura peut-être l'édit d'août 1749, fruit de sa longue carrière politique, d'efforts incessants et de luttes sans cesse renouvelées pour restreindre les acquisitions des gens de mainmorte. « Rien n'est plus ordinaire, dit le chancelier, dans les premières lignes des observations qu'il rédigea pour l'application de l'édit de 1749, rien n'est plus ordinaire en France, que de voir les meilleures lois de police tomber, en désuétude, par le grand nombre d'exceptions ou de dispenses qu'on a la facilité d'accorder. Il est fort à craindre que l'édit du mois d'août dernier n'ait le même sort, comme l'on en a vu l'exemple dans des lois à peu près semblables ».

Dès le XVIe siècle, presque tous les ouvrages des ju

risconsultes, des historiens, des littérateurs s'élèvent
contre les richesses du clergé, la fortune et l'opulence
de certains monastères.Certes, nous n'avons pas la prétention d'analyser ici ce qu'on a dépensé à ce propos de
verve, d'esprit et quelquefois de raison, ni surtout d'affirmer que les plaintes et les reproches des auteurs
furent le plus souvent exempts d'injustice. On oubliait
trop peut-être les services qu'avait rendus et que rendait encore l'Église à la société. Mais ce qu'il y a de
bien certain, c'est que le danger de la propriété de
mainmorte était là menaçant et grandissait tous les
jours.

Les monastères s'étaient tellement multipliés que
leur nombre dépassait 2,000 au commencement du xviii^e
siècle. Aussi aurait-on presque pu dire avec vérité, de
la France à cette époque, ce qu'un ancien disait jadis
de son pays : « *Hæc regio, tam præsentibus plena
est numinibus, ut facilius sit apud nos invenire deos,
quam homines* » (1). En même temps, le patrimoine
des établissements religieux s'était encore accru ; la
générosité des fidèles était venue sans retard combler
les vides créés dans le trésor de l'Église par les spoliations des rois, et donner à ce trésor une prospérité
nouvelle. Sur une population d'environ vingt-sept millions d'habitants, les ecclésiastiques étaient à peu près
au nombre de deux cent mille, c'est-à-dire la cent trente-
deuxième partie de la population en France, et
ils possédaient le tiers des terres du royaume ! (2).
Ces chiffres pourraient dispenser de tout commen-

(1) Cité par Trochon, p. 154.
(2) Voy. ci-dessus dans la IVe période, l'état des biens, ressources et revenus des établissements religieux au xviiie siècle. — Voy. dans Boiteau,
État de la France en 1789, de nombreuses statistiques. (p. 3 à 12, 36 à 50)
et une étude de la propriété de mainmorte en France. (p. 166 à 294). —
Beaudoin p. 156.

taire et suffiraient pour expliquer les mesures prohibitives édictées par l'édit d'août 1749.

Si on pense, en considérant les vastes possessions du clergé, au défaut de circulation des biens possédés par les établissements religieux, et à leur mise hors du commerce, puisque l'Église ne meurt ni n'aliène et qu'elle acquiert toujours, on comprendra quels embarras devait créer la propriété de mainmorte au crédit social.

Les inconvénients économiques de cette propriété étaient signalés par nos anciens auteurs. Et pour n'en citer qu'un, Montesquieu, qui assure que « le clergé recevait tant, qu'il faut que, dans les trois races, on lui ait donné plusieurs fois tous les biens du royaume », nous dit, en traitant des bornes que les lois doivent mettre aux richesses du clergé :

« Le clergé est une famille qui ne peut pas périr : les biens y sont donc attachés pour toujours, et n'en peuvent pas sortir.... Nous avons retenu les dispositions du Lévitique sur les biens du clergé, excepté celles qui regardent les bornes de ces biens : effectivement, on ignorera toujours parmi nous quel est le terme après lequel il n'est plus permis à une communauté religieuse d'acquérir. Ces acquisitions sans fin paraissent aux peuples si déraisonnables, que celui qui voudrait parler pour elles serait regardé comme un imbécile... Dans quelques pays de l'Europe, la considération des droits des seigneurs a fait établir en leur faveur un droit d'indemnité sur les immeubles acquis par les gens de mainmorte. L'intérêt du prince lui a fait exiger un droit d'amortissement dans le même cas. En Castille, où il n'y a point de droit pareil, le clergé a tout envahi : en Aragon, où il y a quelque droit d'amortissement, il a acquis moins ; en France, où ce droit et celui d'indemnité sont établis, il a moins acquis encore, et l'on peut dire que la prospérité de cet état est due en partie à l'exercice de ces deux droits. Augmentez-les, ces droits, et arrêtez la mainmorte s'il est possible... Le moindre bon sens fait voir que ces corps qui se perpétuent sans fin ne doivent pas vendre leurs fonds à vie, ni faire des emprunts à vie, à moins qu'on ne veuille qu'ils se rendent héritiers de tous ceux qui n'ont point de parents, et de tous ceux qui n'en veulent point avoir. Ces gens jouent contre le peuple ; mais ils tiennent la banque contre lui. » (1).

____

(1) *Esprit des lois*, liv. XXXI, ch. 10 p. 550 ; liv. XXV, ch. 5 et 6 (p. 389-390).

Ajoutons, comme autre conséquence fâcheuse, que si les établissements religieux « peuvent posséder des héritages, ils ne peuvent les acquérir (car l'Église est exempte et ne meurt pas) qu'en rejetant sur les taillables les tailles et charges réelles. » (1)

Enfin, à côté des inconvénients économiques, se place l'intérêt des familles, intérêt si longtemps méconnu ! Victimes du zèle des donateurs, réduites quelquefois à l'indigence par l'entraînement religieux souvent irréfléchi de l'un de leurs membres, elles voyaient les biens patrimoniaux, ces biens sur lesquels elles avaient tant de droits, aller grossir encore la fortune d'une église ou d'un monastère. Certes, nous n'ignorons pas le noble et charitable usage que les moines faisaient de leurs biens. Nous savons que dans ces vastes édifices, où la charité avait arboré son enseigne, l'orphelin trouvait un asile, le vieillard un abri, le malade une touchante sollicitude, l'enfant abandonné un berceau pour ses jeunes années, les pauvres enfin, le secours et l'aumône. Mais fallait-il pour cela méconnaître les droits sacrés de la famille ? Là, comme ailleurs, n'y avait-il pas des pauvres à secourir ? Et ces pauvres n'avait-ils pas droit aux premiers secours ? Ne fallait-il pas opposer une barrière, une limite au zèle inconsidéré des donateurs ?

Dans le capitulaire de 815, si équitable, mais sitôt abrogé (819), Louis le Débonnaire, on se le rappelle, avait fait prévaloir ces justes sentiments. Depuis lors, pendant des siècles, les diverses mesures édictées contre l'enrichissement des établissements religieux avaient eu pour unique mobile le seul intérêt de l'État et du crédit social. L'édit de 1749 allait enfin veiller sur l'intérêt des familles.

(1) Henrys, *53ᵉ question*, p. 176 — Guy-Coquille, *Comment. sur la Cout. de Nivernais*, ch. 5 § 8 — Beaudouin, p. 160.

Ces divers inconvénients de la propriété de main-morte se trouvent parfaitement indiqués dans le préambule de cet édit :

« Le désir que nous avons de profiter du retour de la paix, pour maintenir de plus en plus le bon ordre dans l'intérieur de notre Royaume, nous fait regarder comme un des principaux objets de notre attention, les inconvénients de la multiplication des établissements de gens de main-morte, et de la facilité qu'ils trouvent à acquérir des fonds naturellement destinés à la subsistance et à la conservations des familles. Elles ont souvent le déplaisir de s'en voir privées, soit par la disposition que les hommes ont à former des établissements nouveaux qui leur soient propres, et fassent passer leur nom à la postérité, avec le titre de fondateur, soit par une trop grande affection pour des établissements déjà autorisés, dont plusieurs testateurs préfèrent l'intérêt à celui de leurs héritiers légitimes ; indépendamment même de ces motifs, il arrive souvent que par les ventes qui se font à des gens de main morte, les biens immeubles qui passent entre leurs mains cessent pour toujours d'être dans le commerce, en sorte qu'une très grande partie des fonds de notre royaume se trouve actuellement possédée par ceux dont les biens, ne pouvant être diminués par des aliénations, s'augmentent au contraire continuellement par de nouvelles acquisitions. »

Quelques années avant l'édit d'août 1749, dans certaines contrées où l'Église était devenue propriétaire de la plus grande partie des biens, le danger devint si menaçant qu'il fallut édicter des lois spéciales et locales. Dans trois déclarations, contenant les mêmes dispositions, (dispositions qui sont le fondement même de l'édit de 1749), déclaration du 9 juillet 1738 pour le Hainaut et pour la Flandre, où le clergé possédait plus des trois quarts des terres (1), déclaration du 1er juin 1739 pour le pays Messin, déclaration du 25 novembre 1743 pour les colonies françaises en Amérique, le roi ne permet aux communautés de recevoir que des donations entre-vifs. Et encore faut-il qu'elles obtiennent son autorisation, qu'elles en aient « communiqué le projet à son Conseil » pour chaque libéralité, qu'il s'agisse de biens fonds, de rentes foncières, et même de

____

(1) Voy. ci-dessous, IVe période, l'état des biens du clergé dans la Flandre.

rentes constituées sur des particuliers (1). Voici ce que répondit d'Aguesseau, dans une lettre du 24 octobre 1738, à quelques remontrances du parlement de Douai, relatives à l'application de la déclaration de 1738 aux hôpitaux : « La faveur que méritent les hôpitaux et qui les distingue des autres gens de mainmorte engagera sans doute Sa Majesté à leur accorder plus facilement la permission (d'acquérir) ; mais il serait dangereux de les dispenser de la demander, et même de la rendre trop commune, parcequ'on s'exposerait peut-être à faire des pauvres pour en assister d'autres. Le véritable intérêt du commerce est de conserver le patrimoine des familles sans l'aliéner ni l'hypothéquer à des gens de mainmorte. » (2)

Onze ans plus tard, le fameux édit du mois d'août 1749, édictait une prohibition générale et modifiait profondément la législation sur la capacité d'acquérir des gens de mainmorte.

L'édit peut se décomposer en deux parties, correspondant chacune à l'un de ses deux objets principaux : 1º mettre obstacle pour l'avenir à la multiplication des établissements ; 2º fixer des limites aux acquisitions des gens de mainmorte.

Première partie. — Articles 1 à 13.

Nul établissement ne peut se fonder sans une autorisation expresse du pouvoir civil. Toutes les acquisitions faites par les congrégations illicites sont frappées d'une nullité radicale. Ces prohibitions ont fait l'objet de développements antérieurs. Je n'y reviendrai pas. J'ajouterai seulement que l'article 6 exige que, dans les lettres patentes, destinées à autoriser l'établissement projeté, il soit fait mention expresse des biens destinés à la dotation du-

(1) Voy. Rousseaud de Lacombe, *op. cit, Communautés.* t. II.
(2) *Œuvres complètes*, t. IX. p. 562. — Cité par Sauzet, p. 163.

dit établissement, afin que dans la suite on ne puisse en ajouter d'autres, sans se conformer aux règles prescrites par l'édit sur les acquisitions des gens de mainmorte.

   Deuxième partie. — Articles 14 et suivants.

   L'édit contenait deux innovations :

I. Art. 14 : « Faisons défenses à tous les gens de mainmorte d'acquérir, recevoir, ni posséder à l'avenir aucuns fonds de terres, maisons, droits réels, rentes foncières ou non rachetables, même des rentes constituées sur des particuliers, si ce n'est après avoir obtenu nos lettres patentes pour parvenir à ladite acquisition, et pour l'amortissement desdits biens, et après que lesdites lettres, s'il nous plaît de les accorder, auront été enregistrées en nos dites Cours de Parlement, ou Conseils Supérieurs, en la forme qui sera ci-après prescrite ; ce qui sera observé nonobstant toutes clauses ou dispositions générales qui auraient pu être insérées dans les lettres patentes ci-devant obtenues par les gens de mainmorte, par lesquelles ils auraient été autorisés à recevoir ou acquérir des biens fonds indirectement ou jusqu'à concurrence d'une certaine somme. « (1).

Art. 15. — « La disposition de l'article précédent sera observée, même à l'égard des fonds, maisons, droits réels et rentes qui seraient réputés meubles, suivant les coutumes, statuts et usages des lieux. »

Art. 16. — « Voulons aussi que la disposition de l'article 14 soit exécutée à quelque titre que lesdites gens de main-morte puissent acquérir les biens y mentionnés, soit par vente, adjudication, échange, cession ou transport, même en payement de ce qui leur serait dû, soit par donations entre-vifs pures et simples, ou faites à la charge de services ou fondations, et en général pour quelque cause gratuite ou onéreuse que ce puisse être. »

   Ainsi, l'édit fait une distinction entre les meubles et les immeubles.

   1º *Les immeubles ne peuvent être acquis, par quelque mode que ce soit, sans une autorisation royale formelle et spéciale par lettres patentes.*

   Cette disposition était assurément la plus importante. C'est elle qui pouvait permettre la réforme depuis si longtemps demandée. Le refus d'autorisation, sagement mais énergiquement exercé, pouvait circonscrire en de justes limites les acquisitions des gens de mainmorte. Il pouvait devenir une arme puissante entre les mains de celui qui voudrait s'en servir, et d'Aguessau le vou-

____

(1) Isambert, t. XXII. 323 et suiv.

lut, s'il faut en croire les plaintes et les protestations
du clergé.

Y avait-il une véritable innovation dans la nécessité
de demander l'approbation du pouvoir civil, et dans le
droit pour le roi de refuser son autorisation? Nous savons que les rois pouvaient légalement s'opposer à la
concession de lettres d'amortissement, mais nous avons
vu que la pénurie du trésor ou tout autre cause avait
empêché l'exercice de cette faculté. Aussi le droit d'a-
mortissement était-il maintenu dans l'article 14, mais
considéré comme un remède insuffisant. D'Aguesseau
le constate dans le préambule, quand il parle « des lettres d'amortissement, qui ne devaient leur (aux gens
de main morte) être accordées qu'en connaissance de
cause et toujours relativement au bien de l'État ; mais
ce qui semblait devoir arrêter le progrès de leurs acquisitions, a servi au contraire à l'augmenter contre l'intention du législateur, par l'usage qui s'est introduit
de recevoir d'eux, sans aucun examen, le droit d'amortissement qu'ils se sont portés sans peine à payer, dans
l'espérance de faire mieux valoir les fonds qu'ils acquéraient que les anciens propriétaires. » Toutefois,
avant l'édit de 1749, le refus des lettres d'amortissement eût conduit non pas à l'impossibilité de réaliser
l'acquisition, mais de conserver, retenir l'héritage, tandis que le refus d'autorisation entraînait désormais une
incapacité d'acquérir. On peut donc dire qu'il y avait
réellement innovation.

Une autre disposition importante de l'article 14 est
relative aux *rentes constituées sur des particuliers*. Ces
rentes ne peuvent être acquises sans autorisation, alors
même, ajoute l'article 15, que les coutumes, statuts et
usages locaux les réputeraient meubles. Le motif de
cette décision se trouve dans le préambule : « La mul-

tiplication des rentes constituées sur des particuliers, a contribué encore à l'accroissement des biens possédés par les gens de main-morte, parce qu'il arrive souvent, ou par la négligence du débiteur à acquitter les arrérages de ces rentes, ou par les changements qui surviennent dans la fortune, qu'ils trouvent le moyen de devenir propriétaires des fonds mêmes sur lesquels elles étaient constituées. » Aussi cette prohibition, fort préjudiciable aux intérêts des établissements religieux, souleva-t-elle les plus vives protestations dans le clergé. D'Aguessau le constate, mais sans accorder aux gens de mainmorte aucune satisfaction dans l'exécution de l'édit, en raison de l'utilité toute particulière de cette mesure : « Les représentations des gens de main-morte sur cet article, dit-il, ne paraissent mériter aucune attention et c'est un des points sur lesquels il est le plus à propos de ne se point relâcher dans l'exécution de l'édit..... l'intérêt du roi même exige qu'on en use ainsi, pour faciliter les emprunts qui sont faits pour le bien de l'État, soit par le clergé ou par d'autres corps qui prêtent leur crédit à Sa Majesté » (1). Cette dernière raison toute fiscale fut certainement d'un très grand poids pour faire édicter cette défense et la faire rigoureusement observer. Nous voyons en effet l'article 18 déclarer que l'édit n'est nullement applicable aux rentes constituées sur l'État.

2° Les articles 14, 15 et 16 n'ont trait qu'aux immeubles. *Les meubles sont donc acquis en toute liberté et sans aucune restriction.*

II. — Art. 17 « Défendons à l'avenir de faire aucune disposition de dernière volonté, pour donner aux gens de main morte des biens de qualité marquée par l'article 14. Voulons que lesdites dispositions soient déclarées

(1) *Œuvres complètes, Observations sur l'édit de 1749*, t. IX, p. 556. — Cité par Sauzet, p. 169.

nulles, quand même elles seraient faites à la charge d'obtenir nos lettres patentes, ou qu'au lieu de donner directement lesdits biens auxdits gens de
main morte, celui qui en aurait disposé, aurait ordonné qu'ils seraient vendus ou régis par d'autres personnes pour leur en remettre le prix ou les revenus. »

1° *Ainsi, les meubles peuvent être acquis par tous les modes de transmission, aussi bien par legs que par donation et par vente.* L'article 17 n'est applicable qu'aux biens de la qualité marquée par l'article 14, c'est-à-dire aux immeubles;

2° Non seulement tous les immeubles ne peuvent être acquis sans une autorisation royale, mais encore *ils ne peuvent être acquis par tous les modes.* Bien plus, l'édit défend en même temps aux gens de main-morte de recueillir aucune disposition de dernière volonté *et à toute personne de leur adresser de semblables libéralités.* En effet, le bienfaiteur, au lieu de donner les biens directement à une communauté religieuse, aurait pu les léguer à une tierce personne, à charge par elle de vendre ou d'administrer les biens et d'en remettre le prix ou les revenus à la congrégation. Or, il s'agissait ici d'une acquisition de meubles, et nous venons de voir que les acquisitions mobilières étaient permises. L'article 17 *in fine* interdit ce fidéicommis.

Nous avons déjà vu que les dispositions de dernière volonté en faveur d'un établissement religieux étaient nulles, alors même qu'elles étaient faites « à la charge d'obtenir des lettres patentes. »

La prohibition de l'article 17 avait une grande impor-
tance; elle venait compléter la défense édictée par l'article 14, car nous savons que les libéralités testamentaires étaient de beaucoup les plus fréquentes. La législation nouvelle, rigoureusement appliquée, pouvait donc apporter un remède efficace aux maux créés

par le développement de la propriété de mainmorte.

L'article 18 déclare que les prohibitions édictées par les articles 14 à 17 ne sont point applicables aux rentes constituées sur l'État, le clergé, les diocèses, les pays d'état, villes ou communautés. Les acquêts de cette nature n'étaient soumis qu'au droit d'amortissement.

En résumé :

Les gens de mainmorte peuvent acquérir les meubles sans aucune restriction.

Pour les immeubles, il leur est absolument interdit de les recevoir par testament, à l'exception des rentes constituées sur l'État, le clergé..... Par tous autres modes de transmission, vente, donation, échange..... il leur est permis de les acquérir, s'ils ont obtenu une autorisation du pouvoir civil.

Nous connaissons déjà la sanction de ces prohibitions : « défendons à tous notaires..... à peine de nullité, d'interdiction contre lesdits notaires..... des dommages et intérêts des parties s'il y échet, et d'une amende qui sera arbitrée suivant l'exigence des cas » (art. 22).

Tout fidéicommis, destiné à éluder les dispositions de l'édit, était puni d'une amende de 3,000 livres, ou plus rigoureusement encore « suivant l'exigence des cas » (art. 24).

Les articles 20 et 21 traitent des formalités exigées pour l'autorisation préalable et indiquent les mesures de précaution à prendre. Ces mesures fort sages montrent bien l'esprit de la nouvelle loi :

Article 20 : « Dans tous les cas où il sera nécessaire d'obtenir nos lettres patentes, suivant ce qui est porté par les articles 14 et 19, elles ne seront par nous accordées qu'après nous être fait rendre compte de la nature et valeur des biens qui en feront l'objet, comme aussi de l'utilité et des inconvénients de l'acquisition que lesdits gens de mainmorte voudraient en faire ou de la fondation à laquelle ils seraient destinés. »

Article 21 : « Lesdites lettres patentes, en cas que nous jugions à propos de les accorder, ne pourront être enregistrées que sur les conclusions de nos procureurs généraux, après qu'il aura été informé de la commodité ou incommodité de l'acquisition ou de la fondation, et qu'il aura été donné communication desdites lettres aux seigneurs dont lesdits biens seraient tenus immédiatement, soit en fief ou en roture, ou qui y auraient la justice, même aux autres personnes dont nosdites cours de parlement, ou conseils supérieurs, jugeraient à propos de prendre les avis ou le consentement; et s'il survient des oppositions, soit avant ou après l'enregistrement desdites lettres, il y sera statué sur les conclusions de nosdits procureurs généraux ainsi qu'il appartiendra. »

Ces formalités remplies, alors seulement le droit d'amortissement pouvait être payé. En cas de payement de ce droit avant l'obtention des lettres patentes et leur enregistrement, les sommes versées étaient confisquées au profit de l'hôpital le plus voisin. Il devait être fait mention expresse des lettres patentes dans la quittance du droit d'amortissement (art. 23).

L'article 25 statue que les gens de mainmorte ne pourront exercer à l'avenir aucune action en retrait féodal, à peine de nullité, parce que, dit le préambule, « ils se sont servis de la voye du retrait féodal pour réunir à leur domaine les fiefs vendus dans leurs mouvances. » Ce retrait était, en effet, une véritable acquisition, sous forme de préemption. Toutefois Pothier reconnaissait aux communautés le droit d'en céder l'exercice à un tiers. D'après cet auteur, toute la prohition de l'édit consistait dans l'impossibilité d'exercer ce droit par elles-mêmes « parce qu'en l'exerçant, elles acquerraient un héritage contre la défense de la loi (1) ».

Art. 28. — « N'entendons rien innover en ce qui concerne les dispositions ou actes ci-devants faits en faveur des gens de mainmorte légitimement établis, ou pour l'exécution desdites fondations, lorsque lesdites dipositions ou actes auront une date authentique avant la publication des présentes, ou auront été faits par des personnes décédées avant ladite publication ».

Ajoutons enfin, pour terminer notre étude sur l'édit

(1) Pothier, *Traité des personnes*, tit. VII. —

de 1749, que quelques exceptions furent apportées aux règles précédentes.

1° L'article 3 statue que seront dispensées de l'obtention des lettres patentes pour leur validité : « les fondations particulières qui ne tendraient à l'établissement d'aucun nouveau corps, collèges ou communautés, ou à l'érection d'un nouveau titre de bénéfice, et qui n'auraient pour objet que la célébration des messes ou obits, la subsistance d'étudians ou de pauvres ecclésiastiques ou séculiers, de mariages de pauvres filles, écoles de charité, soulagement de prisonniers ou incendiés, ou autres œuvres pieuses de même nature et également utiles au public, à l'égard desquelles fondations... il suffira de faire homologuer les actes ou dispositions qui les contiendront en nos parlements et conseils supérieurs, chacun dans son ressort, sur les conclusions ou réquisitions de nos procureurs-généraux. »

2° Une déclaration du 20 juillet 1762 (1) contient une dérogation à l'article 17, et permet de léguer des immeubles à certains établissements : hôpitaux et autres établissements de charité, églises paroissiales, écoles de charité, tables des pauvres de paroisses.

3° L'édit de 1749 n'était pas appliqué dans la Lorraine, qui ne fut réunie à la France que le 15 juillet 1766, et dans la Corse, réunie au cours de l'année 1768. Dans la Lorraine, que régissait la déclaration du duc Stanislas, du 12 juin 1759, toute communauté, ayant acquis un bien sans autorisation, avait un an pour obtenir des lettres d'amortissement, tandis qu'en vertu de l'édit de 1749, elle était déchue à jamais du bénéfice de la libé-

____

(1) Isambert, t. XXII, p. 325.

ralité. C'était la seule différence importante entre les deux législations (1).

DU DROIT DE RÉDUCTION DES LIBÉRALITÉS FAITES AUX GENS DE MAINMORTE

Une des questions les plus controversées, avant l'édit de 1749, était celle de savoir si les communautés régulièrement autorisées, et plus généralement les gens de de mainmorte, pouvaient être l'objet de dispositions universelles, comme serait une institution d'héritier.

La division la plus profonde, sur la solution de cette question, régnait dans la jurisprudence. « Les arrêts, dit Guyot, qui ont annulé les dispositions universelles, faites au profit des gens de mainmorte, ne sont guère en moindre nombre que ceux par lesquels ces dispositions ont été confirmées » (2). Le Parlement de Paris était fort indécis, et tenait tantôt pour la capacité, tantôt pour l'incapacité des gens de mainmorte. La même indécision existait dans les provinces coutumières. Au contraire, dans les pays de droit écrit, on appliquait rigoureusement le droit romain et la constitution de Constantin de 321. En conséquence, on maintenait la volonté du testateur et on reconnaissait aux gens de mainmorte la pleine capacité de recevoir toute sorte de libéralités. « En pays de droit écrit, dit Domat (3) les legs pieux sont favorables et sont

(1) Voy. Trochon, p. 148-149.
(2) Guyot, *Répertoire univ. et rais. de jurispr.*, V° *Institution d'héritier,* sect V, § 1 (cité par Tronchon, p. 134 et par Beaudouin, p. 146). Voy. les nombreux arrêts cités par cet auteur.
(3) *Lois civiles,* liv. IV, sect. 7.

dûs, quoique le testament soit imparfait, quand il n'y aurait que deux témoins ».

Les arrêts qui prononçaient l'annulation des dispositions universelles adressées aux congrégations religieuses sont fort nombreux. En voici quelques exemples :

Arrêt du 27 avril 1619, dans lequel « la Cour, dit Ricard, a déclaré le testament du défunt évêque de Beauvais, en ce qui concerne le legs universel ds ses meubles et acquêts, fait en faveur des prêtres de l'Oratoire, nul »(1).

Arrêt de la première Chambre des Enquêtes du 27 juillet 1629, cité par Henrys (2), rendu contre les prêtres de l'Oratoire, dans lequel le testament fait en leur faveur fut déclaré « nul et de nul effet..., avec défenses qui leur furent faites d'accepter aucun legs universel ou donation testamentaire de biens immeubles ni même des sommes excessives ».

Arrêt du 11 septembre 1680, contre le séminaire de Limoges.

Arrêt du 29 août 1711 (3) qui annule un legs universel fait par Marie-Hélène Franquemont au profit des jésuites de Valenciennes.

Arrêt du 19 février 1691, qui annule un legs universel au profit des religieuses du Saint-Sacrement (4).

En sens contraire, on peut citer : Arrêts du 27 mai 1654, donation de tous biens aux religieuses de Bray; du 28 mars 1658 et du 10 janvier 1665, legs universels aux Pères de la doctrine chrétienne ; du 8 mai 1573, legs à titre universel de meubles aux jésuites; de 1718,

---

(1) Ricard, *Des donations*, Ire part., ch. 6, sect 13, n° 608.
(2) Henrys *17e plaidoyer*, t. IV p. 256 à 262.
(3) Voy. ces deux derniers arrêts dans Guyot, *loc. cit.*
(4) Voy. d'Aguesseau, *1e plaidoyer*, Œuvres, t. II, p. 1 à 29 — Beaudouin, p. 142-143.

legs universel par l'évêque d'Embrun, au profit de son église (1).

La doctrine n'était pas moins partagée que la jurisprudence. Denisart, De Héricourt, Rousseau de Lacombe, Henrys, D'Aguesseau pensaient que les congrégations ne pouvaient pas recevoir des legs universels au préjudice des héritiers (2). D'autres auteurs, au contraire, Bretonnier, Ricard, décidaient que la capacité des communautés était absolue à cet égard (3).

De la difficulté pour les parlements d'asseoir leur jurisprudence et de la controverse que nous venons de signaler, naquit un troisième système qui n'était ni l'annulation, ni la confirmation, mais la réduction faite des libéralités faites aux gens de mainmorte. Ce système, qui était un moyen terme et conciliait dans une juste mesure l'intérêt des communautés et l'intérêt des familles, prévalut dans la plupart des arrêts, sauf dans les pays de Droit écrit où, nous le savons, on appliquait le Droit romain et on maintenait l'absolue capacité d'acquérir consacrée par la constitution de 321 (4). Cette réserve faite, les auteurs attestent que la jurisprudence avait fini par adopter le système de la réduction : « Il paraît, dit Guyot,

(1) Voy. Paul Bernard, *op. cit.*, p. 67 à 70 — Beaudouin, p. 139 et suiv.

(2) Denisart, V° *Communautés*, n° 9 — De Héricourt, H, ch. 3, n° 5 — Rousseaud de Lacombe, V° *Communauté*. n° 5 — Henrys, 17ᵉ *plaidoyer*, t. IV, p. 256. — D'Aguesseau, *loc. cit.* — Beaudouin, p. 138 — Jacquier; p. 149 et suiv. — Trochon, p. 134.

(3) Observations sur le *17ᵉ plaidoyer* d'Henrys, dans les œuvres d'Henrys, t. IV, p. 236. — Ricard, *loc. cit..* — Voy. Durand de Maillane. *Dictionnaire de droit canonique*, V° *Legs.* — De Salverte, *loc. cit.*, (Revue critique, t. VII, p. 412).

(4) Guyot rapporte qu'à une demande subsidiaire de réduction d'un legs en faveur de l'hôpital de Pont-en-Royans, les administrateurs répondirent : « que la province de Dauphiné était régie par le droit écrit, suivant lequel la volonté des défunts devait être respectée ; qu'on n'y connaissait point les réductions de l'espèce de celle dont parlait la demanderesse ». — Ferrière, *Observ. sur la Cout. de Paris*, t. IV, p. 218 — Beaudoin, p. 149.

que l'usage le plus ordinaire dans plusieurs Cours n'est ni de confirmer, ni d'annuler entièrement, mais de réduire à de certaines sommes les institutions d'héritier et les legs universels faits au profit des gens de mainmorte. » (1).

Parmi les nombreux arrêts qui prononcent la réduction des libéralités faites aux communautés, on peut citer: arrêt du parlement de Provence, du 17 mars 1671, rapporté par Boniface de Vachières (2); arrêts du parlement de Paris du 25 mai 1655, dans lequel un legs de 60.000 livres, fait aux jésuites, fut réduit à 12.000 livres (3) ; des 23 mars 1694, 1er décembre 1695, 28 avril 1711, 27 août 1733, 14 août 1739 ; du 5 décembre 1741, dans lequel un legs de 20.000 livres fait par le sieur de Chilly à l'hôpital des pauvres de la ville de Noyon, fut réduit à 14.000 livres, et le surplus attribué à la sœur et à la nièce du testateur. (4)

Quelle était l'origine de l'habitude prise par plusieurs parlements de réduire les dispositions à titre universel en faveur des gens de mainmorte ?

M. Méaume, dans son *Traité du droit de réduction des libéralités faites aux corps moraux publics* la cherche dans le droit qu'avait le souverain d'autoriser les acquisitions faites par les personnes juridiques, « *Droit d'autorisation impliquant celui de réduction* » (p. 22). En effet, qui peut le plus, peut le moins, et si le roi

______

(1) Guyot, *loc. cit.* — Ricard, *loc. cit.*, n° 614 — Durand de Maillane, *Dictionnaire de droit canonique*, v° *Legs, Amortissement.* — Rousseaud de Lacombe, *Jurisprudence civile*, v° *Communautés ecclésiastiques ou mixtes* — Merlin, *Répertoire*, v° *Gens de mainmorte, Institution d'héritier*, sect. 5. § 1 — Voy, Meaume, *Du droit de réduction...* p. 23 et suiv. — Henrys, *loc. cit.*, 17° *plaidoyer.*

(2) *Arrêts notables de la Cour de parlement de Provence*, t. V, liv. II, tit. 2, ch. 10, p. 227.

(3) Voy. Meaume, p. 26 — Henrys, *loc. cit.*, 17° *plaidoyer.*

(4) Voy. Meaume, p. 26 et suiv. — Beaudoin, p. 147.

avait le pouvoir de refuser ou d'accorder son consentement, et de rendre ainsi la fondation problématique, ou d'en assurer l'exécution, il avait évidemment aussi la faculté de subordonner son adhésion à certaines conditions, en d'autres termes, de modifier la libéralité, de la réduire (p. 20). Ce droit de libre appréciation, d'abord exercé par la royauté elle-même, passa ensuite aux parlements. Aussi voit-on, dès le commencement du xviie siècle, les parlements exercer le droit d'autorisation « et par suite celui de réduction des libéralités faites aux corps moraux publics ». (p. 23) (1). Ainsi, conclut M. Meaume : « depuis qu'il y a eu en France un gouvernement régulier, les libéralités ont été soumises à l'examen d'une autorisation supérieure qui a pesé dans sa sagesse, les motifs de refus ou de modération des libéralités excessives. L'intérêt public qui s'oppose à l'extension indéfinie des biens de mainmorte; l'intérêt des familles dont le chef de l'État a été constitué gardien, voilà les motifs principaux qui ont fait admettre le droit de réduction. » (p. 37).

D'autres auteurs, avec M. Trochon, dans son savant *Traité du régime légal des communautés religieuses*, et avec M. Paul Bernard, dans sa remarquable *Etude historique sur le droit de réduction des libéralités faites aux établissements publics*, rattachent le droit de réduction à l'incapacité qui aurait frappé les corps moraux de recevoir à titre universel. Ces auteurs pensent que « la réduction qui ne s'exerça jamais que sur les libéralités universelles, tire sa plus certaine origine de l'impossibilité où ont été de tout temps en France les corps moraux, de recevoir universellement, indépendamment de toute autorisation supérieure... Son véritable motif, c'était l'incapacité dont les communautés

____
(1) Voy. Trochon, p. 135 et suiv.

étaient frappées de toute antiquité, dans les provinces du nord, de recevoir des libéralités universelles » (1).

C'est à cette seconde doctrine que nous croyions devoir nous rallier, car les parlements ne réduisaient pas les libéralites en vertu d'un édit ou d'une ordonnance : jamais aucun acte législatif ne leur en avait donné le pouvoir. Ils n'agissaient pas davantage par considération de l'intérêt des familles. Cet intérêt, nous l'avons vu, pesa bien peu, jusqu'à l'édit de mainmorte, dans la balance de la justice. « Le droit de réduction, a dit avec raison M. P. Bernard, fut fidèle à son origine et les parlements ne l'appliquèrent qu'aux legs universels, parce que ceux-là seuls permettaient d'élever une contestation. Mais ce n'était pas la qualité plus ou moins favorable des héritiers qui avait fait établir ces transactions, car il est tel cas où un legs particulier leur porte plus cruellement atteinte qu'un legs universel. Ce qui a déterminé la réduction, c'est l'absence de loi positive sur la capacité des mainmortables à recevoir des dispositions universelles, alors que d'anciennes traditions leur déniaient ce droit... Tantôt on réduisait en haine du progrès de la mainmorte, tantôt par pitié pour des héritiers misérables ; mais c'est là le point capital sur lequel j'insiste, car avant 1749, les héritiers qui querellaient une disposition, ne se servaient d'autre arme pour soutenir leur contestation, que de l'incapacité où l'on devait tenir les communautés de recevoir des dispositions universelles. Mais du droit qu'aurait eu le souverain de réduire la quotité de toute disposition, parce qu'il aurait eu le droit supérieur de l'autoriser, jamais il n'en fut question, dans aucune discussion ni dans aucun arrêt, et les avocats généraux dans l'embarras où ils se trouvaient de trancher la question d'in-

(1) Trochon, p. 136.

capacité, n'exprimaient jamais cette pensée que les parlements pouvaient réduire les legs universels, parce
que la royauté avait cette prérogative et qu'ils étaient
eux-mêmes une émanation de la royauté... On a supposé, conclut l'auteur, que les décisions ayant réduit
des legs étaient l'application du droit préexistant de
réduire ces legs, tandis que c'est l'ensemble de ces ré-
réductions arbitraires qui a servi de fondement à un
usage fort contesté, et qui, suivant d'Aguesseau, aurait
été contraire à la véritable loi du royaume » (1).

Le droit de réduction ne s'exerçant que sur les dispositions testamentaires était incompatible avec l'édit
de 1749. En effet, aux termes de cet édit, les legs d'immeubles étaient absolument nuls ; ils ne pouvaient
donc être réduits. Au contraire, les legs de meubles
étaient absolument permis ; ils ne pouvaient donc non
plus être réduits. Toutefois les legs de meubles pouvaient encore fournir matière à controverse. Mais, ainsi
que le fait remarquer M. Bernard, ce qui porterait à
croire que le silence de l'édit était interprété favorable-
ment aux gens de mainmorte, c'est qu'à partir de 1749,
on ne trouve plus d'arrêts prononçant sur des legs de
meubles, tandis qu'avant cette époque les recueils en
contenaient de nombreux (2).

____

(1) Paul Bernard, p. 70 à 73, 81.
(2) Paul Bernard, p. 75 et suiv. ; 78 et suiv. — Beaudouin, p. 163 et suiv.

QUATRIÈME PÉRIODE

L'édit d'août 1749 ne devait pas avoir le temps de porter tous ses fruits. Quarante ans s'étaient à peine écoulés que se déchaînait la tempête révolutionnaire, où allaient sombrer, avec tant d'autres institutions, la propriété ecclésiastique et les gens de mainmorte eux-mêmes.

Et d'ailleurs le bienfait de l'édit était-il aussi grand qu'on a bien voulu le dire ? Fallait-il en attendre tout ce qu'espéraient les auteurs de cette œuvre ? Suffisait-il pour écarter le danger de la propriété de mainmorte ? Fut-il toujours assez rigoureusement observé pour restreindre en de justes limites les acquisitions des établissements religieux ? Sans oser affirmer que non, il est fort permis de douter.

Quant au passé, l'édit n'apportait aucune modification aux richesses que les libéralités et les acquisitions successives avaient, pendant tant de siècles, accumulées entre les mains du clergé. Pour l'avenir, « il n'avait voulu qu'arrêter l'accaparement des propriétés. », ainsi que l'a dit l'abbé Maury à l'Assemblée constituante, pendant la séance du 30 octobre 1789. Ce résultat même ne fut que bien imparfaitement atteint. Certes, la décision prise par Louis XV, sous l'inspiration du chancelier d'Aguesseau, était une bonne précaution et devait diminuer l'extension jadis si considérable de la mainmorte, mais elle ne l'arrêtait pas. Si les acquisitions de l'Église furent moindres que par le passé, elles n'en vinrent pas moins encore augmenter son domaine. A la veille de la révolution, l'étendue et les revenus des biens ecclésiastiques étaient immenses, ainsi que l'indiquent les statistiques du temps. D'après l'une d'elles les revenus appréciables étaient évalués à 219,400,000 livres.

Revenus des biens.	70,000,000
Produit des dîmes	133,000,000
Annates payées à Rome.	3,600,000
Dispenses.	2,800,000
Casuel.	4,000,000
Casuel pour messes, fondations et aumônes.	x
Expédition d'actes.	1,000,000
Quête des ordres mendiants.	5,000,000
Total :	219,400,000 livres.

De ces 219,400,000 il fallait déduire 7,600,000 pour rentes et engagements,... etc, 3,6000,000 pour impôts payés à l'État, 30,000,000 pour frais de la perception des dîmes, et 10,000,000 pour dîmes inféodées (1).

Ce chiffre ou un chiffre approchant paraît être celui le plus généralement admis. Les auteurs, en effet, sont loin d'être d'accord pour fixer la valeur des revenus des établissements religieux au xviiie siècle. M. Boiteau, dans son État de la France en 1789, a rapproché les divers chiffres donnés par les écrivains et les orateurs les plus autorisés. « En 1762, Expilly attribuait au clergé un revenu de 127,593,596 livres, sans compter les quêtes et le produit des propriétés dont les fruits étaient consommés sur place. Bonvalet-Desbrosses

_____

(1) Vuillefroy, *Traité de l'administration du culte catholique*, p. 10, note c. — *Histoire financière* de Bailly.

de son côté, n'enregistre ni les quêtes des moines, ni le casuel des paroisses et des évêchés....... (1) Chasset, dans son rapport du mois d'avril 1790, à l'Assemblée constituante, au nom du comité des finances évalue à 200 millions (400 millions d'aujourd'hui) le revenu des biens du clergé qui formaient, pensait-il, le cinquième du territoire de France (2) L'année précédente, avant qu'on eût été aux preuves de détail, Talleyrand (le 10 octobre 1789) estimait les dîmes à 80 millions, et les revenus des fonds de terre ecclésiastiques à 70 millions. Necker, dans son *Traité de l'administration des finances* (t. II, p. 308), porte à 130 millions le revenu probable du clergé, revenu qu'en trois assemblées ecclésiastiques de 1755 à 1765, le clergé a lui-même évalué à 62 millions, c'est-à-dire, à la moitié de ce qu'il était....... Treillard (Discours du 18 déc. 1789) affirmait que la part des mai-

(1) Le chiffre indiqué par l'écrivain royaliste Bonvalet-Desbrosses est, à peu de chose près, celui donné par M. Vuillefroy. Répartition du revenu :

18 archevêques	4.400.000	livres.
117 évêques.....	8.900.000	—
660 chapîtres d'hommes et collégiales........	45.000.000	—
25 chapîtres de chanoinesses..............	3.500.000	—
820 abbayes d'hommes	70.000.000	—
255 abbayes de femmes	20.000.000	—
46.243 cures et 5.322 annexes..............	36.000.000	—
Couvents, collèges et hôpitaux..............	18.000.000	—
Prieurés, fabriques..., etc.............	9.000.000	—
Ordre de Malte.............	10.000.000	—
Total.........	224.800.000	livres.

Se répartissant ainsi :

1° Bois...........	8.000.000	livres.
Maisons...........	30.000.000	—
Terres	86.800.000	—
Total.........	124.800.000	livres.
2° Cens, dîmes..., etc	100.000.000	—
Total.........	224.800.000	livres.

Cité par M. Boiteau, p. 40, note.

(2) Mieux informé encore, Chasset eût dit le tiers. Dès 1740, nous voyons dans le journal de Barbier (t. III, p. 208, de l'édition Charpentier) que le clergé passait pour posséder le tiers du sol.

sons religieuses qui pouvait être vendue, en 1789, à Paris seulement, valait 150,000,000 livres, et en effet, un calcul fait en 1773, au bas prix de 150 livres la toise carrée, prouva que les maisons religieuses de Paris valaient 217,309,009 livres. Au compte de Treillard, l'ensemble des biens ecclésiastiques pouvait monter à 4 milliards...... Cerutti, ancien jésuite, va jusqu'à prétendre que les revenus du clergé montaient, valeur du temps, à 412 millions. Rabaut Saint-Etienne pense que, sans y faire entrer le revenu de ses terres, le revenu des dîmes, du casuel, des quêtes et des droits divers, n'était pas moindre que le cinquième du revenu net de tout le territoire. Ce qu'on ne peut nier, c'est l'étendue des biens appartenant en propre au clergé. Dans le Cambraisis (1). il possédait 1400 charrues sur 1700 ; dans le Hainaut, dans l'Artois, les trois quarts des terres ; dans la Franche-comté, l'Alsace, le Roussillon, la moitié. M. Léonce de Lavergne l'avoue lui-même (2). Dans l'Ouest et le Midi, le clergé était moins riche qu'au Nord et à l'Est, où il s'était trouvé plus près des rois Franks et de la féodalité » (3).

Quelque grande que soit l'incertitude qui plane sur la valeur exacte des revenus des établissements religieux, à la fin du xviiie siècle, on peut affirmer que les richesses de l'Église étaient considérables et qu'elle possédait une fraction importante du territoire. L'édit d'août 1749 n'avait donc apporté qu'un remède dépourvu d'une suffisante efficacité, et le danger de la mainmorte était toujours menaçant. L'Assemblée Constituante, en

(1) Voy. Louis Blanc, *Histoire de la Révolution française*.
(2) *Économie rurale de la France depuis 1789*.
(3) Boiteau, *État de la France en 1789*, p. 40 à 43. — Voy. les autorités citées par M. Taine, *Origines de la France contemporaine*, t. I, p. 18.' — En 1784, dit autre part M. Boiteau, le droit d'amortissement rapportait à l'État 200.000 livres (p. 46).

décrétant la confiscation et la vente des biens du clergé
par l'État, et bientôt après la suppression des corporations ecclésiastiques, allait employer un moyen qui, s'il
n'était pas exempt de critique, puisqu'on enlevait à
l'Église des biens dont la propriété lui était aussi bien
garantie par les autorisations administratives que par
les contrats du droit civil, était tout au moins le plus
sûr pour faire disparaître le péril. Aussi, sans vouloir
prétendre que la fin justifie les moyens, on peut cependant dire que l'abolition de l'ancienne propriété de
mainmorte est un des plus grands bienfaits de la Révolution.

Du reste, la Constituante ne faisait ainsi que consacrer
la doctrine depuis longtemps émise, qui proclamait que la
nu-propriété de biens ecclésiastiques et laïques appartenait à l'État. Dès le xvie siècle, un discours prononcé
aux États d'Orléans de 1561 contribuait à répandre la
doctrine nouvelle. Le chancelier L'Hôpital y contestait
le droit de proprité de l'Église et disait : « Se souvien-
nent le gens d'église qu'ils ne sont qu'administrateurs
et qu'ils rendront compte ; se contentent de l'usage desdits biens et distribuent le reste aux pauvres. » (1) En
1710, quand Louis XIV hésitait à lever « le furieux
impôt du dixième, on lui apporta une consultation des
plus habiles docteurs de la Sorbonne, qui décidoit nettement que tous les biens de ses sujets étoient à lui en
propre, et que quand il les prenoit, il ne prenoit que ce
qui lui appartenoit. » (2) Qui ne connait enfin les paroles qu'adressait le grand roi à son fils : « Vous devez
être persuadé que les rois ont naturellement la disposition pleine et entière de tous les biens qui sont possé-

____

(1) C. Dareste, *Histoire de l'administration en France,* t. I, p. 444.

(2) *Mém. de Saint-Simon*, édit. Chéruel, t. V, p. 363. Cité par Tardif,
p. 522.

dés; aussi bien par les gens d'église que par les séculiers, pour en user en tous temps comme de sages
économies, c'est-à-dire, suivant le bien général de leur
État. » (1)

Les mesures prises par l'Assemblée nationale « ne
furent, comme l'a dit avec raison M. Sauzet, que l'application rigoureuse mais exacte de la souveraineté de
l'État. L'exercice du droit qu'a le pouvoir social de
supprimer les corporations ne date pas, comme en semble le croire trop souvent, de la Révolution : il est
facile d'en trouver des exemples sous l'ancienne monarchie. Sans parler des jésuites, nous pouvons parmi les
ordres supprimés à la veille de 89 citer : les Grammon-
tains, l'ordre de Saint-Ruf et les Célestins (2). A
l'Assemblée Constituante, ceux-là même qui étaient les
plus opposés à la vente des biens du clergé et qui com-
battaient le plus ardemment contre elle, l'abbé Maury,
l'abbé de Montesquiou, M⁰ʳ de Boisgelin, ne méconnais-
saient point ce droit du pouvoir civil. Ils réclamaient de
lui une réforme dans les ordres religieux, ils réclamaient de lui la suppression des communautés inutiles,
de ces abbayes *en command*, de ces prieurés, de ces
chapitres de chanoines nobles qui faisaient dire à un
prêtre : « Les richesses ont fait beaucoup de mal à la
religion, ce sont elles qui ont introduit dans le clergé
des sujets qui n'avaient d'autre vocation que l'amour
d'un bénéfice. » (L'abbé Goutes, dans la séance du
13 octobre 1789). Pétion fit remarquer avec beaucoup de
justesse cette attitude de ses adversaires. « On a dit
avec justice que les corps ecclésiastiques appartiennent
à l'État, que la nation peut les modifier et les détruire.
Ce principe n'a point encore été attaqué. On a au con-

(1) *Œuvres de Louis XIV*, t. I. p. 57.
(2) Boiteau, p. 177, note.

-traire augmenté sa force en reconnaissant que la nation, comme souveraine, peut réduire et supprimer des communautés religieuses. » (1)

Sous l'empire de ces idées, et en tenant compte que les finances du royaume étaient loin de partager l'état florissant du trésor de l'Église, l'Assemblée Constituante décida que les biens ecclésiastiques seraient mis à la disposition de l'État comme biens nationaux. Telle fut la mesure édictée par un décret du 2-4 novembre 1789, dont voici la teneur :

L'Assemblée nationale décrète : 1° Que tous les biens ecclésiastiques sont mis à la disposition de la nation, à la charge de pourvoir, d'une manière convenable, aux frais du culte, à l'entretien de ses ministres, et au soulagement des pauvres, sous la surveillance et d'après les intructions des provinces ; 2° que dans les dispositions à faire pour subvenir à l'entretien des ministres de la religion, il ne pourra être assuré à la dotation d'aucune cure moins de douze cents livres par année, non compris le logement et les jardins en dépendant. » (2)

Quelques jours après (13-18 novembre 1789), pour sanctionner cette décision et éviter toute fraude et soustraction des biens ecclésiastiques, l'Assemblée nationale décrète ce qui suit :

« Tous titulaires de bénéfices, de quelque nature qu'ils soient, et tous supérieurs de maisons et établissements ecclésiastiques, sans aucune exception, seront tenus de faire...... dans deux mois pour tout délai, à compter de la publication du présent décret, par devant les juges royaux ou les officiers municipaux, une déclaration détaillée de tous les biens mobiliers et immobiliers dépendant desdits bénéfices, maisons et établissements, ainsi que de leurs revenus, et de fournir, dans le même délai, un état détaillé des charges dont lesdits biens peuvent être grevés ; lesquels déclaration et état seront par eux affirmés véritables devant lesdits juges ou officiers, et seront publiés et affichés à la porte principale des églises de chaque paroisse où les biens sont situés, et envoyés à l'Assemblée nationale par lesdits juges et officiers.

(1) Séance du 31 octobre 1789 — Sauzet, p. 181.
(2) Duvergier, *Collection des lois et décrets*, t. I, p. 64-65.

« Lesdits titulaires et supérieurs d'établissements ecclésiastiques seront tenus d'affirmer qu'ils n'ont aucune connaissance qu'il ait été fait directement ou indirectement quelques soustractions des titres, papiers et mobiliers desdits bénéfices et établissements ; et ceux qui auront fait des déclarations frauduleuses seront poursuivis devant les tribunaux, et déclarés déchus de tout droit à leurs bénéfices et pensions ecclésiastiques..... » (1).

La loi du 18 août 1792, dans l'article 1er du titre II, renouvelle la confiscation des biens des établissements religieux. Le décret du 23 messidor an II décide que l'actif et le passif des hôpitaux est réuni au domaine national. Ainsi, on n'admit aucune exception et rien ne fut épargné, ni les hospices ni les pauvres. Enfin, le décret du 3 ventôse an III (21 février 1790), relatif à l'exercice des cultes, voulant empêcher la reconstitution du patrimoine ecclésiastique, porte dans son article 9 : « Il ne peut être formé aucune dotation perpétuelle ou viagère, ni établi aucune taxe pour en acquitter les dépenses. » (2).

Les biens du clergé confisqués et devenus biens nationaux, les ordres religieux et les corporations ecclésiastiques ne tardèrent pas à être supprimés.

Après avoir ajourné la question des vœux monastiques et en avoir suspendu provisoirement l'émission dans tout le royaume (Lettres patentes des 26 octobre-1er novembre), la Constituante reprenait, quelques mois après, la question et la résolvait. Le décret des 13-19 février 1790 abolissait les congrégations religieuses comme établissements publics, comme personnes civiles aptes à posséder, mais les laissait libres comme associations, ainsi qu'il résulte des deux premiers articles :

Art. 1. — « La loi constitutionnelle du royaume ne reconnaîtra plus de vœux monastiques solennels des

(1) Duvergier, ib. t . 1, p. 68. — Voyez le décret 14-27 Novembre 1789 relatif à la conservation des biens ecclésiastiques (ib. t. 1. p. 70.
(2) Duvergier, ib. t. 8 p. 32.

personnes de l'un ni de l'autre sexe. *En conséquence,
les ordres et congrégations réguliers dans lesquels on
fait de pareils vœux sont et demeureront supprimés
en France, sans qu'il puisse en être établi de semblables à l'avenir.* »

Art. 2. — « Tous les individus de l'un et de l'autre
sexe existant dans les monastères et les maisons religieuses pourront en sortir en faisant leur déclaration
devant la municipalité du lieu, et il sera pourvu inces-
samment à leur sort par une pension convenable. Il
sera indiqué des maisons où seront tenus de se retirer
les religieux qui ne voudront pas profiter des dispositions du présent. *Au surplus, il ne sera rien changé
quant à présent à l'égard des maisons chargées de
l'éducation publique et des établissements de charité, et
ce jusqu'à ce qu'il ait été pris un parti sur ces objets.* »

C'était l'inauguration du régime nouveau, mais toute
violence était encore exclue. Conformément aux paroles
de Treilhard, rapporteur du décret, la Constituante
donnait un exemple de sagesse et de justice, en s'abste-
nant d'employer l'autorité civile pour maintenir l'effet
des vœux, et en conservant néanmoins l'asile du cloître
aux religieux jaloux de mourir sous leur règle. Et
certes on peut dire avec M. Charles Gide que « ce n'est
pas un médiocre honneur pour l'Assemblée constituante que d'avoir su, tout en brisant la chaîne des vieil-
les traditions, résister aux entrainements d'une réaction
aveugle et fixer avec une sûreté admirable cette limite
autour de laquelle notre législation oscille depuis
quatre-vingts ans ». (1).

Cette sagesse fut de courte durée, et l'Assemblée
législative ne s'en tint pas là. Le décret du 18 août 1792

(1) Gide, *op. cit.*, p. 240.

supprima le droit d'association et abolit toutes les corporations d'hommes ou de femmes :

« Considérant, dit le décret, qu'un état vraiment libre ne doit souffrir dans son sein aucune corporation, pas même celles qui, vouées à l'enseignement public, ont bien mérité de la patrie, et que le moment où le corps législatif achève d'anéantir les corporations religieuses est aussi celui où il doit faire disparaître à jamais tous les costumes qui leur étaient propres et dont l'effet nécessaire serait d'en rappeler le souvenir, d'en retracer l'image ou de faire penser qu'elles subsistent encore ;

Décrète :

Article 1 : « Toutes les corporations religieuses et congrégations séculières d'hommes et de femmes ecclésiastiques ou laïques, même celles uniquement vouées au service des hôpitaux et au soulagement des malades, sous quelque dénomination qu'elles existent en France, soit qu'elles ne comprennent qu'une seule maison, soit qu'elles en comprennent plusieurs, ensemble les familiarités, confréries, les pénitents de toutes couleurs, les pélerins et toutes autres associations de piété ou de charité, sont *éteintes et supprimées* à dater du jour de la publication du présent décret. »

La législation sur les établissements religieux, pendant la Révolution, se trouve en entier contenue dans ces quelques mots : *Aucun établissement religieux n'est doué de la personnalité juridique, partant il ne peut être question d'acquisitions de biens par eux faites.*

Nous sommes arrivés à la fin de cette étude. La législation sur les acquisitions de biens par les établissements religieux, pendant les quatre périodes que contient notre ancien Droit français, époque franque, féodalité, monarchie absolue, révolution, peut se résumer en un mot pour chacune de ces périodes : LIBERTÉ, RESTRICTION, PROHIBITION, SUPPRESSION.

POSITIONS

Positions prises dans la Thèse.

DROIT ROMAIN.

1º Les monastères pouvaient, dans la législation du Bas-Empire, se fonder sans autorisation du pouvoir civil;

2º Les établissements de bienfaisance avaient la personnalité juridique au même titre que les églises et monastères ;

3º Les églises chrétiennes et les monastères n'ont pas toujours eu la capacité absolue d'acquérir à titre gratuit sous les empereurs chrétiens.

HISTOIRE DU DROIT.

4º Bien qu'aucune ordonnance, avant 1629, ne parle de l'autorisation du roi, il était défendu, dès le xvıᵉ siècle, de fonder un monastère sans lettres patentes du roi enregistrées au Parlement ;

5º Le droit d'amortissement avait une origine purement féodale;

6º Les décisions qui prononçaient, avant 1749, la réduction des libéralités faites aux gens de mainmorte n'étaient pas l'application d'un droit de réduction préexistant et écrit dans les ordonnances.

Positions prises en dehors de la Thèse.

DROIT ROMAIN.

7° Les personnes juridiques n'étaient pas considérées comme des personnes incertaines. (*Non obstat*, Reg Ulp.. tit. XXII, § 5);

8° L'hérédité jacente n'était pas une personne civile. (*Non obstat.* Loi 22, *De fidej.*, XLVI, 1);

9° L'usufruit légué à une personne juridique durait cent ans. (*Non obstat.* Loi 68, pr., *Ad Leg. Falcid.*, XXXV, 2) ;

10° La présomption *pater is est quem nuptiæ demonstrant* ne s'appliquait pas au concubinat;

11° L'adjonction d'une stipulation pénale n'influe pas sur la nature de l'obligation qu'elle sanctionne.

DROIT FRANÇAIS.

12° La libéralité faite à un membre d'une congrégation non autorisée n'est pas nulle de plein droit, comme faite à une personne interposée, mais elle est nulle si l'on prouve qu'en fait elle s'adresse à la communauté ;

13° Une congrégation religieuse non autorisée ne peut former une société civile ;

14° La clause qui dénie à l'État le droit de réduire un legs fait à un établissement public est valable ;

15° La règle posée par les articles 1394 et 1395 du Code civil crée une incapacité qui rentre dans le statut personnel, et à ce titre suit le français en pays étranger ;

16° Des biens ne peuvent être donnés ou légués à un enfant mineur, sous la condition que le père n'en aura pas l'administration légale pendant le mariage. Cette clause doit être considérée comme non écrite;

17° Les père et mère naturels ont l'administration des biens personnels de leurs enfants légalement reconnus.

DROIT ADMINISTRATIF.

18° Le bail, qui n'a pas date certaine, est néanmoins opposable à l'expropriant pour cause d'utilité publique, pourvu qu'il ait été passé de bonne foi et sans fraude;

19° Le gouvernement peut autoriser une congrégation dans laquelle on s'engage par des vœux perpétuels, et le conseil d'État n'a pas à rechercher, dans la vérification et l'enregistrement des statuts de la congrégation, si ces statuts contiennent ou non la clause de la perpétuité des vœux.

DROIT INTERNATIONAL.

20° Le charbon n'est pas contrebande de guerre.

DROIT COMMERCIAL.

21° Le consentement du mari est toujours nécessaire pour habiliter la femme à faire le commerce. L'autorisation de justice ne peut le suppléer.

ÉCONOMIE POLITIQUE.

22° La charité légale n'est ni un droit pour les indigents, ni un mode d'assistance qui, au point de vue de ses effets, puisse être recommandé.

Le Président de la Thèse,
P. CAUWÈS.

Vu par le Doyen,
CH. BEUDANT.

Vu et permis d'imprimer :
*Le Vice-Recteur
de l'Académie de Paris,*
GRÉARD.

TABLE DES MATIÈRES

ANCIEN DROIT FRANÇAIS

Paris. — Imp. du Fort-Carré, 19, Chaussée-d'Antin, (A. Duroy, D^r) 7251-6